深港澳金融科技师一级考试专用教材

监管与合规通识

主　编　巴曙松
副主编　朱元倩
参　编　刘晓依　尚航飞　曾　智　方　舟
　　　　王志峰　杜　鹃　王一出　黄晓航
　　　　熊邦娟　陈博闻　李　静　乔若羽
　　　　方　成　王艺林　陈绍光

机械工业出版社

本书以金融发展与创新为背景，以金融监管与合规为主线，全面介绍了金融监管的历史进程和基本理论，系统梳理了合规管理的体系、内容与实践，对金融监管与合规在金融科技领域的运用与实践进行了详细概括。同时本书涵盖了以巴塞尔协议为代表的全球金融监管准则的相关内容，并力争理论知识与国内外金融监管实践相结合，便于从业人员更好地把握国际金融监管前沿动态，使全书逻辑更加完整、内容更具特色和前沿性。

本书可作为深港澳金融科技师一级考试的复习指导用书，也适用于从事或有志于从事金融科技相关工作的人员、金融机构相关业务部门工作者以及希望了解金融科技相关理论知识及实际应用的读者学习参考。

图书在版编目（CIP）数据

监管与合规通识/巴曙松主编．—北京：机械工业出版社，2020.5（2023.1重印）

深港澳金融科技师一级考试专用教材

ISBN 978-7-111-65367-7

Ⅰ.①监⋯ Ⅱ.①巴⋯ Ⅲ.①金融监管 – 资格考试 – 自学参考资料 Ⅳ.①F830.2

中国版本图书馆 CIP 数据核字（2020）第 062508 号

机械工业出版社（北京市百万庄大街22号　邮政编码100037）
策划编辑：裴　泱　责任编辑：裴　泱　商红云
责任校对：李亚娟　封面设计：鞠　杨
责任印制：单爱军
北京虎彩文化传播有限公司印刷
2023年1月第1版第4次印刷
169mm×239mm · 16.25 印张 · 288 千字
标准书号：ISBN 978-7-111-65367-7
定价：49.00元

电话服务　　　　　　　　网络服务
客服电话：010-88361066　　机 工 官 网：www.cmpbook.com
　　　　　010-88379833　　机 工 官 博：weibo.com/cmp1952
　　　　　010-68326294　　金 书 网：www.golden-book.com
封底无防伪标均为盗版　　　机工教育服务网：www.cmpedu.com

编写说明

2019年2月,中共中央、国务院印发的《粤港澳大湾区发展规划纲要》明确提出,将香港、澳门、广州、深圳作为区域发展的核心引擎;支持深圳推进深港金融市场互联互通和深澳特色金融合作,开展科技金融试点,加强金融科技载体建设。金融科技是粤港澳大湾区跻身世界级湾区的引擎推动力,人才是推动金融创新的第一载体和核心要素。为响应国家发展大湾区金融科技战略部署,紧扣科技革命与金融市场发展的时代脉搏,持续增进大湾区金融科技领域的交流协作,助力大湾区建成具有国际影响力的金融科技"高地",深圳市地方金融监督管理局经与香港金融管理局、澳门金融管理局充分协商,在借鉴特许金融分析师(CFA)和注册会计师(CPA)资格考试体系的基础上,依托行业协会、高等院校和科研院所,在三地推行"深港澳金融科技师"专才计划(以下简称专才计划),建立"考试、培训、认定"为一体的金融科技人才培养机制,并确定了"政府支持,市场主导;国际化标准,复合型培养;海纳百川,开放共享;考培分离,与时俱进"四项原则。

为了使专才计划更具科学性和现实性,由深圳市地方金融监督管理局牵头,深圳市金融科技协会、资本市场学院等相关单位参与,成立了金融科技师综合统筹工作小组。2019年4月,工作小组走访了平安集团、腾讯集团、招商银行、微众银行、金证科技等金融科技龙头企业,就金融科技的应用现状、岗位设置、人才招聘现状和培养需求等进行了深入的调研。调研结果显示:目前企业对金融科技人才的需求呈现爆炸式增长趋势,企业招聘到的金融科技有关人员不能满足岗位对人才的需求,人才供需矛盾非常突出。由于金融科技是一个新兴的交叉领域,对知识复合性的要求较高,而目前高等院校的金融科技人才培养又跟不上市场需求的增长,相关专业毕业生不熟悉国内金融科技的发展现状,不了解金融产品与技术的发展趋势,加入企业第一年基本无法进入角色,因此,各家企业十分注重内部培训,企业与高校合作成立研究院并共同开发培训课程,自主培养金融科技人才逐渐成为常态。但是，企业培养金融科技人才的成本高、周期长，已经成为制约行业发展的瓶颈。

工作小组本着解决实际问题的精神，在总结调研成果的基础上，组织专家对项目可行性和实施方案进行反复论证，最终达成以下共识。

专才计划分为金融科技师培训和金融科技师考试两个子项目。其中，培训项目根据当下金融场景需求和技术发展前沿设计课程和教材，不定期开展线下培训，并有计划地开展长期线上培训。考试项目则是培训项目的进一步延伸，目的是建立一套科学的人才选拔认定机制。考试共分为三级，考核难度和综合程度逐级加大：一级考试为通识性考核，区分单项考试科目，以掌握基本概念和理解简单场景应用为目标，大致为本科课程难度；二级考试为专业性考核，按技术类型和业务类型区分考试科目，重点考查金融科技技术原理、技术瓶颈和技术缺陷、金融业务逻辑、业务痛点、监管合规等专业问题，以达到本科或硕士学历且具备一定金融科技工作经验的水平为通过原则；三级考试为综合性考核，不区分考试科目，考查在全场景中综合应用金融科技的能力，考核标准对标资深金融科技产品经理或项目经理。考试项目重点体现权威性、稀缺性、实践性、综合性和持续性特点。权威性，三地政府相关部门及行业协会定期或不定期组织权威专家进行培训指导；稀缺性，控制每一级考试的通过率，使三级考试总通过率在10%以下，以确保培养人才的质量；实践性，为二级考生提供相应场景和数据，以考查考生的实践操作能力；综合性，作为职业考试，考查的不仅仅是知识学习，更侧重考查考生的自主学习能力、团队协作能力、职业操守与伦理道德、风险防控意识等综合素质；持续性，专才计划将通过行业协会为学员提供终身学习的机会。

基于以上共识，工作小组成立了编委会和考试命题委员会，分别开展教材编写工作和考试组织工作。编委会根据一级考试的要求，规划了这套"深港澳金融科技师一级考试专用教材"。在教材编写启动时，编委会组织专家、学者对本套教材的内容定位、编写思想、突出特色进行了深入研讨，力求本套教材在确保较高编写水平的基础上，适应深港澳金融科技师一级考试的要求，做到针对性强，适应面广，专业内容丰富。编委会组织了来自北京大学汇丰商学院、哈尔滨工业大学（深圳）、南方科技大学、武汉大学、山东大学、中国信息通信研究院、全国金融标准化技术委员会秘书处、深圳市前海创新研究院、上海高级金融学院、深圳国家高新技术产业创新中心等高校、行业组织和科研院所的二十几位专家带领的上百人的团队，进行教材的编撰工作。此外，平安集团、微众银行、微众税银、基石资本、招商金科等企业为本套教材的编写提供了资金支持和大量实践案例，深圳市地方金融监督管理局工作人员为编委会联系专家、汇总资料、协调场地等，承担了大部分组织协调工作。在此衷心地感谢以上单位、组织和个人为本套教材编写及专才计划顺利实施做出的贡献。

2019年8月18日，正值本套教材初稿完成之时，传来了中共中央国务院发布《关于支持深圳建设中国特色社会主义先行示范区的意见》这一令人振奋的消息。该意见中明确指出"支持在深圳开展数字货币研究与移动支付等创新应用"，这为金融科技在深圳未来的发展指明了战略方向。

"长风破浪会有时，直挂云帆济沧海。"在此，我们衷心希望本套教材能够为粤港澳大湾区乃至全国有志于从事金融科技事业的人员提供帮助。

编委会

本书特邀审稿专家

何　杰　深圳市地方金融监督管理局局长
冯子兴　中国人民银行深圳市中心支行副行长
陈飞鸿　中国银行保险监督管理委员会深圳监管局副局长
吴卫军　德勤中国副主席，德勤中国金融服务业领导合伙人
贺　玲　中国证券监督管理委员会海南监管局副局长

前　言

近年来，科技的快速发展为金融业带来了一系列深刻变化。作为一种创新金融活动，金融科技广泛运用移动互联网、人工智能、大数据等新技术重塑传统金融产品、服务与机构组织，其为整个金融市场带来的改变绝不仅仅是"吹皱一池春水"，而是有可能像18世纪机器代替手工业者那样，从交易方式、价格形成、信息传导等底层机制上深刻而广泛地改变金融体系的格局和形态。

与历史上出现过的其他金融创新活动一样，金融科技也势必会与金融监管产生频繁的互动。一方面，如果将金融科技看作一个与金融关联的行业，其发展必然与金融监管的边界和力度密切相关。从国际经验上看，美国采用的双层监管体制天然就与金融科技本身跨区域、跨行业的发展特点不相适应，这已经在一定程度上阻碍了其金融科技的发展。而与此同时，加密货币、P2P、区块链等金融科技催生的新业态的发展也会对整个金融业产生影响，包括向市场引入全新形式的金融风险，甚至导致监管套利和技术套利，以及一些不可预知的市场波动等。另一方面，金融科技作为科技与金融的结合产物，又可以为金融监管与合规提供更高效、更有针对性的技术手段。例如英国的监管沙盒计划，它允许相关企业在可控的测试环境中对金融科技的新产品或者新服务进行真实或虚拟的测试，通过这种方式进行试点后再决策是否予以推广，从而解决金融创新导致的监管滞后或监管失当的问题。该制度随后被美国、新加坡、澳大利亚等国家引入，其理念也与我国传统的"立法试点"模式有相通之处，最终有望使得更多国家可以选择实施更加监管友好型的监管策略。因此，了解金融监管与合规的基本常识、框架和理论对于每一个金融科技从业者而言都是必要的。

在这样的背景下，深圳市地方金融监督管理局会同香港金融管理局、澳门金融管理局在三地推行"深港澳金融科技师"专才计划，并将本书确定为该计划对应的考试用书之一。专才计划贯彻落实了《粤港澳大湾区发展规划纲要》中明确提出的"香港、澳门、广州、深圳作为区域发展的核心引擎，深圳要加强金融科技载体建设"的要求，有利于发挥粤港澳大湾区在金融科技领域的发展优势，也为未来在全国范围内金融科技人才的培养提供范本和良好的尝试。在这个项目中，北京大学汇丰商学院和汇丰金融研究院作为联合发起单位参与，我也在指导委员会中担任委员，并承担组织编写本书的工作。

本书致力于使有志从事金融科技相关工作的人员了解金融监管与合规的基本框架、基础理论以及历史和现状，同时使之有针对性地了解金融科技的监管，以及科技在金融监管中的应用。此外，本书也适用于希望了解金融科技与金融监管的一般读者。在内容组织上，本书第一章至第三章主要是对金融监管与合规的一般性、理论化阐述，包括金融监管概论、金融创新与金融监管、金融监管与合规管理；第四章、第五章主要梳理了国内金融监管的具体实践及国际金融监管体系，包括金融机构监管、金融科技监管、危机后国际监管体系以及以巴塞尔协议为代表的全球金融监管准则；第六章重点介绍了金融监管合规与新技术手段的结合，即监管科技与合规科技。

在编写中，本书既注重突出金融监管合规这一主线，也配合金融科技师的培养需要加入了金融科技的监管、监管科技以及合规科技等内容。同时，结合我本人和研究团队对于金融监管及巴塞尔协议的多年跟踪和研究，本书也对以巴塞尔协议为代表的全球金融监管准则进行了整体的介绍，使得全书逻辑更加完整，内容更加丰富，也更具特色和前沿性。

本书最终能够付梓出版，应当感谢深圳市地方金融监督管理局局长何杰、中国人民银行深圳市中心支行副行长冯子兴、中国银行保险监督管理委员会深圳监管局副局长陈飞鸿给予的建议和帮助。除我之外，北京大学汇丰金融研究院专家委员会委员朱元倩以及上海浦东发展银行刘晓依承担了本书编写的组织工作；第一章初稿由尚航飞、王一出、乔若羽和熊邦娟执笔；第二章初稿由尚航飞、黄晓航和陈绍光执笔；第三章初稿由曾智、李静和熊邦娟执笔；第四章初稿由陈博闻、王艺林、乔若羽和方成执笔；第五章初稿由王一出、陈绍光和李静执笔；第六章初稿由王志峰、方舟指导，杜鹃、黄晓航和熊邦娟执笔，李静、王艺林对本章亦有贡献。此外，由唐时达负责与教材委托方的沟通工作。最后要特别感谢吴卫军、贺玲、王月香、刘天保和覃川桃等对本书提出的宝贵意见。由于专业水平有限，疏漏和不足之处在所难免，在此也恳请各位读者和专家指正，以期在今后不断改进和深入。

巴曙松

学习大纲

学习目的

本门课程的学习目的在于,通过本门课程的学习,学员熟悉现代金融监管与合规管理的知识框架和基础理论,掌握国内金融监管体系和国外金融监管架构,理解合规管理、监管科技的方法和手段。培养学员的金融创新思维,提升金融风险防范意识,促进金融科技手段在金融监管中的应用。

学习内容及学习要点

章 节	学 习 目 标
第一章 金融监管概论	1. 了解金融监管的含义 2. 了解金融监管的必要性 3. 了解金融监管发展历程 4. 熟悉金融监管的基本理论 5. 熟悉金融监管体系的内容
第二章 金融创新与金融监管	1. 掌握金融创新的定义和内涵 2. 熟悉金融创新与风险之间的关系 3. 熟悉金融创新与监管之间的关系 4. 熟悉金融监管创新的科技基础 5. 熟悉监管沙盒的定义及特点
第三章 金融监管与合规管理	1. 掌握合规风险的概念 2. 了解合规管理的必要性 3. 了解合规管理的目标和意义 4. 掌握合规管理与监管的关系 5. 熟悉合规管理体系框架
第四章 国内金融监管的实践	1. 掌握中国的金融监管体系 2. 熟悉中国银行业金融机构的监管政策 3. 熟悉中国保险业金融机构的监管政策 4. 熟悉中国证券业金融机构的监管政策 5. 熟悉中国新兴金融业态的监管

(续)

章　节	学 习 目 标
第五章 国际金融监管的实践	1. 掌握国际金融监管的组织架构 2. 了解国际金融监管的改革方向 3. 了解巴塞尔协议的演变过程 4. 掌握巴塞尔协议Ⅲ的主要内容 5. 熟悉巴塞尔协议Ⅲ的实施进程
第六章 监管科技	1. 了解监管科技的概念 2. 掌握监管科技的参与主体 3. 掌握监管科技发展的三个阶段 4. 了解监管科技的五大应用场景 5. 了解全球监管科技应用实践

目 录

编写说明
前　言
学习大纲

第一章　金融监管概论 ··· 1
　　第一节　金融监管概述 ··· 2
　　第二节　金融监管的理论基础 ··· 13
　　第三节　金融监管体系 ··· 26

第二章　金融创新与金融监管 ·· 35
　　第一节　金融创新概述 ··· 36
　　第二节　金融创新与金融风险 ·· 47
　　第三节　金融科技创新 ··· 53
　　第四节　监管沙盒理论 ··· 63

第三章　金融监管与合规管理 ·· 73
　　第一节　合规管理概述 ··· 74
　　第二节　合规管理的体系框架 ·· 86
　　第三节　合规管理的制度保障 ······································· 100
　　第四节　合规管理的评价机制 ······································· 102

第四章　国内金融监管的实践 ··· 108
　　第一节　银行业金融机构监管政策 ································· 109
　　第二节　证券业金融机构监管政策 ································· 122

第三节　保险业金融机构监管政策 …………………………… 129

第四节　新兴金融业态的监管 ………………………………… 140

第五章　国际金融监管的实践 ……………………………………… 152

第一节　全球金融监管体系及变革 …………………………… 153

第二节　巴塞尔协议及其演变 ………………………………… 162

第三节　巴塞尔协议的全球实施 ……………………………… 192

第六章　监管科技 …………………………………………………… 203

第一节　监管科技概述 ………………………………………… 204

第二节　监管科技的应用场景 ………………………………… 211

第三节　全球监管科技的应用实践 …………………………… 219

参考文献 ……………………………………………………………… 243

第一章
金融监管概论

【本章要点】

1. 了解金融监管的含义；
2. 了解金融监管的必要性；
3. 了解金融监管发展历程；
4. 熟悉金融监管的基本理论；
5. 熟悉金融监管体系的内容。

【导入案例】

雷曼兄弟破产

2008年9月15日，成立于1850年的美国第四大投资银行雷曼兄弟（Lehman Brothers Bank）宣告破产。雷曼破产前持有大量的债券和债券衍生品。2008年一季度、二季度雷曼持有的次级债金额分别为6394亿美元、5167亿美元，占总资产的比重分别为82.4%、80.8%。由于次级抵押贷款违约率大幅上升，导致雷曼兄弟的信用评级下降，雷曼兄弟的资产出现大幅度减值，并进入了一个恶性循环，导致其负债超过6100亿美元，最终因资不抵债宣告破产。雷曼兄弟的轰然倒塌，随即引发了全球金融市场的剧烈动荡，一场全球性的金融风暴愈演愈烈。

在当时的大背景下，美国政府为拉动经济增长实施低利率政策，鼓励居民以加杠杆的方式购房从而维系房地产市场的繁荣，而表面的繁荣下面却隐藏着巨大的泡沫。为促进业务发展，金融机构降低了借贷门槛，给不符合贷款条件的客户发放大量的次级贷款。伴随着越来越多信用不良的客户申请到房贷，投资银行也源源不断地将风险较大的劣质房贷和优质房贷捆绑发行房地产抵押支持证券（Mortgage-Backed Security，MBS）。随着以 MBS 为基础的衍生品不断涌现，风险也在层层叠加，仿佛一个多米诺骨牌阵，任何一个环节出现问题都会导致整个体系轰然倒塌。为抑制房地产泡沫，美国政府提高了利率，面对高利率许多借款者无力偿还，违约事件频频发生，信用风险不断增加，银行出现了大量的坏账，金融风险开始不断蔓延，最终波及整个金融市场。

在以衍生品为代表的金融创新无序发展的环境中，金融监管没有跟上金融创新的步伐，导致严重的监管空白与监管套利。金融产品的复杂化和信用链条的拉长，加剧了金融市场的信息不对称，金融风险也在源源不断地累积。金融监管的缺失使得监管者并没有意识到一场金融风暴的来临。

雷曼兄弟的倒闭对美国乃至世界的经济体系都造成了很大的冲击，每当回忆起这场危机都让人心有余悸。这场事件无时无刻不在警示着后人要对金融创新实施"审慎监管"，即要对金融风险保持警惕、对金融监管严格要求、对金融市场保持敬畏，评价金融机构的风险状况应保持客观公正的原则，从而进行有效的风险监督与管理。同时金融监管也需要革故鼎新，及时覆盖金融新业态、新产品，以规范金融创新的发展。

分析与讨论：

从 2008 年金融危机看，金融监管与金融市场的关系是什么？其意义有哪些？

第一节 金融监管概述

金融业被称为"国民经济的血液"，在经济发展中起着关键的作用。然而，随着金融业的快速发展，金融风险也在不断涌出。金融风险的爆发不仅可能会直接导致各金融机构面临巨额的经济损失，严重时还可能引发金融危机进而影响全球金融的安全稳定与有效运行。因此，为保障金融体系稳健运行，维护社会安定，政府应依法对金融机构及金融市场开展监管活动。

一、金融监管的概念

金融监管（Financial Regulation），即金融监督与金融管理的总称。其中，金融监督是指监管当局为确保经济金融活动稳健运行而对各金融机构开展的全面的、经常性的检查与督促活动。金融管理是指监管当局依据相关法律法规对各金融机构及其经营行为实施的领导、组织、协调和控制等一系列活动。具体来讲，金融监管是政府通过特定机构（如中央银行、监管当局）依法对金融机构及金融市场开展的监督管理活动，其目的在于规范各金融市场主体行为、维护金融市场稳健运行。本质上，金融监管是一种具有特定内涵和特征的政府规制行为。

金融监管有狭义与广义之分。狭义的金融监管是指监管当局依据相关法律法规对金融机构及其开展的所有金融业务活动实施的监督管理。广义上的金融监管不仅包含狭义上监管当局对金融机构的监督管理，也包含金融行业自律组织、社会中介机构等对金融机构的监管以及金融机构的内部控制等。

二、金融监管的发展历程

金融监管在保证经济、金融体系的稳定和健康发展方面有着重要的意义。从金融监管的演变过程来看，金融监管的不到位会导致金融危机的发生，而金融危机的爆发也会引起金融监管政策制度的变革。金融监管的发展演变过程可以分为以下几个阶段：

（一）20世纪30年代以前：萌芽时期

现代金融监管的起点是中央银行制度的确立。19世纪的主流经济理论认为市场的自由竞争能够实现资源的优化配置，然而，在没有政府干预的情况下，金融市场存在着货币信用不稳定的问题，金融机构盲目的信用扩张常常会导致货币膨胀并引发信用风险。为防止银行业出现挤兑及由此导致的经济不稳定，理论界和监管当局认为，中央银行应当履行最后贷款人职责，作为众多银行等金融机构的最后贷款人并为其提供资金和信用支持。

20世纪30年代以前的金融监管主要体现在中央银行的货币管理和最后贷款人的职能，其目的是防止银行业出现挤兑，稳定整个金融和经济体系。中央银行制度虽然算不上真正意义上的金融监管，却为后来更加广泛的金融监管理论和实践奠定了基础。

（二）20世纪30年代—20世纪70年代：严格监管，安全优先时期

古典自由主义经济学的思想促成了早期金融监管的自由放任。1929—1933年的大萧条给美国经济造成了致命打击，大批银行和金融机构纷纷倒闭，美国经济滑入低谷，同时也给西方市场经济国家的金融和经济稳定发展带来了极大的负面影响。金融业监管缺失导致的债务过度扩张被认为是造成大萧条的重要原因，而美国政府当时奉行自由市场理论，在危机中不愿对金融机构进行政府干预，又导致了负面影响的进一步扩散。在反思自由主义的过程中，以凯恩斯主义为代表的主张政府干预弥补市场缺陷的宏观经济理论成为主流经济理论。这一时期，受20世纪30年代的大萧条和凯恩斯主义经济理论的影响，金融监管

制度主张以金融市场的安全为重，倾向于加强政府的直接管制。对金融机构的具体经营范围和方式进行干预是这一时期金融监管的主要内容。

1933年，罗斯福政府实施的《格拉斯—斯蒂格尔法案》（Glass-Steagall Act，又称《1933年银行法》）确立了分业经营制度，明确限制了银行业与证券业的跨业经营，明令禁止商业银行从事证券发行、承销等业务。同时，该法案还规定了政府对于信贷市场的一系列限制，即美国联邦储备委员会的"Q条例"（美联储按字母顺序排列的一系列金融条例中的第17条款，这一数字恰好对应字母Q。该规定主要涉及存款利率的管制，因而此后"Q条例"便成了美国存款利率管制政策的代名词）。Q条例规定禁止联邦储备委员会的会员银行对其所吸收的活期存款（30天以下）支付利息，并对会员银行所吸收的储蓄存款和定期存款规定了2.5%的利率上限。1934年设立了联邦储蓄与贷款保险公司（Federal Savings and Loan Insurance Corporation，FSLIC）和联邦存款保险公司（Federal Deposit Insurance Corporation，FDIC），加强了对美国金融体系的监管，同年颁布了《证券交易法》（Securities Exchange Act of 1934），建立了全国证券交易的监管体系。1956年发布《银行控股公司法》，进一步规定银行控股公司只能从事与银行业密切相关的业务，限制了一些银行以控股公司的名义扩展经营业务和跨区经营的行为。

《格拉斯—斯蒂格尔法案》的颁布实施，特别是Q条例的施行在当时的确起到了恢复金融市场秩序、缓解通货紧缩的作用，也间接使得美国政府在第二次世界大战中和战后能从金融体系中筹措低成本战争资金和重建资金，但是随着时间的推移，这些监管规定的弊端也集中暴露出来。一方面，进入20世纪60年代，美国通胀率不断走高，甚至一度攀升至20%，这导致市场利率也随之大幅上涨。而与此同时，受到Q条例限制的商业银行存款利率难以与其他投资方式的收益率相匹敌，这使得资金大量流向证券市场和货币市场，银行吸收存款的能力大打折扣，金融脱媒日益加剧。另一方面，《格拉斯—斯蒂格尔法案》禁止了商业银行从事收益率较高的证券业务，这又更加削弱了银行创造利润的能力，使得美国存款性金融机构面临大面积破产倒闭的危机，全社会信贷供给量大幅减少。可以说在这种情况下，商业银行和其他存款性金融机构实质上被动陷入了不公平竞争的困局。

面临监管带来的生存危机，商业银行不得不开始进行一系列金融创新以绕开监管，谋求生存。货币市场共同基金便是其中的代表。这一金融创新形式将散户资金聚集起来投资于货币市场，既具备了银行存款的本质特征，又规避了监管对于商业银行从事混业经营的禁令。在当时的环境下，货币市场共同基金自诞生之日起便实现了快速发展，在美国基金市场的占比甚至一度超过70%。

银行的困境和货币市场基金的成功使得美国监管当局开始反思以Q条例和《格拉斯—斯蒂格尔法案》为代表的一系列监管法令乃至整个监管体系的导向。最终，放松监管、迈向金融自由化成了顺应历史发展潮流的必然选择。

（三）20世纪70年代—20世纪90年代：金融自由化，效率优先时期

20世纪70年代以后，西方发达国家经历了长达10年之久的"滞胀"，政府及理论界认为，20世纪30年代以来监管当局维护金融市场安全的主张，降低了金融市场的效率，一定程度上制约了经济的发展。

在金融自由化理论的推动下，各国普遍放松金融监管，以提高金融市场效率为主，逐渐取消了部分管制措施和直接的行政干预。首先便是利率管制政策的放松，1980年3月，美国政府制定了《存款机构放松管制的货币控制法》，决定自1980年3月31日起，分6年逐步取消对定期存款利率的最高限制，即取消Q条例；此后，1982年颁布的《加恩—圣杰曼存款机构法》（Garn St. Germain Depository Institutions Act）又详细制定了废除和修正Q条例的步骤，同时列明了其他的若干项后续利率市场化相关改革措施。20世纪80年代的金融监管放松给予了金融机构更大的自由，各类金融机构都大力发展金融创新，涉足不同金融领域，美国金融业混业经营成为一种趋势。不过尽管《格拉斯—斯蒂格尔法案》确立的分业经营制度对银行体制的过度保护使得银行体系的效率降低，限制了银行体系的发展，法案的整体废止还是经历了一个漫长的游说、放松、再解释到实质性废止的过程。最终，经过约20年的不断努力，于1999年11月12日颁布的《金融服务现代化法案》（Financial Services Modernization Act），标志着《格拉斯—斯蒂格尔法》的失效，美国正式走上金融机构混业经营的道路。

不过在这一阶段金融监管也并非完全放松，全球经济一体化和金融国际化的趋势不断增强，跨国银行在经济中扮演的角色越来越重要，各国对跨国银行缺乏统一的监管规则，更容易形成监管上的漏洞。1974年年底，十国集团中央银行行长们在瑞士巴塞尔成立巴塞尔银行监管委员会，陆续制定和颁布了一系列关于国际金融监管的文件。1988年巴塞尔委员会正式公布《关于统一国际银行资本衡量和资本标准的协议》（International Convergence of Capital Measurement and Capital Standards，即巴塞尔资本协议），为全球银行业监管制定了一个统一的监管准则，随后全球多个国家和地区的监管力度不断加大，标准逐渐趋于统一。

（四）20世纪90年代—2007年：重新重视监管，兼顾效率及安全时期

20世纪90年代中期开始，金融危机频繁爆发，如1997年亚洲金融危机、

俄罗斯金融危机等，导致了经济衰退甚至是政治动荡。此外，2002年前后美国陆续出现上市公司舞弊案，金融市场和金融机构的诚信严重受损。理论界和政府开始意识到放松金融监管并不可取，为消除金融危机的影响，监管当局急需对金融机构和金融市场进行系统、有效的监管。金融危机的出现导致金融监管的理念再次发生了转变，由注重效率的理念转变成兼顾效率与安全的稳健型监管理念。

1997年9月巴塞尔协会推出的《有效银行监管的核心准则》（Core Principles for Effective Banking Supervision）涉及银行监管7个方面的25条核心准则，提供了一个具有实质性意义的监管框架。1999年巴塞尔协会为提升国际金融服务的风险管控能力，推出了巴塞尔协议Ⅱ，构建了资本充足率、外部监管和市场约束三大支柱，以期标准化国际上的风险管控制度。对金融业和经济的长期稳定发展而言，金融业的安全与稳定相对金融市场的效率更为重要，维护和保障金融的安全与稳定将会是当前金融行业的监管目标并且是相当长一段时间内的监管目标。

（五）2007年至今：高度重视，全面监管改革时期

2007年美国次贷危机爆发，从美国金融业逐步扩散至美国的实体经济，并最终演变为全球性的金融危机，导致众多国家的经济增长放缓，对全球的经济发展都造成了深重影响。次贷危机的发生源于金融衍生品的滥用，也源于金融监管的过度放松和缺失。危机的严重后果使理论界对现行的监管模式和监管理论产生了质疑，并开始重新审视现有监管模式和监管理念。次贷危机在一定程度上暴露了美国综合经营、分业监管体制的监管缺失和效率低下。为改进金融监管的不足，美国在2010年颁布了《多德—弗兰克华尔街改革和消费者保护法案》（Dodd-Frank Wall Street Reform and Consumer Protection Act），这一法案被认为是美国自推出《格拉斯—斯蒂格尔法》以来最重大的金融监管改革之一，它强调加强宏观审慎和微观审慎，并实施"沃尔克法则"，核心是禁止银行从事自营性质的投资业务，以及禁止银行拥有、投资或发起对冲基金和私募基金。

此外，次贷危机的出现与监管体系的缺陷密切相关，各方展开深入讨论，探索如何改进巴塞尔协议Ⅱ。最终各方就宏观审慎、逆周期、风险的识别和准确计量等方面进行监管改革达成共识，形成了巴塞尔协议Ⅲ监管框架。巴塞尔协议Ⅲ于2010年出台，出台后成为全球银行业监管的标杆。

至此，全球的金融监管工作迎来改革时代，各国开始对金融监管领域进行一系列改革，主要体现在加强对系统性金融风险的关注，构建全面审慎监管框架，强化对金融衍生品的监管力度等多个方面。

三、金融监管的必要性

随着经济全球化和金融自由化进程的不断推进，金融业作为现代国民经济核心产业的地位日益凸显。金融业发展所带来的影响不再局限于其产业内部，而是涉及社会经济、政治、生活的各个层面，实现金融业稳定健康发展成为必要。因此，为有效防范金融风险、维护金融稳定、保护存款人与投资者合法权益、促进金融市场公平竞争、提高金融市场运行效率，各国监管当局有必要对金融市场进行监督与管理。

（一）防范金融风险的需要

1. 金融风险的定义

所谓风险，是指未来结果的不确定性。一般来讲，结果的不确定性往往有两层含义：一种是成本的不确定性；一种是收益的不确定性。不确定性越高，则风险越大。金融风险是指参与金融活动的各经济主体因各种金融变量的不确定性而导致的收益和成本的不确定性，具体表现为各经济主体的实际收益与预期收益、实际成本与预期成本间存在的偏差。

2. 金融风险的分类

按照不同的分类标准，金融风险可分为以下几种类型：

（1）根据金融风险能否分散，金融风险可划分为系统性金融风险与非系统性金融风险。其中，系统性金融风险是指整个金融系统都可能遭受的、无法通过持有资产种类的分散化而消除的风险，包括政策风险、经济周期波动风险、利率风险及不可抗的自然风险等。实际中，系统性风险往往是由宏观经济形势的变动、财政政策和货币政策的调整、政局的变化及利率或汇率波动等导致的，对于金融机构或投资者而言，这些风险不能通过分散化消除，因此又称为"不可分散风险"。非系统性风险又称可分散风险，是指某个金融机构因特定因素对其经营活动造成经济损失的可能性，与整个金融市场不存在完全的联系，仅由某一特殊原因造成，例如信用风险、财务风险、经营风险等。非系统风险是参与者通过增加持有资产的种类数量就可以相互抵消的风险，即非系统性风险可通过分散投资来进行风险分散，因此也称为"可分散风险"。

（2）根据金融风险成因，金融风险可划分为信用风险、市场风险、操作风险、流动性风险、法律风险及道德风险等。信用风险是指金融市场主体一方未履行契约责任而导致另一方可能遭受经济损失的风险。市场风险是指由利率、汇率、股票价格、物价等因素波动所引起的金融资产或负债的市场价值变化对金融市场活动参与者带来的损失可能性。因此，由引发市场风险的因素不同，市场风险可进一步细分为利率风险、汇率风险、股票价格风险和购买力风险。操作风险是指金融机构内部由于操作系统不完善、内部管理控制不足及其他人为错误而导致其面临损失的可能性。流动性风险是指金融市场缺乏充足的流动性或金融市场参与者自身现金流出现问题而产生的风险。法律风险是一种特殊的操作风险，是由合约在法律范围内无效而无法履行或者合约订立不当等原因引起的风险。道德风险是由金融市场参与主体双方（投资者与融资者）存在信息不对称等问题而引发的风险，即金融市场参与主体的一方（融资者）基于另一方（投资者）掌握更多的信息，那么如果此时拥有较多信息的一方（融资者）运用自己在信息方面的优势对相关信息进行夸大或隐瞒，就有可能使得拥有信息较少的一方（投资者）做出不利的选择（即逆向选择），从而使拥有信息较少的一方（投资者）面临损失的可能性。

3. 金融风险的特征

尽管金融风险的种类繁多，但所有金融风险均有以下五个基本特征：①普遍存在性。即金融风险普遍存在于金融业务活动中，一方面，由于市场信息的非对称性和经济主体有限理性，市场经济主体在制定经济决策时缺乏全面性，进而导致其在金融业务活动中均有面临风险的可能。另一方面，由于金融市场主体从事金融业务活动均是"利己"的且存在机会主义倾向，在一定程度上会导致金融信用的复杂性，进而为金融风险的存在提供了可能性。②隐蔽性。即金融风险并非仅在金融危机爆发时才存在，它潜藏于金融活动之中，且被各类复杂的金融工具所掩盖。③扩散性。即金融风险的爆发不仅会对单个金融机构造成影响，也会逐步扩散到整个金融市场，对其产生不利影响。具体而言，金融机构的风险损失或经营失败在对自身经营发展产生危害的同时，也会将损失蔓延到储蓄者和投资者身上，从而对整个金融市场产生影响。④可控性。尽管金融风险普遍隐藏于金融活动中，并且一旦爆发会迅速向整个金融市场扩散，但这并不意味着金融风险不可控。金融活动的参与主体可通过对金融风险的识别、预测、评估与防范实现对金融风险的控制。例如，金融机构可根据不同的风险类别对金融风险进行识别与分析，并根据分析结果对金融风险进行防范，实现对金融风险的管理与控制。⑤不确定性。金融风险的产生与爆发存在不确定性，即形成金融风险的原因与金融风险爆发后的损失均是不确定的，金融风险爆发前并不能对其有完全的预计。

4. 金融风险的危害

金融风险一旦发生，将对金融机构乃至整个金融市场产生巨大的影响，严重时还会导致金融危机的爆发。具体来看，金融风险的危害主要体现在以下几个方面：①造成经济损失。金融风险具有加速扩散性，一旦形成便会快速扩散到整个金融市场，进而对整个金融市场造成巨大的资产损失。一方面，金融风险的产生会给经济主体带来直接的经济损失，例如，金融机构在从事金融活动时，未遵循相关的法律法规，金融机构会因其违规行为直接面临监管处罚及经济损失。另一方面，金融风险的形成会给经济主体带来潜在的经济损失，例如当金融机构自身存在信用风险时，投资者会因其信用缺失而减少在该金融机构的存款，进而导致该金融机构资金减少、经营活动萎靡。②增加经营管理成本。为降低金融风险，金融机构将花费大量的人力、财力加大对相关信息的搜集与整理，进而造成金融机构风险管理成本的增加，即金融风险将增加金融机构的经营管理成本。③影响金融市场秩序。金融风险的爆发，使得金融机构因承担金融风险造成的损失而无力满足存款者提取资金的需求，存款者的利益将受到损失，金融机构面临信用危机，受到大规模挤兑，进而可能引起整个金融市场秩序混乱。④影响宏观经济政策制定与实施。宏观经济政策的主要目的在于维护金融市场稳定。然而，由于金融风险的隐蔽性与不确定性，政府难以准确把握总需求与总供给的变动情况，导致其不能及时做出相应决策。即宏观经济政策在制定与实施过程中存在时滞，进而影响宏观经济政策的效果。

金融风险的特殊性及其对金融市场的不利影响决定了监管当局必须对其实施监管。一方面，金融风险可能会直接危及金融安全与经济发展。在市场经济条件下，金融风险的不断累积和扩散可能随时会对一个国家和地区的金融安全造成不利影响。另一方面，金融风险具有较强的负外部性，即由于金融机构的重要性和危害联动性，金融机构爆发金融风险时金融监管部门、存款保险机构或政府等部门常常会注资救助，进而导致形成的社会成本远大于金融机构的私人成本，使得金融风险不断扩大。这意味着由于金融机构经营方式的特殊性和自身的脆弱性，将无法独自承担金融风险造成的后果，即金融风险的爆发在对单个金融机构造成影响的同时，也会对整个金融体系的稳健运行及金融消费者的资金安全构成威胁。监管当局通过建立健全的金融监管法规，完善金融监管体系，可有效防范金融风险。例如，一国或一地区的监管当局可根据金融业的实际发展情况，建立符合该国或该地区的金融监管法规，保障金融活动依法进行，进而达到减少金融风险的目的。另外，监管当局可通过加强对金融市场的准入和业务规范、行业竞争、金融市场退出机制等方面的立法，建立健全的金融市场信用体系，进而提高金融机构、存款人和投资者的履约能力，从而降低金融活动开展过程中的金融风险。

（二）维护金融稳定的需要

1. 金融稳定的定义

根据欧洲中央银行的定义，金融稳定是指金融机构、金融市场和市场基础设施运行良好，抵御各种冲击而不会降低储蓄向投资转化效率的一种状态。它是对金融运行状态的具体反映，是一个动态的概念。金融稳定意味着物价稳定、银行稳定以及金融市场稳定。其中，物价稳定是金融稳定的重要条件，银行稳定是金融稳定的核心，金融市场稳定是金融稳定的具体表现。

2. 金融稳定的特征

具体来讲，金融稳定具有以下三个特征：①全局性。金融稳定体现的是整个金融系统的稳定，即不仅包含金融机构、金融市场及金融基础设施，也涵盖了国内、国际的宏观经济运行，是系统性、全局性的概念。②动态性。金融稳定并非体现固定不变的运行状态，而是一个随着金融机构、金融市场、监管框架等的调整而不断发展的概念，是一个调节和控制系统性金融风险的流动性架构。③综合性。金融稳定的动态过程在各种监管手段、政策工具综合运用的情况下才能得以实现，是一个综合的过程。

3. 金融危机的定义

金融稳定是相对于金融不稳定而言的。金融不稳定意味着金融市场上一些重要金融资产的价格脱离金融资产的基础、国际与国内市场功能及信贷可得性严重扭曲，进而导致金融市场严重背离实体经济的生产能力。其中，金融危机的爆发便是金融不稳定的常见表现形式之一。

金融危机期间，金融市场出现流动性紧缺和混乱，往往伴随着企业破产、失业率剧增、经济衰退等现象，严重时可能会引起社会或政局动荡。金融危机的爆发主要来源于两个方面。一方面，金融危机可能来源于金融机构内部。如随着金融自由化和金融衍生品的发展，部分金融机构自身经营管理能力和风险控制能力未能相应提高，无法适应业务发展的需要，导致不良率上升，经营业绩下滑，资不抵债从而破产，并蔓延至整个金融体系导致金融危机的爆发。另一方面，金融危机可能来源于外部因素对金融体系和金融机构的冲击。如金融市场信息不对称、金融创新过度、虚拟资本膨胀及国际游资的冲击等因素均可能导致金融危机。

4. 金融危机的类型

根据金融危机爆发表现形式的领域不同，金融危机可划分为货币危机、银行危机（金融机构危机）、债务危机和系统性金融危机四种类型。

（1）货币危机是指在固定汇率制度下，市场参与者对一国的货币失去信心，通过外汇市场进行大量抛售等操作促使该国汇率制度崩溃、外汇市场持续动荡的危机。

（2）银行危机是指由于某种原因，公众对银行的信心出现危机，造成银行挤提，并迅速蔓延到其他银行，导致大批银行倒闭的现象。

（3）债务危机是指一国不能偿付其内债和外债而引发的危机。但通常所指的债务危机主要是指外债危机，包括主权债务和私人债务。债务危机不仅影响债务国，使其物价上涨、经济停滞、社会动荡，也影响债权国，并成为其银行危机的诱因。

（4）系统性金融危机是指在金融状况的恶化和金融市场的严重混乱局面下所爆发的危机。系统性金融危机严重影响市场功能的有效发挥，对实体经济产生极大的负面影响，一次系统性金融危机可能包括银行危机、货币危机等，但一次银行危机或货币危机却不一定使全部金融领域陷入严重混乱，不一定会导致系统金融危机的发生。

在上述四种金融危机的类型中，最常见的是银行危机和债务危机。

5. 金融危机的特征

具体来看，各种类型的金融危机均表现出以下四个特点：①突发性。金融危机常常是在某一时点上突然爆发的，导致金融危机爆发国很难及时采取应对措施。②传染性。由于当前全球经济一体化不断深化，各国经济金融活动联系紧密，只要一国或一地区爆发金融危机便会很快扩散到其他国家或地区，即金融危机呈现明显的"多米诺效应"，对全球经济均会产生不利影响。③破坏性。即金融危机一旦爆发将对经济造成不同程度的破坏，例如，2008年美国爆发的金融危机不仅对美国经济市场产生了巨大的破坏，更对全球经济体系造成了严重的打击。④周期性。即金融危机的爆发呈现出很强的周期性。例如，美国20世纪80年代的通货膨胀、2000年后的互联网泡沫和2007年开始的次贷危机之间的爆发呈现出短周期的特点。

无论是何种形式的金融危机，均会对一国或地区的经济产生影响，造成金融恐慌以及大规模的经济衰退。然而，金融在国民经济中的重要地位决定了维护金融稳定的重要性。一方面，金融作为调节宏观经济的手段，对经济调节起着至关重要的作用；另一方面，金融作为国民经济活动的"晴雨表"，是国民经济活动的资金枢纽和重要环节，并且金融在市场资源配置中起着关键的作用。而这一切均需在稳定的金融市场中展开。金融监管可通过对金融机构及金融活动实施监管，有效抑制金融风险并防范金融危机、进而达到保障金融体系稳健运行的目的。因此，为实现金融危机防范和维护金融安全稳定，监管当局必须加强对金融机构和金融市场的监管。

（三）保护存款人与投资者合法权益的需要

由于金融机构与存款人及投资者之间存在明显的信息不对称，存款人与投资者在金融活动中常常处于不利地位，对金融市场信息的了解程度远不及金融机构。具体而言，金融市场中的信息不对称是指在金融活动中一方拥有较充分的信息，而另一方处于信息劣势的现象。

金融监管有助于保障存款人与投资者的合法权益，加深其对金融市场相关信息的了解，使存款人与投资者可以在充分了解市场信息的情况下参与金融活动行为，有效解决金融市场中信息不对称的问题。例如，监管当局可通过制定相关金融监管制度，对金融机构的信息披露提出规定与要求，以保障存款人与投资者能够有效、充分地了解金融机构的经营状况、资产情况、内部控制等信息，达到保护存款人与投资者合法权益的目的。

（四）促进金融市场公平竞争的需要

公平竞争即金融市场各参与主体之间所展开的公开、平等、公正的竞争。公平竞争作为维护金融秩序、提高金融效率的重要条件，有利于提升金融机构的革新意识、提高其金融业务的核心竞争力。

促进市场公平竞争包含两个层面的含义：一方面，公平竞争是指市场规则的制定的公平。一旦市场规则带有歧视性和偏向性，那么市场主体就必然会缺乏激励去遵守相关市场规则，规则本身就会失效，市场会进入无序竞争的困境。因此只有公平、稳定、明确的市场规则才有助于各市场主体形成一致预期，愿意参与到公平的市场竞争中来，从而提高金融体系的效率和全社会经济福利。另一方面，在给定相关法律规定和市场规则的前提下，公平竞争是指市场主体的行为以相关法律法规为依据，而非从事不公平的恶性竞争的经营行为。若金融市场各金融主体之间缺乏维护市场公平竞争的原则，或各金融机构为实现自身经济利益最大化，以不正当的竞争方式参与金融市场活动，则将对金融活动的正常开展产生不良影响，严重时可能导致金融市场动荡，给金融市场的有序运行带来极大的挑战。因此，金融机构在发展过程中进行有序、公平的相互竞争是必不可少的，而同时，不论规则制定的公平，还是日常竞争行为的公平，都需要相关的金融监管部门进行规范、指导和监督。

金融监管当局可通过依法履行金融监管职能，加强对金融市场各金融主体的监管，维护市场公平竞争。一方面，监管当局通过发挥政府作用，以法律的方式，加强对金融市场各主体的监管，保障各金融市场主体之间权利平等、机会平等及规则平等，进而维护公平、公正、公开、健康的市场秩序。另一方面，监管当局可以法制的手段有效防止可能出现的欺诈、垄断和不合程序的内幕交易，保护投资者合法权益、促进金融市场公平竞争。监管当局除了可以通过建立健全公平竞争原则，运用市场约束手段防止金融机构间的不正当竞争行为之外，还能通过鼓励金融机构以优化自身金融产品与服务等方式参与竞争，以促进各金融机构依法以有序、平等的方式参与市场竞争，进而维护金融市场秩序、实现金融市场稳定健康发展。

（五）提高金融市场运行效率的需要

金融效率是指金融部门的投入与产出的关系，体现了金融部门与经济增长之间的关系。金融市场参与者均希望通过竞争的手段实现自身经济利益最大化，而过度的竞争将影响金融活动的正常开展，严重时可能引起金融市场动荡，导致整个金融市场的运行效率不断降低。金融稳定是金融效率的基础，有效的金融监管可以降低金融风险，增强金融市场稳定性，进而提高金融市场的整体运行效率。

第二节 金融监管的理论基础

金融监管是政府治理金融体系、维护市场运行的必要环节。针对金融监管应当基于怎样的目标、采取怎样的手段、实行怎样的政策导向，理论界从稳定与效率、成本与收益、有效性、激励、寻租与套利和法制等不同方面给出了相应的分析框架，这构成了金融监管的理论基础。

一、稳定与效率理论

（一）稳定与效率理论的主要内容

金融市场的稳定性与效率之间的权衡取舍一直是金融监管关注的重点和主线。某种意义上说，稳定与效率已经并不局限于一种金融监管理论，而是一套随着金融市场的发展不断变革的金融监管理论体系。

偏重稳定型的金融监管理论，顾名思义，是以维护金融体系的安全、稳定运行为主要目标。这一理论在监管手段的选择上倾向于政府直接管制，通过政府或监管当局的全方位介入，充分发挥其对金融体系的调控作用。该理论认为金融市场和任何市场环境一样都不可避免地存在市场失灵的问题，这一问题的解决必然需要引入市场以外的力量，以限制金融体系负外部性和市场失灵的影响。另一方面，金融体系对于所在经济体而言具有一定程度的公共物品特性，这一特性天然决定了在纯粹的市场机制引导下，稳健金融业必然会存在供给缺口，导致金融体系系统性风险的累积。而面对上述两个问题，政府监管可以充当"守夜人"的角色，为市场主体提供公平的竞争环境，缓解市场失灵和供给缺口的问题，这就给政府介入式的金融监管提供了理论依据。

偏重效率型的金融监管理论随着金融自由化理论的逐渐发展，影响也日趋扩大。该理论源自人们对金融监管的反思和认知的深化，即政府的行为能否真正使金融监管有效，或者政府能否真正做好金融监管。这一金融监管理论主要受两种思想主导，一是金融监管可能抑制金融创新的发展从而导致金融体系的滞后和低效；二是政府也有自己的利益取向，并不一定能完全代表全民利益，甚至还可能存在监管寻租等问题，最终其监管政策是否完美地契合公共利益的最大化值得商榷。

（二）稳定与效率理论体系的产生与发展

从历史来看，稳定与效率理论的发展，是影响金融监管演变的重要因素。从安全第一到效率优先，再到稳定性与效率并重的理论发展过程，与本章第一节中描述的金融监管的发展演变过程在很大程度上是同步进行的。

1. "安全第一"——凯恩斯体系下的金融监管理论

20世纪30年代以前，自由市场经济正在蓬勃发展，欧美各主要经济体都是以古典自由主义经济学为指导，认为金融和货币本质上具有"中性"，只是内生于经济发展的一个部门，起到发挥市场"看不见的手"的调节作用。因此，在实践中金融监管对市场的干预十分有限，主要集中在货币管理和防止银行挤兑等政策层面。然而，1929至1933年发生于美国的大萧条彻底扭转了各国金融监管当局关注的方向和重点。在大萧条爆发后不久，美国国会便立法赋予了中央银行以及后来设立的证券监管机构以实质性的监管职能，并由此开始了对金融体系全面的行政监管。

以此为标志，立足于市场失灵问题、主张国家积极干预、主张财政政策主导经济发展的凯恩斯主义取代新古典经济学的完全自由市场主张，获得了经济学的主流地位。而在金融监管领域，监管理论也转而以维护金融体系安全、弥补市场失灵作为研究的出发点和主要内容。凯恩斯主义指导下的金融监管理论认为，完全放任自由的金融市场和全能的金融机构天然具有较强的顺周期性，例如银行会在经济繁荣时过度参与投资银行业务并不断提升杠杆，这会使得金融体系的系统性风险快速累积，一旦经济发展难以维持金融体系的空转，银行就会陷入经营困境甚至引发连锁倒闭，最终爆发大规模的金融危机和经济危机，使得经济发展严重倒退。因此，这一理论体系认为保证"安全第一"才是金融体系的首要任务，而政府监管则无疑在熨平金融体系顺周期性的过程中扮演了主要角色。

2. "效率优先"——金融自由化理论

20世纪70年代，发达国家出现了长达十年之久的"滞胀"困局，财政赤字政策带来的政府投资难以继续拉动经济增长，通货膨胀和经济停滞同时出现。这也意味着盛行数十年的凯恩斯主义宏观经济政策已经难以继续指导经济的发展，而以货币主义、理性预期学派为代表的自由主义新古典理论和思想又开始复兴，并得到了进一步发展和丰富。

首先，新古典经济学家用"金融抑制"和"金融深化"这两个概念来描述一国金融体系和金融监管的状态。这两个概念相互对立。金融抑制是指一国对金融市场进行严格管制（包括利率直接管制、外汇管制、抑制金融投资行为和渠道等）和过多干预（扭曲利率和汇率等），从而使得金融市场的发展低于适宜水平、滞后于经济发展；相对地，金融深化则是指"金融自由化"，即对金融抑制局面的改善，其核心主张是放松对金融机构的过度严格管制，特别是解除对金融机构利率水平、经营业务范围和地域选择等方面的限制，以提高金融体系的竞争活力和效率。

在此基础上，自由主义经济学家认为金融抑制会对经济发展造成实质性的阻碍和约束，而缓解金融抑制局面，实行金融深化政策则能够避免经济发展陷入停滞，使得金融市场焕发活力。本质上，金融自由化理论认同的是"效率优先"的原则，认为政府全方位的严格监管使得金融体系效率低下，而在长期内市场主体会对政策形成理性预期，提前调整其经营行为，这就使得政府的干预政策实质上变得滞后且无效，最终广泛而严格的金融监管在牺牲了金融体系效率的同时，也并没有达到其促进经济发展的目的。另一方面，金融监管作为一种政府行为，其实际效果也受到政府在解决金融领域市场失灵问题上的能力的限制，市场机制中广泛存在的信息不完备和不对称在政府金融监管过程中同样会遇到，而且可能更加严重，即政府也会失灵。最终，实行金融深化政策，放松管制，才可以使经济获得长久的稳定发展。

3. 稳定与效率并重的金融监管理论

20世纪90年代初，随着经济全球化的日益深入，金融的自由化也达到了高潮，很多国家纷纷放松了对金融市场的介入和管制，一个全球化、开放式的统一金融市场初现雏形。但与此同时，在全球化背景下，以亚洲金融危机为代表的一系列区域性金融危机相继爆发，使得人们对于金融体系"安全第一"和"效率优先"目标的取舍变得更加艰难，同时金融危机也一跃成了金融理论界重点关注的话题之一。

经过一系列研究，人们发现金融自由化和放松管制可能并不是引发金融危机最主要的原因。例如很多高度开放的经济体，同时兼具较高的金融自由度和市场稳定性，并且为经济发展提供了效率保证。因此，面临经济全球化的全新发展时期，对于金融监管理论的取舍可能不能仅仅局限于稳定与效率的对立关系之中，而应当超越这个层面，将稳定与效率从对立关系中解放出来，实现二者的协调、平衡和统一。在监管实践中也应当注重金融业自身的独特性，向金融机构管理、经营活动管理和防范与控制金融体系风险积累的方向转变，同时注重针对跨国金融活动的国际协调监管。金融监管理论的这种演变，既不同于"安全第一"的政府主导理论，也有别于"效率优先"的金融自由化理论，而是在经济金融全球化背景下二者之间的新的融合与统一。

二、成本与收益理论

金融监管作为一种由政府提供的公共品，其收益即监管缓解市场失灵和外部性等摩擦带来的社会福利，而其成本则是政府提供金融监管所必需的一系列成本（包括管理机构、专业人员、制度制定与执行等）。因此，在讨论金融监管的必要性时，除了考虑市场的稳定与效率之间的权衡之外，金融监管本身的成本与收益之间的权衡也是一个重要的考量因素。如果监管收益大于成本，那么这样的监管至少在总体社会福利的角度是有利的；反之，如果监管成本远远大于其带来的社会福利，那么实施金融监管的必要性基础就会受到削弱和动摇。

（一）金融监管的收益

一般而言，金融监管的收益来源于其能够起到维护社会信用秩序，保护消费者权益，防范和化解金融风险，保证金融体系稳健运营的效果，最终保证金融体系平稳有效运行和发展，为经济社会带来正面影响。具体而言，有效金融监管的收益主要包括：

（1）良好的社会信用秩序。信用是金融机构的核心，是其生存及稳定发展的基础，合理有效的金融监管可以维护社会信用秩序，保证金融机构的合理运行和良好发展，从而创造一个健康的金融市场环境。

（2）充足稳定的市场信心。市场信心是维持金融市场平稳发展的必要条件，有效的金融监管将保障市场参与者和投资者对后市维持充足的信心，从而保障市场在平稳的轨道运行。

（3）强有力的中小投资者保护机制。中小投资者由于信息相对不足，金融知识不多，在金融交易中处于不利地位，但同时其在金融市场中参与人数多、占比高，对金融体系有着重要意义。有效的金融监管可以全方位、强有力地防止金融机构或其他市场主体非法地利用其信息优势地位损害中小投资者利益，从而维持市场的正常运转和社会的稳定。

（4）较低的金融犯罪率。金融犯罪主要包括操纵市场、虚假交易、利用虚假信息牟取不正当收益，以及各类非法组织的"洗钱"活动等。金融犯罪不同于一般的犯罪行为，其往往涉及金额较大、具有隐蔽性，且对一国经济秩序的损害较为严重。而通过有效的金融监管，政府能够尽可能地防止并惩罚金融犯罪行为，维持较低的金融犯罪率，将金融犯罪对整个市场的伤害维持在可控的低水平，从而维护一国经济社会的稳定与安全。

（二）金融监管的成本

监管需要动用和耗费实际经济资源，同时也存在机会成本。其中后者是指相比于没有实行监管或监管较松的情况，金融监管的实行所带来的潜在经济损失。例如金融监管限制或禁止了被监管金融机构的某些经营行为，那么该机构就不能获得这部分业务带来的利润，这就构成监管的机会成本。具体而言，金融监管的成本主要包括：

（1）执法成本。即金融监管部门在具体实施监管中的实际成本，往往以财政支出的方式体现。执法成本主要由执法人员和机构的劳动报酬、执法器材的采购、执法规则制定的相关费用等部分构成。总之金融市场的重要性和复杂性决定了政府必须维持一个庞大的监管部门，而这无疑需要巨大的财政开支。同时，在具体实施金融监管的过程中也必然需要花费一定执行成本，包括事前防范、事中监督检查和事后处理等一系列成本。

（2）守法成本。即监管对象为遵守有关监管规定而承担的成本，例如监管对象为了遵守监管规定而进行审计、出具报表、雇佣专门人员进行合规咨询等一系列的开支。

（3）管制产生道德风险。金融监管可能面临因管制产生道德风险的问题。这集中体现在所谓"大而不能倒"的现象中。在金融监管的过程中，政府必然会面对一些系统重要性金融机构。这些机构规模大、业务范围广、业务复杂程度高、对金融体系影响力强，一旦发生风险将给所在地区乃至全球金融体系带来显著负面冲击，因此有可能出于国家或全市场福利的考虑而必须无条件救助一些处于危机中的系统重要性金融机构。在此情况下，这些金融机构"大而不能倒"的特性很容易产生道德风险，即表现为从事过高风险的金融业务、不注重风险管理、不注重内控等。最终，一旦这些机构陷入危机，政府便不得不进行救助，从而造成不必要的财政开支和资源浪费，损害全社会福利。

（4）监管失灵。金融监管部门无法总是确保其政策一定是帕累托最优的，这就是监管失灵现象。存在这一现象的原因主要包括以下两点：一是金融监管实质上存在监管者和被监管者的博弈，一旦被监管者能够对监管政策的出台形成理性预期，监管政策就会实质上失效，无法调节微观个体和社会公共利益的目标冲突问题。二是信息不对称，即"被监管者对自己的了解永远比监管者更深刻"，因此必然导致一定程度上的监管失灵，带来监管成本的增加。

（5）监管导致的潜在经济损失。即金融机构或其他被监管的市场主体因需要遵守相关监管规定而无法达到原本可以达到的交易规模、业务规模和利润规模，给金融机构或其他被监管的市场主体造成了潜在的经济损失。在金融监管的过程中，监管部门的目标往往针对的是全社会或全市场的效率水平和福利水平，而这一目标并不总是与单一金融机构的利润最大化相一致。因此金融监管有可能会导致一部分金融机构无法达成最优交易规模，从而造成潜在的经济损失。

可以看出，上述金融监管的成本中，监管导致的潜在经济损失属于金融监管的机会成本，而其余成本则构成由金融监管带来的实际经济资源的耗费。

三、有效性理论

金融监管有效性的理论主要是围绕金融监管的必要性和重要性进行研究分析的，代表性的理论包括公共利益说、金融脆弱性理论、管制失灵说和代表性假说。

（一）公共利益说

公共利益说源于20世纪30年代美国大萧条。该理论认为，虽然市场机制在资源配置中发挥着极其重要的作用，但市场有其自身的缺陷和不足，即市场失灵。随着金融自由化和金融创新的不断发展，金融市场面临着更多的不稳定性因素，金融市场固有的缺陷可能导致更为严重的金融风险和经济问题。因此，金融监管是防范金融风险，维护金融业和经济的稳定秩序，保护市场参与者利益的必要手段。

1. 外部效应

外部性是指某个经济体的活动或决策使得不相关的个人或集团获益或受损

的现象。金融体系的正外部性是指金融机构通过正常地发挥金融中介的职能，来增加经济的规模，提高经济效益并促进经济的增长；金融体系的负外部性则是指个别银行的破产和负面影响有可能会传导至整个银行系统和金融业，进而导致银行业的崩溃并引发金融经济危机，这使得银行发生风险的社会成本远远高于其自身的成本。另外，科斯定理从交易成本的角度表明，市场机制的自由交换和自由竞争无法解决外部性问题。因此，需要通过金融监管来限制和减少金融业负外部性的影响。

2. 自然垄断

自然垄断是指自由竞争的结果导致企业规模的扩大，最终形成优胜劣汰的局面。在金融产业的日常经营活动中，当单个金融机构由于业务量达到一定规模后，成本会降低，盈利会增加；当超过一定规模后，则成本上升，盈利下降。金融企业的规模经济是指采用一定的经营规模而获得经济上的利益。金融企业的规模经济可以从内在经济和外在经济两个方面分析。内在经济是指单个金融机构在规模扩大后，会调整内部组织架构，实现内部合理分工，实现收益增长。与之对应的内在不经济是指单个金融机构在规模扩大之后，内部管理层次变多，管理效能变低，导致收益减少。外在经济是指整个金融行业规模扩大，单个金融机构可以吸纳更多优秀的人才，获得更丰富的资源，从而实现盈利增长。与之对应的外在不经济是指整个金融行业规模扩大，行业竞争压力加大，单个金融机构的经营成本增加，最终导致收益下降。金融业规模经济的特点意味着金融业具备自然垄断的倾向，最终金融机构会分为两类：一是处于垄断地位的金融机构；二是面临倒闭或兼并的金融机构。对于垄断的金融机构而言，垄断可能会造成价格歧视、寻租等损害资源配置效率和消费者利益的不良现象，对社会产生负面影响；还会降低金融业的服务质量和有效产出，造成社会福利的损失。对于倒闭的金融企业而言，超过一定程度的"劣汰"会使得市场的定价功能失效，并且降低社会就业水平，影响金融和社会体系的稳定。因此，政府部门应该通过金融监管来消除金融业自然垄断的不利影响。

3. 信息不对称

金融信息的特性使得其在使用者和供给者之间存在信息不对称。评价金融机构的好坏需要具体专业的知识，花费大量精力成本，投资者和债权人及其他利益相关方很难判断金融机构的好坏。因此，需要金融监管当局通过金融监管来降低和消除信息不对称可能导致的不利影响。

（二）金融脆弱性理论

金融脆弱性是指金融制度、结构出现非均衡而导致风险积累，最终使金融体系丧失部分或全部功能的金融状态。该理论认为金融体系具有内在不稳定的特征，金融体系的利润最大化目标会促使体系内部风险性业务和活动的增加，从而导致风险的积累，最终爆发金融危机。海曼·明斯基（Hyman P. Minsky）在著作 *Can" It" Happen Again*？中首先对金融脆弱性问题进行了较为系统的阐述，推动了"金融脆弱性假说"（the Financial Instability Hypothesis）的成型。

Minsky 针对金融体系的内在不稳定的特征提出了两个解释：第一个是代际遗忘解释，随着时间的流逝，金融业呈现繁荣的景象，在这种景象下人们追逐着眼下利益而忘却了对之前金融危机的恐惧，从而导致金融泡沫不断变大，金融风险不断累积，使得金融体系不稳定。第二个是竞争压力解释，指金融机构出于竞争的压力不得不开展许多高风险业务。如在经济高涨期，借款需求巨大，如果个别银行出于风险管理的角度而不满足客户的融资需求，顾客会去找别的银行，这些注重风险的银行反而会流失一大批客户。银行是无法承受这种损失的，所以最终每家银行都会不再顾及风险，向其顾客提供大量贷款，最终导致信用风险、市场风险等风险的累积，使得金融体系更加脆弱。金融体系的脆弱性决定了金融监管的必要性，监管当局必须加强金融监管以维持金融体系、经济的安全和社会公众的信心。

（三）管制失灵说

1. 管制俘获理论

管制俘获理论的主要观点是，政府管制是为满足产业对管制的需要而产生的，而管制机构最终会被产业所控制。监管当局不管制定或实施什么样的管制措施，管制的目的都是为了实现某些企业、产业集团利益的最大化，而不是为了克服金融体系的脆弱性、控制市场失灵、防范系统性金融风险以及维护全体公众的集体利益等。该观点认为管制措施在实施之初是有效的，但随着时间的推移，当被管制的企业熟悉了管制制度的立法、行政的程序和内容时，他们就会想方设法取得与管制机构之间合作，并利用自身的影响力去引导、修改和制定某些管制规则，通过管制规则为自身谋福利。最后，管制机构的管制措施会逐渐被它所管制的对象所控制和主导。

管制俘获理论认为政府管制与公共利益无关，实际上是提高了部分产业的利润而没有增加社会福利。管制的结果是监管部门被监管企业等利益集团所"俘获"。从监管实践的历程来看，监管领域的寻租、金融监管当局和被监管者的"合谋"印证了该理论具有一定的现实性。但这一理论只关注了管制给被管制对象带来的利益，而完全忽略了金融产品的公共性，以及金融管制会维护金融和经济的稳定，社会公众也能从中获利的事实。

2. 管制供求论

管制供求理论把经济管制看作是一种商品。这种商品的供给者是政府，需求者是社会各种利益集团如生产者、消费者，他们都出于各自的利益希望管制为自己服务。管制的必要性与市场失灵的关系不大，也并不总是有利于被管制者，不同利益集团都可以从管制的结果中受益。

该理论认为管制是管制者、被管制者以及不同利益集团博弈的一种程序。在实施管制的过程中，管制者会受到来自被管制者、社会各利益集团的压力，这种压力会对管制的标准和规则产生影响。因此，管制的最终结果是管制者、被管制者以及不同利益集团博弈的结果，社会公众和被管制者都可以从管制中获得利益。

（四）代表性假说

经济学家梯若尔（Jean Tirole）和德瓦特里邦（Mathias Dewatripont）基于信息经济学和契约学等理论工具，提出"代表性假说"理论。该理论主要从银行治理结构的特殊性出发分析了银行监管的必要性。由于银行的债权人主要是众多的、分散的小储蓄者，小储蓄者没有动力也没有相应的渠道、专业能力去获取有关银行经营的有效信息或干预银行的管理。为保护自己的利益，储蓄者需要一个独立的、专业的第三方提供客观公正的信息，并代表他们在银行出现违法违规或引发金融风险时进行监管干预。这个第三方可以是个人或者组织，但是在现代经济中，稳定、高效的银行体系已成为一种公共产品，无法避免"搭便车"等问题，因此只能由政府为广大储蓄者提供一个代表，即银行监管者，代表他们对银行进行监管，尽可能规避可能存在的金融风险和由此引发的金融危机。

四、监管激励理论

（一）激励相容理论的提出

激励问题最早由亚当·斯密（Adam Smith）提出，随着委托代理问题的研究和博弈论、信息经济学在经济学中的运用，激励理论在经济学中得到了进一步的发展。诺贝尔经济学奖获得者詹姆斯·米尔利斯（James Mirrlees）和威廉·维克里（WilliamVickrey）提出的激励相容理论对激励理论做出了基础性、开拓性的贡献。激励相容理论以理性人假设为前提，认为在市场经济中，理性经济人是自利的，个人会按有利于自己的方式行动，由于委托人和代理人目标不同，以及不确定性和委托人与代理人之间信息不对称的存在，使得在委托代理中容易产生代理人问题，即委托人无法对代理人进行有效监督，代理人为了追求自身利益最大化，可能会做出损害委托人利益的选择。此时需要一种激励相容的制度安排，使得委托人在使代理人的效用得到满足的情况下实现自身效用最大化。因此，激励理论就是要设计出一个激励合同，以激励代理人在现有条件下做出对委托人最有利的选择。激励相容就是激励机制能够激励代理人在拥有信息优势的条件下选择对委托人最有利的行为的情形。

（二）激励监管理论

随着信息经济学在经济学中的进一步应用和发展，激励思维被引入金融监管，产生了激励监管理论。该理论在总结金融监管发展历程的基础上，揭示了金融监管的演进是从高度监管到轻度监管的过程，概括了监管失灵的原因。在金融监管中，金融机构与监管当局之间始终存在着信息不对称，监管中如果出现激励不相容，会造成监管者与被监管者的合谋或金融机构逃避金融监管的情况，也即监管失灵。因监管者与金融机构的目标不一致所导致的激励不相容，会导致金融市场参与者与监管主体盈利期望、利益相违背，导致金融监管失效，产生如采用金融创新、财务造假等方式来规避监管、增加监管成本、产生道德风险、制约金融创新等问题。

（三）最优相机监管理论

在上述研究成果的基础上，德瓦特里邦（Dewatripont）和梯若尔（Tirole）提出了"最优相机监管模型"，并界定了相机监管的适用范围。

最优相机监管模型重点研究金融监管实施的时间和范畴，即何时何地需要外部的干预和监管，对众多且分散的小储蓄者的信息不对称和银行体系的搭便车问题进行了分析。根据不完全合约理论，股东对企业业绩是凸的收益结构，债权人对企业则是凹的收益结构，拥有凹收益结构的人较之拥有凸收益结构的人，更倾向于外部干预和严厉的监管，因此，债权人比股东更希望加强对企业的监管。就银行而言，银行清偿比率越低，股东就越偏好风险，存款人则越规避风险。由此，将监管的激励方案与索取权联系起来，总结出监管机构实施最优监管政策的方式是让监管者拥有与没有保险的存款人一样的激励，即让监管者设身处地地为没有保障的人群考虑。

在相机监管的适用范围方面，该模型指出监管当局的独立性决定了相机监管的适用性。独立性较强且代表金融消费者利益的监管机构可以采用相机性监管的方式，独立性较弱且受政治压力及利益集团的影响较大的监管机构，可以采用标准化的非相机性监管的方式。

五、寻租与套利理论

（一）监管寻租

1. 监管寻租理论

经济学家克鲁格（Krueger Anne）于 1974 年提出了寻租理论。该理论狭义上是指利用行政或法律的手段来阻碍生产要素在不同产业间的自由流动和自由竞争，以维护既得利益的行为。广义上是指个人或利益集团为获得额外收益而进行的非生产性行为，其本质特征是个人或利益集团通过某种付出，企图获取更多的不应得到的收益或其他资源。寻租活动不会创造、新增社会财富，只会消耗社会资源，导致社会福利的损失。

麦克切斯尼在 1987 年提出了"政治创租"（Political Rent Creation）和"抽租"（Rent Extraction）的概念。政治创租是指政府利用行政和法律的手段来干预市场经济主体的行为。其目的在于增加私人企业利益，人为创造"租"，并诱使私人企业向他们输送相关利益，以作为得到这种"租"的条件。抽租是指监管部门主动、故意提出某项政策或行政干预来威胁、侵害私人或私人企业的利益，迫使私人或私人企业与监管者分享既得利益。政府通过行政干预和管制介入市场，为市场中资源的流动和自由竞争制造各种人为的技术、政策、资金等壁垒，产生监管机构的租金创造和抽租。寻租活动的产生和蔓延破坏了市场的公平竞争。监管寻租理论证明了监管活动会给市场参与者带来额外成本（即租金），这是一种典型的腐败行为，会给社会造成巨大的经济损失。

目前，寻租活动在社会经济生活的各个方面都有不同程度的表现。金融监管是政府管制的重要组成部分，金融业的独有特性和市场地位导致了金融监管领域必然存在严重的寻租行为。事实上金融监管寻租已造成了巨大的经济损失，影响了金融监管的公平与效率。寻租理论在金融监管领域的应用形成了管制寻租理论。管制寻租理论认为，监管当局通过行政手段的管制为金融市场中的寻租创造了机会和条件，进而为监管当局的租金创造和抽租提供了可能，阻碍了市场的自由竞争并损害了市场的公平和效率。同时，该理论认为，通过金融监管来防止金融市场失灵是理想化的，金融管制越广泛的国家，寻租问题越普遍。金融监管寻租的存在影响了金融市场的公平，降低了金融效率。因此，提高金融效率、增加金融市场竞争的公平性的直接、有效途径是放松金融管制，削弱金融管制中的金融寻租问题。

2. 监管寻租的表现形式

监管寻租的表现形式包括对内寻租和对外寻租。对内寻租是指监管主体内部发生的寻租行为，又可以分为纵向寻租和横向寻租两种形式。纵向寻租是指下级监管主体利用其所掌握监管对象信息较多的优势，以监管任务较重、监管过程中发挥的作用较大为由，向上级监管主体索取好处等。横向寻租是指发生在同一级监管主体内部的职能监管部门与其他业务部门之间的寻租行为。

对外寻租是监管主体和监管客体之间发生的寻租行为，又可以分为监管主体主导型寻租和监管客体主导型寻租两种类型。监管主体主导型寻租是指监管人员主动向被监管方"收租"，如监管机构利用其所掌握的监管对象的违法违规的事实和证据，以掩盖事实、从轻甚至免除处罚为条件，企图从监管对象处获取好处和收益。监管客体主导型寻租是指监管客体主动向监管机构寻租的行为，如金融机构清楚地了解其自身经营过程中存在违法违规行为，通过向监管机构或监管人员行贿或提供其他的收益和好处，企图获得监管机构的保护或力求从轻处罚。

3. 监管寻租的危害

一方面，监管寻租加大了监管成本。金融监管领域中的对内寻租行为，使监管主体为确保监管的有效性而不得不增加开支，从而增加了执法成本；而对外寻租行为，无论是监管主体主导型还是监管客体主导型，都直接增加了道德风险，即金融机构相信自己有监管者的保护而不会倒闭，于是肆无忌惮地扩张，从事高风险的金融业务，享受盈利好处，发生大损失时则由政府买单，降低了金融机构运行效率并增加了金融风险产生的概率，从而易导致整个社会经济福利的损失。另一方面，监管寻租降低了金融监管的有效性，容易引发道德风险。监管寻租的存在往往使监管主体为实现自身利益的最大化而不能正确、有效地行使职能，导致监管无效或监管效率低下。

（二）监管套利

金融监管者和金融市场参与者是矛盾的对立面。监管套利产生的根本原因是金融机构按照监管要求进行运营管理和风险控制所带来的收益与其付出的成本（含机会成本）不对等。各种监管政策的要求给金融机构带来了很多额外的成本，但执行监管要求所获得的收益是由金融市场和实体经济的所有参与者所享受的。金融机构支付了符合监管要求的相关成本，却没有获得对等的收益，从而产生了监管套利。监管套利主要包括以下几种形式：

1. 利用监管制度的非一致性进行套利

金融机构会利用同质同类业务监管标准的不一致，采取各种手段谋求自身利益最大化。对于商业银行而言，金融监管政策规定了商业银行资本充足率的下限。资本充足率是银行的自有资本金与风险加权资产金额之比。其中风险加权资产的计算方式是，对不同类型的资产赋予不同的风险权重，然后根据权重计算出银行所持有的风险加权资产金额。然而，"对不同资产赋予不同的风险权重"这种规定会使银行争取把风险权重高的资产转化成风险权重低的资产，因为某项资产的风险权重高意味着为此资产准备很多资本金，而对银行而言，资本金越多越不好，因为资本金是没有会计回报的。贷款的风险权重高，银行持有贷款要准备的资本金要求较高，而国债的风险权重低，银行持有国债要准备的资本金要求也低。因此，银行利用这种不一致性，通过各种手段来粉饰资产负债表，例如把银行贷款这类高风险权重的资产证券化，变成风险权重更低的资产，或者利用通道业务转移到表外，或者通过其他会计手段调整表内各种资产的规模，从而减少需要准备的资本金。

2. 利用监管制度存在"特区"的现象进行套利

国家为了扶持一些地方企业，往往会给当地的企业一些政策优惠，而外地的企业也会闻讯前来，以期享受本不该享受的政策优惠，利用这种制度差异进行套利。地方政府在建立自贸区或某些经济开发区时，为了招商引资，往往会对在这些"特区"投资的企业提供更优惠政策，对为这些特区的企业提供金融服务的金融机构提供更为宽松的监管政策。这种"区别对待"为监管套利提供了非常有利的条件，金融机构因此能够用更低的成本在"特区"开展投融资业务。

3. 利用监管制度的非完备性进行套利

监管制度总是追不上创新，金融机构可能会设计一些新型产品，利用监管制度的漏洞套利。当对不同类型的资产赋予不同的风险权重时，若金融机构通过金融创新设计出一些新的金融产品或衍生产品，将很难确定这些新产品的风险权重。金融监管制度、政策无法对所有的可能情况进行预测和评估，因此，金融机构通过金融创新的方式，对金融风险进行掩盖和转嫁也是常见的监管套利手段。

六、法制与监管相关理论

法制与监管相关理论是从法律角度来讨论金融监管的必要性和机制设计。一方面，完善的法律制度是监管有效性的重要来源和依托；另一方面，监管作为源自法律不完备性的剩余执法权，必须在法律框架下与既有法律制度相配合。

完善的法律制度是监管有效性的前提。在金融监管过程中，不论是政府监管和市场约束，相关法律法规都起到了重要的支撑作用，具体体现为：在政府监管层面，法制是监管层实际执法行为的合法性来源，也为相关监管规定细则的制定提供了基本原则和框架，这些监管规定反过来又构成了法制现实性和可操作性的基础。在市场约束层面，法制是判定市场各个主体经营行为是否合法的准绳，是维护市场正常运作、确立和保护产权的重要基础。总的来说，法制为政府监管主体和市场主体都划定了行为边界，以维护金融市场的稳定运行和良好发展。而对于任何金融体系而言，只有对投资者的权利进行有效的法律保护才能真正促进金融发挥其应有的功能，相应的金融监管权力也才不会被滥用，最终体现出金融监管的有效性。更一般地说，在市场经济中，法律制度是各市场主体权利的主要来源，金融监管的效率关键在于实现对市场主体的有效法律保护，只有在市场主体权利能够得到有效法律保护的条件下，企业才能建立有效的公司治理机制，金融也才能真正得到良性发展，也才谈得上金融监管的有效性。

监管作为源自法律不完备性的剩余执法权，必须在法律框架下与既有法律制度相配合，这是金融监管规则设定的原则。从法律角度上说，监管存在的根本原因就是法律制度的不完备：一方面，任何法律都无法事无巨细地规范所有市场主体的一切行为，法律条文也不会在没有执法和司法环节的情况下自行发挥作用；另一方面，法律的修订总是有一定时间间隔的，这就决定了法律必然无法时时刻刻都完全适应金融市场的发展。

然而与此同时，法制的不完备性也造成了滥用监管权、过度执法乃至权力寻租的可能。政府的权力天然的大于企业或个人，其对经济随意干预的倾向很难自我抑制，这会导致企业因为权益无法得到足够保障而缺乏激励进行投资，从而构成对经济发展的障碍。在经济学上这种现象称之为政府的"不可信承诺问题"，最终反而损害市场效率。因此，在监管规则设定的过程中应当考虑到这一问题，政府在监管过程中也应受到法律约束，不可以随意收费，也不可以随意限制经济活动，经济政策也不应朝令夕改。

第三节　金融监管体系

一、金融监管的目标和内容

（一）金融监管的目标体系

金融监管目标，即金融监管最终预期取得的效果或者达成的目标，是实现有效的金融监管的前提，也是监管当局实施监管行为的依据。不同监管体系的核心目标不尽相同，主要包括：维持金融体系和金融市场的稳定性、防止爆发金融体系系统性风险、维护金融机构稳健运行、保护消费者和投资者权益、平衡效率和公平与市场稳定性的关系以及促进市场竞争等。针对银行监管而言，《有效银行监管的核心原则》中对银行监管目标的表述是：保持金融体系的稳定性和信心，从而降低客户（存款人）乃至整个金融体系的风险。

可以看出，金融监管的目标是和本章第一节中介绍的金融监管的必要性相对应的。在各国金融监管的实践中，由于法律基础和政府分工的不同，尽管可能对金融监管的目标表述各有不同，但本质上都是突出金融机构的稳健运行对金融市场风险控制的作用，及其对相关利益者的保护和对社会福利的改进，这是由金融机构的特殊性决定的。

一方面，金融机构具有高杠杆经营的特征。金融机构的业务具有特殊性，其自有资本比例较小，更多的是在利用别人的钱经营，这决定了其杠杆率（即负债与资产或资本之比例）必然远远高于一般工商业企业。进一步而言，一旦金融机构经营失败，由于其客户（存款人或投资者）既没有参与经营又需要承担事实上的连带责任遭受财产损失，因而相关利益者保护（以消费者保护和中小投资者保护为代表）在几乎所有监管体系中都被作为核心目标之一而设立。

另一方面，金融业经营中普遍存在负外部性。随着金融业的不断发展，金融交易的总体规模和金融机构混业经营的占比都在不断上升，与此同时交易方式的复杂化、高频化以及金融衍生品的发展使得金融机构和金融市场之间的相互依赖程度以及危机相互感染的可能性都明显增大。最终，金融危机的频率和破坏程度扩大，甚至很可能对整个经济体的发展和福利水平造成损害。因而防止金融体系系统性风险的爆发、减少金融危机的潜在破坏力，也成了多数国家金融监管当局的首要任务之一。

从历史经验来看，金融监管的目标体系随着金融市场的变迁而不断发展。然而现代金融监管目标体系并非是对原有的传统目标体系的颠覆和更替，而是不断地完善和补充，其实质是对旧目标的总结、提高和升华。同时，当代金融监管的目标体系也越来越显现出其多重性和均衡性，即维护货币与金融体系的稳定，促进金融机构谨慎经营，保护存款人、消费者和投资者利益，以及建立高效率、富有竞争性的金融体制。也就是说，现代金融监管在总结既有目标体系的基础上，更加注重目标体系内部各监管目标的互动以及整个目标体系的合理平衡与有机结合。

(二）金融监管的内容体系

总体而言，金融监管体系主要有三个层面：①按照金融机构监管范畴划分为机构监管与业务监管，前者指金融机构的设立、撤并、升格降格、更名迁址、法人资格审查、证章牌照管理、业务范围界定、资本金年审等的监管，后者是指对金融机构的经营范围、存贷款利率、结算、信贷规模、资产负债率、现金、信贷资产质量、经营风险、账户、业务咨询、存款准备金等的管理、监测和检查。②按照监管性质划分为合规性监管与风险性监管，前者指对金融机构设立的审批、信贷资金管理、中央银行的基础货币监管、结算监管、账户监管、外汇监管、金融市场监管、社会信用监管、金融创新监管、证照真实性检验等，后者是监测机构资本充足率、资产的流动性、经营效益等风险性指标。③按照监管的事前、事中、事后划分为准入监管、业务运营监管和市场退出监管。本章节主要介绍事前、事中、事后监管，即市场准入监管、业务运营监管和市场退出监管

1. 事前：市场准入监管

市场准入监管是指监管部门按照一定的市场规则准许某一行业或相关机构设立或进入市场一种管制行为，是一切金融监管（特别是金融机构监管）的起点。从实际操作来说，市场准入监管即是金融机构获得许可证的过程，直接体现为金融机构的设立登记、审批等。其中设立登记的监管要求又包括注册资本（营运资本）、资本充足率、管理人员、最低认缴资本等。市场准入监管的必要性源于其能够防止不合格的金融机构进入金融市场，保持金融市场的主体合规性。

2. 事中：业务运营监管

金融风险贯穿于金融机构日常业务运营过程中的每一个环节，这导致金融机构的日常经营活动是金融风险的主要和直接来源。因此，金融监管不能仅仅停留于准入监管，还应当进一步对其日常业务运营过程（即市场运作过程）进行有效监管，最终更好地达成目标体系的要求。

一般而言，金融机构的业务运营监管，应当依据其具体业务情况和经营情况体现针对性和灵活性。但与此同时，业务运营监管也应当注重一些共同的指标，例如盈利性、安全性以及流动性。以银行业监管的巴塞尔资本协议为例，随着金融市场和金融创新不断发展，巴塞尔委员会在不断更新和完善其各项监管最低要求的同时，也为各国监管当局提供了根据本国或本地区金融市场总体经营和风险特点制定相关监管标准的灵活安排。一般而言，对银行等金融机构

业务运营的监管主要包括：业务经营合法合规监管、资本充足率监管、资产质量监管（包含可靠性、盈利性和流动性）、内控制度监管、内部管理水平监管等。

3. 事后：市场退出监管

市场退出监管指监管当局对于金融机构破产（退出经营）、兼并重组、变更等的管理，具体体现为债权债务处理、剩余资产处置、工商登记注销、法人资格注销等等。金融机构的市场退出分为主动退出和被动退出两类：主动退出是指金融机构的分立、合并以及出现公司章程规定事由主动要求解散的行为。而被动退出则是指金融机构由于到期不能偿还债务或法律法规和公司章程规定的其他事由（如严重违法违规等）而被法院宣布破产或重组，以及被监管部门依法关闭的过程。具体而言，包括接管（兼并）、收购、分立或合并、解散、吊销经营许可、破产等六个层面。

由于金融机构在社会经济中的特殊性，其以破产的方式退出市场不仅会对债权人利益产生损害，而且会对国民经济的整体发展产生深远的影响。同时，直接破产清算会导致监管机构和保险公司付出大量成本来清理、分析倒闭金融机构的账户，并导致存款人和借款人与银行的法律业务关系被打破，进一步使得现有投资项目因资金不能及时到位而遭到拖延无法收回成本、实现收益。最终，一旦这种负效应被广泛传播，公众、机构投资者和外资对于金融机构的信心产生实质性动摇，就会导致资金抽逃、挤提等大面积金融危机的发生。因此，政府在面临危机中的金融机构时一般会首先考虑拯救方案，包括重新注资、接管、并购、国有化、债权人治理、资产证券化、私有化或出售给其他境内外投资者等，甚至可能通过给予适当优惠政策、放宽对危机金融机构相关监管标准的方式避免金融机构的直接破产清算。

二、金融监管的原则和方法

（一）金融监管的基本原则

1. 依法监管原则

依法监管原则是各国监管部门应当共同遵守的一项原则，这是由法律在维护金融市场平稳有效运行和发展过程中的重要作用决定的。金融监管当局应当根据现行的金融法律法规，依法进行监督管理，而非凭个人好恶随意监管和执法。这就要求金融监管当局和执法人员自身都应当知法、懂法、守法、依法办事，保证监管和执法过程中的严肃性、连贯性和不可例外性。

2. 独立原则

独立原则是指监管部门应当按照相关金融监管法律法规的要求，进行第三方监管，既不能以正规或非正规的任何方式干预金融机构合法合规的内部实际管理过程，也不能以任何方式干预金融机构与其客户之间的日常业务往来和交易行为。特别地，金融监管部门不应以监管的名义为特定的金融机构谋取利益，或通过监管行为达成超出法律规定范围的实质倾向性效果。

3. "三公"原则

金融监管应当公平、公正、公开。公平是指监管不应因对象的性质、规模、背景而随时变化，应当按照法律要求一视同仁；公正是指金融监管不应预设立场、不应有法律之外的倾向性；公开是指金融监管和执法过程应当维护程序正义，同时尽量达到公开透明。

4. 适度原则

金融监管应当适度，既不能过度监管也不能放任不管。金融监管一旦过度，就势必会抑制竞争和创新，限制金融业的健康发展，最终妨碍金融业对整个社会经济福利的提升效果，削弱整个国家金融体系的竞争力和生命力。同时，如果金融监管不力，则市场秩序无法得到有效维护，恶性竞争必然加剧，最终导致大量金融风险的积累。金融监管的适度原则旨在维护金融市场的适度竞争，达到"管而不死，活而不乱"的效果。

5. 统一协调原则

统一原则一方面要求各级监管部门应当统一标准，不应各行其是、重复监管，抑或是相互推诿、各自为政；另一方面，统一原则要求金融监管的目标体系要具有内在统一性，不能与宏观经济政策或国家基本政策相抵触，也不应与国际金融监管的基本规定相违背。在此基础上，协调原则则要求机构与行业的内部自律与监管部门独立性原则下的外部监管相结合。

6. 稳健与效率原则

金融监管的根本诉求是维护市场稳定运转，因而稳健原则是金融监管的应有之意。具体而言稳健原则要求监管体系时刻关注防范和控制风险，避免系统性金融风险的爆发，最终促进社会经济安全、稳健、协调发展。与此同时，效率原则则要求金融监管在防控风险的基础之上关注社会福利的最大化，因此监管当局应当尽可能减少监管成本、节省监管资源，保证监管效率的最大化。

（二）金融监管的主要方法

金融监管本质上是一个维护复杂系统（即金融市场）平稳、合理、有效运行的过程，因此金融监管所采取的方法也必然是多角度、多层次、跨学科、全方位的。一般来说，金融监管的主要方法可以分为两类，即现场检查和非现场监管。

现场检查是指派专人进驻金融机构，对其业务经营情况实施全面或专项的检查和评价。现场检查能够发现从财务报表和业务统计报表等资料中难以发现的隐蔽性问题。现场检查主要出现在对于金融机构运营过程的事中检查中。监管部门派出相关检查小组到金融机构实际经营场地进行实地检查（内容包括资本充足情况、内部管理和风险控制、清偿能力、收入与盈利情况等），并针对金融机构营运是否合法合规、安全有效等做出全面评价。

非现场监管是指金融机构按期报送数据，监管机构通过汇总、分析，对金融机构的业务活动进行全面、连续的监控，随时掌握金融机构和整个金融体系的运行状况、存在的突出问题和风险因素。非现场监管可以为现场检查提供预警信息，明确现场检查的对象和重点，以便及时采取防范和纠正措施。对于金融机构的事后监管往往体现为非现场监管，在一定的会计期间结束后，由金融机构出具定期报告并按规定进行信息披露，监管部门针对这些信息进行趋势或比较分析，从而找出金融机构经营管理过程中可能存在的问题。

除此之外，金融监管还同时采取多种手段进行全方位综合监管，以充分发挥监管部门、行业协会、机构自律管理、审计、工商、税务乃至公众舆论监督等多方力量进行立体化监管，其主要手段包括法律手段、行政手段、经济手段和技术手段。

三、金融监管体制

从广义上讲，金融监管体制可以包括监管的目标体系、内容体系、理论体系、监管原则与监管方式等多个范畴。但是从本质上看，（狭义的）金融监管体制就是指金融监管主体的职责、权限范围及其组织形式。从这个意义上讲，金融监管体制就是为实现特定社会经济目标而对金融体系施加的一整套机制和组织结构的总和，是金融业协调稳定发展的保障系统。它既是各国历史和国情的产物，也随着金融体系实践的不断发展而发展变化。

金融监管体制的存在就是服务于金融体系和社会经济发展的，因此金融监管体制的选择一方面要考虑各国具体国情，尤其是历史、政治等诸多因素；另一方面则势必要全面综合地将金融体系乃至整个经济体系的经营者、所有者、法律法规和市场规则、市场约束、监管者等因素纳入考量。

尽管各国金融监管体制的实践不一而足,其本质上都是要依托于金融市场和金融机构的主要经营模式——即分业经营和混业经营——而设计的。因此各国金融监管体制均可以分为三类:分业监管体制、集中(混业)监管体制,以及不完全集中监管体制。在各国监管实践中,金融机构经营模式和金融监管体制并不是完全对应关系。从理论上来说,金融监管体制的选择还是应当以服务监管目标、服务金融市场平稳运行和社会福利最大化为准则。这实际上意味着金融监管体制的设计应当是结果导向的,即在考虑金融机构经营模式的基础上还应当考虑到监管者的监管水平、技术能力,以及金融体系对金融监管体制的响应等诸多问题。最终,针对特定国家或特定金融市场,金融监管的最优模式一定是最能够服务上述准则和目标的,然而这种模式却往往难与金融机构的实际经营模式保持一致,这就需要监管当局依据本国国情和市场的具体情况合理进行决策。

【关键词】

金融监管　金融危机　金融风险　金融稳定　市场失灵　稳定与效率理论　监管成本与社会福利理论　有效性理论　监管激励理论　监管寻租　监管套利　市场风险　政策风险　利率风险　货币危机　银行危机　债务危机　系统性金融危机

【思考题】

1. 根据风险来源,金融风险有哪些类型?
2. 简述金融风险的特征。
3. 简述金融稳定的定义及其特征。
4. 简述金融监管的必要性。
5. 简述金融危机的特征。
6. 分析金融危机产生的原因。
7. 防范金融风险的方法有哪些?
8. 金融监管体制有哪几类?如何看待金融机构经营模式和金融监管体制的关系?

【案例分析】

大萧条与次贷危机

1929年10月29日是美国证券市场最黑暗的日子,被称作"黑色星期二"，道·琼斯指数一天下跌22%，经济逐步进入大萧条。在此后两年半的时间里，经济形势持续恶化，美国股市不断下跌，截至1932年市值仅占危机前的10%。在此背景下，美国参议院银行货币发行委员会在1932年全力开展调查，曝光了华尔街金融机构存在严重的操纵、欺诈和内幕交易等不正当行为。基于此调查得出结论，必须建立严格的金融监管体系，以防止此类危机的再度爆发。

在此次危机之前，经济自由主义的创始人亚当·斯密提出市场是"看不见的手"，其经济思想影响了主要资本主义国家一个多世纪。亚当·斯密认为，每一个个体或者组织的最终目标都是自身利益最大化，基于此目标下的所有交易都是在价格机制的指引下进行的。但是，市场具有自发性和盲目性等特征，市场的发展可能会趋于恶化，假如政府对国家的宏观经济袖手旁观，任由事态恶化，最终的结果是无法想象的。这点在历史上有大量的例证，如投资商的过度投资导致大量的泡沫经济，超前消费理念造成市场经济的虚假繁荣、美国银行业的信贷繁荣等等。所以，在一定程度上这次金融危机是市场失灵并被放大的结果。

再回到21世纪初，重新审视美国爆发的次贷危机及其引发的全球金融海啸。货币超发，次贷规模快速膨胀，次贷的违约率高、风险大，其实商业银行可能有所察觉，但为了追逐利润，他们仍然大力发展次贷业务。同时，为了分散风险，他们与投资银行共同推行资产证券化业务。危机爆发之前，人们疯狂地追逐利润，疯狂地开发金融衍生品工具，金融业的杠杆水平被大幅提升，市场失去了给资产合理定价的能力，不知道如何给资产定价也就无法有效地进行风险管理，市场再一次失灵从而导致金融危机。

分析与讨论：

请问2008年美国次贷危机的"病因"与20世纪30年代的"大萧条"有何异同？

【选择题】

1. 20世纪上半叶，美国金融从自由到管制的分水岭是（   ）。
   A. 第一次世界大战　　　　　　　　B. 第二次世界大战
   C. 1929—1933年经济危机　　　　　D. 布雷顿森林体系建立

2. 以下哪项正确描述了金融监管的稳定与效率理论的发展历程？（   ）
   A. "效率优先"——"安全第一"——稳定与效率并重
   B. 政府干预——金融自由化——平衡式监管

C. 金融抑制——金融深化——金融全球化
D. 稳定与效率并重——"效率优先"——"安全第一"

【选择题答案】

1. C；
2. B。

第二章
金融创新与金融监管

【本章要点】

1. 掌握金融创新的定义和内涵；
2. 熟悉金融创新与风险之间的关系；
3. 熟悉金融创新与监管之间的关系；
4. 熟悉金融监管创新的科技基础；
5. 熟悉监管沙盒的定义及特点。

【导入案例】

从次贷危机看金融创新的负面效应

2007年次贷危机的爆发既有美国采取扩张性货币、财政政策，美国政府危机处理行动迟缓，国际货币基金组织（International Monetary Fund，IMF）未能有效发挥风险预警作用等宏观层面的原因，也与微观机制层面的缺陷有密切关系，比如，危机前的监管体系无法有效地对美国房地产贷款证券化等金融创新活动进行监管。

从2001年1月3日到2003年6月25日，美国联邦基准利率连续13次下降，由6.5%下降到1%。在利率偏低、经济持续较快增长、房地产价格迅速上涨的情况下，美国许多银行风险意识薄弱，向收入较低、信用程度较差的人发放大量房贷。与此同时，金融机构通过住房抵押贷款证券化（MBS）、债务抵押债券（Collateralized Debt Obligation，CDO）和信用违约互换（Credit Default Swap，CDS）等金融创新产品，将与次级贷款相关的市场风险、信用风险打包转移给全球各个角落的证券化产品投资者。MBS是将住房抵押贷款通过一系列操作后以证券的形式出售给投资者的融资过程；CDO是将MBS中风险等级较高的部分重新打包再次进行资产证券化；CDS可被视为债务违约保险，为MBS和CDO提供保险。在这一信用链条上，风险由抵押贷款市场传递到证券产品市场，并且在衍生品形成的过程中不断放大，具有很强的杠杆效应。在房地产市场行情向好的预期下，各类金融衍生品的规模迅速扩大。根据IMF的估算，2007年年末，全球金融资产（包括银行资产、股票市值、债券市值）总值达230万亿美元，是2007年全球GDP（约为55万亿美元）的4倍。相比之下，2007年年末全球金融衍生品的名义价值达到了596万亿美元，大致为全球GDP的11倍，是全球金融资产总值的2.6倍。衍生品在房贷市场上的过度发展增加了潜在的金融风险。

当美联储从2004年6月起在两年内连续17次调高联邦基金利率，上调至2006年的5.25%时，房价因利率的上涨开始迅速下跌，使得购房者难以通过出售住房或抵押住房进行融资，导致次级贷款的违约率大幅度上升，房贷证券化产品价格急剧下降。金融机构大幅减记资产，引发金融市场动荡、信贷紧缩，最终对全球金融市场和实体经济造成了沉重打击。

分析与讨论：

以次贷危机为例，谈谈金融创新的负面效应。

第一节 金融创新概述

随着经济全球化的发展、市场竞争和金融管制的出现以及信息技术的进步，新的金融产品、金融市场、金融组织等层出不穷。这些不仅是推动金融业向前发展的重要力量，而且为世界经济发展提供了不竭动力。与此同时，金融创新也增加了金融系统的风险，甚至可能引发金融危机，因而促使金融监管体系持续改革。可以说，金融业的发展史就是一部金融创新史。

一、金融创新的概念

（一）金融创新的定义

金融创新就是对金融领域内各种金融要素实行新的组合，试图创造出新金融的活动。具体来说，金融创新是指金融管理者和金融机构鉴于当时所面临的宏观形势和微观利益在金融产品、金融市场、金融组织和金融制度等方面所进行的创新性的活动和变革。总体上，追求利益和规避风险是金融创新的基本动机，是金融机构和市场参与者开展金融创新活动的原动力。狭义的金融创新指微观金融机构所进行的金融创新活动，也即金融产品的创新。比如，货币互换、信用违约掉期（CDS，Credit Default Swap）、资产证券化、可转让定期存单、可转换债券等。广义的金融创新不仅包括微观意义上的金融产品创新，还进一步涵盖了金融组织、金融市场、金融制度等各个领域和环节的创新，即金融创新贯穿于金融业的整个发展历程。

（二）金融创新的类别

从表现形式看，学界对金融创新类别的划分尚无统一的定论，主要包括金融工具创新、金融业务创新、金融技术创新、金融机构创新、金融市场创新、金融制度创新、金融管理创新等。本章将其概括为金融产品创新、金融市场创新、金融组织创新和金融制度创新四类。

金融产品作为金融市场交易中的商品标的，是各类金融创新活动的主要载体。金融产品创新便成了整个金融创新活动的基础，表现为金融工具创新、金融服务创新、金融技术创新等形式。金融工具创新是指金融机构所开发出来的各类新型金融资产，用于满足市场上交易主体的各类需求，使资金和有价证券的盈利性、流动性和安全性达到高度统一。金融服务创新指的是金融机构推出的新型的服务方式和手段。金融技术创新是指各类用于推动金融工具和金融服务创新的新技术的应用。

金融市场创新主要指的是市场结构的变化，如离岸金融市场（包括欧洲货币市场、亚洲美元市场等）、金融衍生市场（包括远期市场、期货市场、期权市场等）等新兴市场的发展以及金融市场的全球化。金融市场创新是对市场要素的重新组合，它能变换交易的时间和空间，改变市场的组织形式和制度规则，扩大市场规模，延伸并升级市场结构，增强市场上金融资产的流动性和金融交易的频度。

金融组织创新主要包括非银行金融机构种类的增加、跨国银行的发展、银行从专业化到综合化的转变等。20世纪50年代以来，金融市场中涌现出大量的非银行金融机构，如保险公司、资产管理公司、信托公司等。此后，随着金融业混业经营趋势的发展，集银行、信托、租赁、保险、证券和商贸等为一体的大型复合金融机构开始出现。这种全能型、综合化的金融机构能向客户提供广泛的金融服务，也推动了银行业与其他行业的进一步融合。

金融制度创新旨在实现提升金融资源配置效率、减少金融创新风险和提高金融创新收益率等目标，通过不断地突破原有的制度约束，最终建立适合当前金融市场发展需求的金融制度。金融制度创新在金融创新中具有独特的地位，可以为各种创新行为提供良好的外部环境。金融制度创新包含金融组织制度创新、金融市场制度创新和金融监管制度创新等几个方面的内容。

二、金融创新的动因

在金融创新的动因问题上,有的学者从宏观角度出发,有的则从微观角度入手;有的强调外部环境的变化,有的则注重金融机构内部的需求与限制。表2-1梳理了金融创新动因的主要理论,本章根据金融创新动因的来源将其归结为内因说和外因说。内因说认为导致金融创新活动出现的主要原因是金融机构对利润的追求。外因说主要从技术因素、规避金融管制因素来解释金融创新。

表 2-1 金融创新动因的主要理论

相关理论	提出者	主要观点
约束诱导型金融创新理论	西尔伯(W. L. Silber)	金融创新是微观金融机构为了寻求最大利润,减轻外部对其产生的金融压制而采取的"自卫"行为
交易成本金融创新理论	希克斯(J. K. Hicks)和尼汉斯(J. Niehans)	金融创新的决定要素是降低交易成本
财富增长金融创新理论	格林(B. Green)和海伍德(J. Haywood)	社会财富的增长会直接导致人们对新的金融产品和服务的需求,金融机构只有通过金融创新活动才能满足市场的新需求
货币因素理论	弗里德曼(M. Friedman)	通货膨胀和利率、汇率的反复波动引起了经济的不稳定性,促进了人们为了追求稳定的收益而进行金融创新
技术推进理论	韩农(T. H. Hannon)和麦道威(J. M. McDowell)	新技术的出现及其在金融方面的应用,是促成金融创新的主要成因
规避型金融创新理论	凯恩(E. J. Kane)	当外在市场力量和市场机制与机构内在要求相结合,回避各种金融管制与规章制度时就产生了金融创新行为

资料来源:根据公开资料整理。

(一)利润诱导引致论

利润水平的高低可以在一定程度上反映金融机构的经营能力。同时金融机构获得的利润也是其进一步开辟市场、发展业务的重要物质基础。金融机构开展业务活动,扩大经营规模的最终目的就在于追求利润的最大化。因此,这种对利润的渴望往往成为推动金融创新的动力。

金融创新通过提供大量的、具有特定用途的金融工具、金融服务、交易方式以及融资技术等,不仅从质量和数量两个方面同时满足了客户的需要,还大大提升了金融商品与服务的效用，提高了其支付清算能力和速度，使得金融机构的运作效率得到提升。随后，经营效率的提高则可以在一定程度上降低成本、提高收益，符合金融机构对于利润最大化的追求。例如，当金融机构将电子技术引入到其支付清算系统时，支付清算的速度和效率得到了显著的提高，大大节省了流通费用，提高了金融机构业务的规模报酬。

此外，金融机构还会因其他因素开展金融创新，提高利润水平。比如，流动性假说理论认为商业银行出于对金融资产流动性的考量，借助金融创新来增进自己的流动性，盘活资产，创造更大的利润。又比如，金融机构管理人员的主观能动创新也是不可忽视的因素。管理人员基于对自己未来前景的考量，试图通过商业银行利润的增加来实现自身价值的提升。因此，出色的管理人员也拥有创新的理念和动力。

（二）技术动因论

计算机技术和通信技术在金融机构中的应用极大地降低了金融机构的交易成本，改善了金融产品和服务的供给。新技术的应用也使投资者更容易获取金融机构的相关服务信息，金融机构的金融中介功能得到了一定程度的加强。具体来看，20世纪50年代，国外商业银行、证券公司和保险公司纷纷开始使用计算机代替手工纸质登记作业来辅助金融机构内部业务和管理。20世纪70年代，发达国家的国内银行与其分行或营业网点直接的联机业务逐渐扩大为全国银行业的金融服务计算机信息化交易系统。20世纪80年代以来，互联网的迅速发展导致了金融机构的虚拟化步伐加速，金融服务的地理障碍被互联网所打破。总之，电子计算机等高新技术在金融业的应用推动了金融业务的电子化和信息化，为金融创新提供了技术保障，有很多金融创新产品和服务都是在技术革新背景下产生并发展起来的，如信用卡、借记卡、ATM机、网上银行等。

此外，技术的发展不仅会从正面促进现代金融机构的金融创新，也会形成对传统金融机构业务的"倒逼式"推进。例如在互联网金融高速发展的态势下，越来越多的银行意识到，"互联网＋金融"已经成了一种全新的业态发展模式，如果不积极应对与参与，银行的传统优势地位就会丧失。这一外在的压力使得银行为了增强自身的竞争力而积极推动业务转型，开展一系列互联网金融创新活动，甚至成为新业态下的主动参与者和标准制定者。

（三）规避金融管制论

随着监管法规的变化，金融机构的业务开展可能受到金融监管的约束。这种约束在本质上等同于一种隐性税负，不仅提高了金融机构的经营成本，也阻碍了金融机构充分利用规则以外的机会来盈利。这在很大程度上刺激了金融机构进行金融创新，因为只有通过创新才有可能突破约束，规避隐形税收所带来的负面影响，实现利润的不断增长。以资本监管为例，把资本要求强加给商业银行后，商业银行就会在这些约束的基础上进行创新，寻找新的利润增长点。比如，大力发展表外业务，节约资本使用。

值得一提的是，利润诱导和规避约束并没有本质上的区别，都是围绕着利润进行分析的，但利润诱导理论更加注重金融机构创新的内部效率提升，是基于内生动力的分析思路，而规避约束理论更加注重外部环境的分析和研判，动力的来源不完全相同。

三、金融创新的历程

从宏观层面上看，自金融活动产生以来，金融创新便扮演着推动金融发展不断向前的重要角色。整个世界金融发展史便是一部金融创新的历史。

（一）20世纪50年代末的金融创新：以跨境金融创新为主

20世纪重要的金融创新始于20世纪50年代末，最有代表意义的就是欧洲货币市场的前身——欧洲美元市场的建立。英国政府基于苏联和东欧国家保护美元资产以及恢复英镑地位、支持国内经济发展的需要，允许伦敦各大商业银行接受境外美元存款和办理美元借贷业务，欧洲美元市场因此产生。这一创新极大地促进了国际资金流动以及国际金融一体化发展，是跨境金融创新的典型范例。

（二）20世纪60年代—70年代的金融创新：以规避管制的创新为主

为了在较为严峻的市场环境以及严格的监管制度下提升自身的竞争力，银行业开展了一系列规避管制的创新活动，其中具有代表性的形式主要包括规避利率管制、规避存款准备金制度管制以及规避金融分业制度管制。

1. 规避利率管制

20世纪60年代末的高通胀率导致市场利率大幅上升，而1933年颁布的"Q条例"严格设定了商业银行的存款利率上限，使得银行存款利率与市场利率相差较大。在投资货币市场工具能够获取较高收益的情况下，客户开始将现金余额撤出银行，用于投资短期国债、商业票据和回购协议等工具，各银行存款流失情况较为严重。1941年，纽约大型银行存款占存款总额的比例还维持在25%左右，到1960年时已经降至15%以下。为了解决这一问题，商业银行创造出可转让定期存单（Negotiable Certificate of Deposit，CD）、可转让支付命令账户

(Negotiable Order of Withdraw，NOW)、货币市场基金(Money Market Funds，MMF)等新的金融产品以规避"Q条例"的限制。这些产品都是对活期存款的创新替代，能够同时满足客户的流动性需求以及获得相应利息的利益需求，使得金融机构能在利率管制之外可以用新的方式开拓新的市场。

2. 规避存款准备金制度管制

中央银行对商业银行的准备金存款通常付较少的利息或者不付利息。对商业银行而言，准备金的规模越大，相对于其他方式而言产生的收益也就越小，商业银行便力求通过扩大除存款以外的其他形式的负债规模来提高自身的利润水平。由于商业银行在进行欧洲美元、商业银行控股公司发行的商业票据以及回购协议等业务时无须提取准备金，商业银行便积极运用以上几种方式来规避存款准备金制度管制，促使欧洲美元市场、银行商业票据市场以及回购协议市场在20世纪60年代后期得到了迅猛扩张。

3. 规避金融分业制度管制

20世纪70年代，商业银行为了在分业监管的模式之下扩大其经营范围，通过对住房抵押贷款、汽车贷款、信用卡贷款、应收账贷款等实施资产证券化的方式，将银行的业务渗透到证券业，推动了银行业务的多元性发展。除证券业外，商业银行还通过建立单一银行控股公司等形式向其他行业如保险业、信托业渗透。以花旗银行为例，其于1968年在美国成立了单一银行控股公司——花旗公司，该公司拥有13个子公司，能提供商业银行、证券业务、资产管理、保险业务、信托业务、融资租赁、商贸投资等各种服务。

(三) 20世纪70年代—90年代的金融创新：以金融工具创新为主

20世纪70年代以后，美国的通货膨胀率和利率双双升至历史高位，汇率也因美国放弃固定汇率制及布雷顿森林体系的瓦解出现了一定的震荡，金融产品价格波动频繁，石油价格也大幅度上涨。面对市场整体环境的不稳定性，远期、期权、期货、互换、与通货膨胀挂钩的金融产品等以转移风险和防范风险为主要特征的金融衍生工具得到了快速的发展，为市场参与者管理各种风险提供了有力的帮助。

20世纪80年代，时任美联储主席格林斯潘(Alan Greenspan)和其他一些监管部门认为，需要"解除那些'过时的、毫无意义的、低效率的'约束，因为它们限制了金融机构所服务的客户的选择权"。在这样的外部发展环境下，商业银行和储蓄机构开始为追求更高的回报率而开展风险更高的贷款业务，已经从本质上脱离了1933年《格拉斯-斯蒂格尔法》的约束与监管，逐步向投资银行的方向靠拢。随着监管理念的变化，美国商业银行开始发挥自身的经营优势，纷纷拓展表外业务，以便获得更加可观的非利息收入。到 1986 年年底，美国银行业的资产总额是 33890 亿美元，与此同时，表外业务则达到了 63470 亿美元的资产总额。同时，以备用信用证（Standby Letters of Credit，SBLC）为代表的担保类业务、票据发行便利（Note Issurance Facilitise，NIFS）、贷款承诺、贷款出售等业务逐步兴起。可以说，这一时期的传统商业银行的金融创新业务获得大规模发展，进入了一个快速发展时期。

进入 20 世纪 90 年代后，金融工具创新得到了进一步发展，表 2-2 中梳理了 20 世纪 90 年代国际金融市场产品创新。最为重要的是，在这一时期，住房抵押贷款证券化（MBS）等各类资产证券化业务的规模迅猛增长。资产证券化的种类也由最初的住房抵押贷款证券化（MBS）演变为多样化的资产证券化产品系列，如信用卡资产证券化（Credit Card Asset-Backed Securities，Credit Card ABS）、汽车贷款资产证券化（Auto Loan Asset-Backed Securities，Auto Loan ABS）、学生贷款资产证券化（Student Loan Asset-Backed Securities，Student Loan ABS）、担保债务凭证（Collateralized Debt Obligation，CDO）、信用违约互换（Credit Default Swap，CDS）等。与此同时，金融衍生工具交易规模的急剧扩大也促使金融风险泡沫不断积聚，助推了美国次贷危机和紧随其后的全球金融危机的爆发。

表 2-2 20 世纪 90 年代国际金融市场产品创新

创新时间	创新内容	创新目的
1996 年	可回售和赎回的可转换清偿债券（PARCKS）	转嫁信用风险和利率风险
	灾害优先股票卖权（CPEP）	防范市场风险
	共享升值的抵押贷款（SAM）	防范市场风险和信用风险
1999 年	欧洲欧元利率期货合同	转嫁利率风险
	欧洲欧元利率期权或利率期货期权	转嫁利率风险
	欧洲债券期货合同	防范市场风险和利率风险
	欧洲债券期权或期货期权	防范市场风险和利率风险
2000 年	欧洲公司债券指数期货合同（ECI）	防范市场风险
	欧洲政府债券指数期货合同（ESI）	防范市场风险

资料来源：王国刚. 全球金融发展趋势［M］. 北京：社会科学文献出版社，2003 年.

1999 年，《金融服务现代化法案》（Financial Modernization Act）的颁布打破了金融机构原有的分业经营模式和地域限制，实现了商业银行、证券业和保险业的混业经营模式。传统意义上的商业银行已经被以银行为中心的金融控股公司所替代，金融控股公司实际上已经获得了与投资银行相同的市场地位，其可以在证券化、股票和债券的承销、银团贷款、衍生品交易等方面与投资银行进行相同的交易。还导致大型银行和综合性银行大规模出现，金融创新越来越多，金融衍生品交易规模也越来越大。

（四）21世纪以来的金融创新：以科技推动的创新为主

20世纪50年代以后，伴随着计算机和信息通信技术的兴起，金融业步入了飞速发展的信息化时代。信息通信技术在金融业中的不断应用不仅能够带动金融创新，催生新的金融工具和交易方式，还能颠覆现有的金融模式。进入21世纪后，金融和科技得到了进一步的融合，科学技术在金融创新发展中也扮演着越发重要的角色。IT技术对金融行业的推动和引起的变革可以总结为以下三大发展阶段[一]。

第一个阶段为金融IT阶段。金融机构在这一阶段主要通过传统的IT软硬件来实现内部办公和业务的电子化。此时，IT公司并不会直接参与到金融机构的业务环节，IT系统也主要作为金融机构组织内部的成本部门，为金融业务提供技术支持。ATM、POS机、银行的核心交易系统、支付系统等是这一阶段的代表产品。

第二个阶段为互联网金融阶段。随着以互联网为代表的现代信息科技的发展，"互联网"与"金融"的结合在金融创新中屡见不鲜，市场上因此出现了与商业银行间接融资和资本市场直接融资都不同的第三种融资模式，即"互联网金融模式"。互联网金融模式下的支付方式以移动支付为主；资产配置特点是，供需双方不需通过银行、券商或交易所等中介，而是直接借助网上发布的资金供需信息进行联系和交易；表现形式为金融机构搭建在线业务平台，在利用互联网或者移动终端渠道汇集海量用户的基础上，实现金融业务中资产端、交易端、支付端、资金端等任意组合的互联互通，本质上是对传统金融渠道的变革，即将线下业务转移至线上。P2P（Peer-to-Peer）网络借贷是该方面的突出代表。它是一种个人之间通过互联网直接借贷的新型金融模式，打破了只能由银行提供借贷服务的局面，降低了融资者借款成本的同时普惠了大众投资者，对传统金融领域形成了良好的补充。

第三个阶段为金融科技阶段。在科技的推动下，互联网金融模式在发展过

[一] 巴曙松，白海峰. 金融科技的发展历程与核心技术应用场景探索 [J]. 清华金融评论，2016 (11): 99-103.

程中逐渐向智能化阶段转变，迈入金融科技阶段。金融科技相较于互联网金融，更强调科技这一因素。它的相关实施主体不仅包括利用科技力量进军传统金融市场的创新者，也包括本身不提供金融服务，却能为金融机构提供技术服务的科技企业。作为技术带来的金融创新，其发展聚焦于通过大数据、云计算、人工智能、区块链等新的技术，改变传统的金融信息采集来源、风险评估模型、投资决策过程等内容，来大幅度提升金融的效率，解决传统金融的痛点。如利用大数据技术赋能风控、利用区块链技术赋能供应链金融、利用生物识别技术赋能金融反欺诈等。根据毕马威（KPMG）发布的《金融科技脉搏——2018年下半年》（The Pulse of Fintech-H2' 2018），2018年全球金融科技投融资金额达到1118亿美元，中国的金融科技市场规模高达182亿美元，成为发展金融科技的中坚力量。

四、金融创新与监管

金融机构借助金融创新可以规避金融管制，实现资本逐利的目标。但是金融创新又将催生风险，弱化原有监管制度的有效性，因而倒逼金融监管制度不断改革。金融创新与金融监管的互动效应显著，共同助推金融业向前发展。

（一）金融创新与监管套利

监管套利是金融机构利用监管部门制订的各项法规以及制度之间存在的分歧或真空，开展一系列的经营活动，以实现规避监管、降低成本，获得超额利润的目的。金融机构进行监管套利活动的典型表现形式有以下三种：①资本监管套利。随着监管部门对资本监管要求的提高，当面临较大的资本充足率考核压力时，金融机构如商业银行可以通过资产证券化及其他金融创新来降低风险加权资产，进而提升自身的资本充足率。②监管体制型套利。在监管分工合作的框架下，金融机构可以利用"分业监管"的缺陷，设计跨部门、跨行业的创新产品来规避管制。比如金融机构可在不改变业务实质的情况下，通过改变业务的形式来规避管制。③跨国型监管套利。各个国家或地区的监管部门出于加快金融市场发展或增加税收等目的，有动力通过降低监管要求的办法吸引国外金融机构在本国或本地区注册发展，金融机构可从监管要求较高的市场转移到监管要求较低的市场，以便在最有利于自身发展的地区开展业务[⊖]。监管套利是

⊖ 陈业宏，黄辉. 国际金融监管套利规制困境与反思［J］. 中南财经政法大学学报，2013（2）：90-95.

金融机构开展金融创新的重要推动力,但监管套利并不是金融创新的全部内容,其与金融创新既有关联性,又在创新方向、创新结果、创新收益等方面存在区别。

1. 金融创新与监管套利的相同点

(1) 出发点和目标相同。广义上讲,金融危机前,金融创新被赋予了更多的积极意义,比如丰富风险管理手段、满足投资者业务需求等。金融危机后,人们更加关注金融机构为了自身利益而进行的金融创新,尤其是一些金融创新产品在逃避监管的同时也对金融体系造成了破坏。因此,从金融机构角度来看,金融机构进行金融创新活动的出发点是对利润无止境的追求。金融机构可以通过金融创新活动达到降低交易成本、扩展业务范围、提升自身竞争力等目标,不断提高收益水平。相似地,金融机构进行监管套利活动的出发点同样围绕着提高利润水平这一主题。通过监管套利活动,金融机构可以达到降低监管负担、扩大信贷规模、增加自身杠杆率等目标,以获取超额收益。总之,无论是金融创新还是监管套利,其出发点和目标的实质均是金融机构对提高自身利润水平的追求。

(2) 表现形式相似。金融创新种类多样,体现为金融产品创新、金融市场创新、金融组织创新、金融制度创新等多种类型。监管套利的表现形式虽然包括资本监管套利、监管体制型套利、跨国型监管套利等类型,但最终都会体现在具体的金融产品创新、金融组织创新等方面。比如,金融机构利用复杂的资产证券化将表内资产转移到表外资产进行监管套利即属于金融产品创新的范畴;金融机构通过建立与自身业务相关联的新机构如按揭贷款子公司来打破分业监管的限制则属于金融组织创新的范畴。总之,虽然金融创新和监管套利的动因等并非完全一致,但这两种行为都会推动金融工具、金融组织、金融制度等方面的创新发展,在表现形式上具有较高的相似度。

(3) 部分金融创新是以监管套利为起点的。监管套利是金融机构进行金融创新的活动的一个重要动机。在一些监管未覆盖的灰色地带,金融业务受到的约束较少,金融创新的动力尤为强劲。同时,随着监管规则的变化,新的监管套利方式层出不穷。例如,当中国银保监会出台文件约束银信合作业务之后,商业银行便将受到政策限制的银信合作信贷资产等业务,通过证券公司的"定向资产管理业务"和基金公司的"专项资产管理计划",转为在当时未受到严格限制的"银行+证券"和"银行+基金"合作业务。"银信"合作理财业务模式逐渐被"银证""银基"合作模式挤占或取代。

2. 金融创新与监管套利的区别

（1）方向不同。金融创新的方向主要包括降低金融机构内部成本、优化经营风险管理、规避金融管制等。以降低内部成本为例，金融机构可利用电子技术推动银行内部业务流程的自动化来减少人力成本，或是利用区块链、人工智能等新型技术优化反洗钱等业务活动来降低合规成本。相比之下，监管套利的方向较为单一，主要是利用监管漏洞来牟取利益，在很大程度上是一种"投机取巧"的行为。当监管套利成了金融创新的主要动力时，也就意味着金融创新发生了某种程度上的扭曲，监管套利的负面导向作用会逐步加大，不利于整个金融市场的健康发展。

（2）结果不同。金融创新突破了原有的金融业务模式，是一种变革和进步。总体看，金融创新有助于提高金融机构的收益水平，推动科技与金融业发展的融合，更好地满足金融市场上各类主体的投融资需求，是推动金融市场以及实体经济发展的重要因素之一。相比之下，金融机构监管套利活动的风险属性和规模不易确定，大大增加了监管部门对金融机构业务风险的监测难度。例如，商业银行开展表外业务等监管套利活动后，内部相关指标的真实性会受到影响，继而会对监管部门判断银行的经营稳健性形成误导，弱化了监管措施的有效性。同时，监管套利行为很容易被其他金融机构所模仿，短期内可能频繁发生，会对金融体系的稳定性造成一定威胁，因此监管部门需要立刻采取应对措施，这也使得许多监管套利的行为无法长久存续。

（3）收益不同。金融创新行为及监管套利行为都会在短期内起到提高金融机构利润水平的效果。但是从社会收益看，两者却存在较大差异。部分金融创新行为能够降低客户的交易成本，缩短客户的交易时间，提升金融体系的运行效率，带动整个经济社会的发展。但是，监管套利行为所带来的社会负面效应较金融创新行为更为显著。一方面，监管套利行为会增加监管实施成本、业务波动成本等，进而会妨碍金融市场公平竞争，降低金融市场运行效率。另一方面，监管套利行为不利于金融消费者的权利保护，部分监管套利形式下的金融产品由于涉及多个行业，相对于原有的消费者保护机构的体制安排，可能存在"保护真空"的情形，当发生纠纷时，金融消费者便可能无法运用法律武器来维护自身权益。

（二）金融创新与金融监管

金融创新往往在很大程度上突破了现有的金融监管框架，对现有的金融监管体系提出了更高的要求。随着金融监管体系的不断完善，金融创新所带来的收益会减少,从而进一步推动金融机构继续进行金融创新。金融创新与金融监管便在这种相互作用中不断发展。

一方面,金融创新推动金融监管进一步完善。金融监管规则一般是基于已有的金融业务以及相关法律法规制定的,金融创新由于产生了新业态,难以被现有的监管框架所覆盖,需要监管部门做出适当的调整和应对。意即监管部门需要不断地改进监管工具,健全审慎监管标准,完善监管指标体系,扩大风险监测范围,进一步提高对复杂金融创新产品、系统性风险等领域的专业监管能力。因此,随着金融创新的发展,金融监管也得到了一定的完善。比如,2008年金融危机中金融创新产品对金融体系稳定性造成的冲击,让各国监管部门意识到原有的微观审慎监管机制已经难以适应金融创新推动下的金融业混业发展趋势。于是从2009年开始,许多国家或国际组织纷纷推行以宏观审慎监管为主题的金融监管改革。以我国央行为例,2009年7月,央行开始研究推动宏观审慎政策框架,并在2010年年末中央经济工作会议上正式引入宏观审慎政策框架。2016年,央行建立宏观审慎评估体系(MPA),MPA能够约束部分银行利用同业创新活动转移资产以规避信贷调控的做法,加强对银行资产业务的监管,防止信用风险的过度积累,有利于减少监管套利现象的发生。

另一方面,金融监管保障金融创新健康发展。许多金融创新产品在发展初期由于金融监管体制的不健全,蕴藏着较大的金融风险,极易造成金融体系的不稳定。因此建立完备的监管体系很有必要。随着监管体制的健全,金融创新产品的潜在风险能够得到一定的控制,进而可以提高金融创新产品使用的规范性,弱化金融创新产品可能产生的负面作用,即金融监管能推动金融创新健康发展。比如,期权市场刚开始发展时没有得到有效的监管,投机者对期权的滥用影响了期权的声誉。1973年,芝加哥期权交易所(Chicago Board Options Exchange, CBOE)正式推出了标准化的股票期权合约,开启了期权统一化、标准化以及管理规范化的全面发展新阶段。随后,各国监管部门也在实践中不断加强对期权的管制,从标的交易物、期权定价、交易方式、保证金及信息共享机制等各方面入手,为期权市场提供了一个全面高效的监管体系。各类期权交易所和期权行业自律组织也通过规则的颁布进一步规范期权市场的发展。在各方共同监督下,期权市场的发展步入轨道,不同标的、不同类型的期权在世界各地相继推出,期权市场已然成为金融市场的重要组成部分。

第二节 金融创新与金融风险

2008年金融危机前,学界在探讨金融创新与金融风险的关系时,偏向于金融创新的正面效应，即金融创新有利于分散金融风险。金融危机后，学界对于金融创新与金融风险的关系有了更为深刻的认识，认为金融创新不再仅仅被视为有效分散金融风险的工具，而且还是造成金融风险扩散的主要原因，即金融创新对于金融风险有一定的负面效应。总之，金融创新是一把"双刃剑"，其在进一步发挥金融在市场经济中的资源配置作用的同时，也会引发新的风险问题，破坏金融体系的稳定性。

一、金融创新具有与生俱来的风险

金融创新活动本身就蕴含着金融风险，其风险一般包含两个方面：一是金融创新设计过程中的风险，即设计过程中阻碍创新活动开展的各种不确定因素；二是金融创新实施过程中的风险，即各种不确定性因素会影响金融创新的实施过程，从而使得创新效果偏离预期的可能性。综合来看，金融创新风险指的是在创新过程中所涉及的各种金融风险，包括设计风险、操作风险、信用风险、经营风险、投机风险和法律风险等[一]。金融创新除了自身所蕴含的风险外，其在重塑金融服务的模式、流程、产品的同时，也改变了金融业相关政策及法律法规的实施环境，从而影响了政策及法律法规的实施效果。

一方面，金融创新弱化了金融监管的有效性。首先，部分金融机构开发新的产品或服务的目的就是为了规避管制，对现有的监管方式直接构成了冲击，风险较大。其次，随着金融创新的发展，各金融机构间传统业务的界限越来越模糊，金融机构可以借助大量的业务与工具的创新来涉足其他领域。当创新活动突破了原有规定的行为边界，且监管部门也没有对这一行为进行限制时，金融市场乱象便极易在这种"监管真空"的背景下发生。同时，一些金融创新的产物可能涉及多个行业，成为交叉性业务。这种情况很容易导致"监管重复"，降低监管效率。以我国互联网金融初期发展为例，互联网金融的部分创新横跨了多个金融子市场，加强了不同市场之间的关联性，有着混业经营的特征。这也使得原有的以机构监管为主体的分业监管模式对其难以形成有效的监管协调机制。许多游走在传统监管边缘的违法行为便难以得到有效控制。在"监管空白"的背景下，互联网金融机构如P2P借贷平台倒闭、跑路、提现困难等乱象也频频发生。

另一方面，金融创新也提高了中央银行货币政策实施的难度。按照传统的

[一] 连玉霖. 流动性过剩、金融创新与金融危机［D］. 南开大学，2012.

货币理论，货币供应的主体只有提供基础货币的中央银行和创造存款货币的商业银行，但是随着金融创新产品的日益丰富，电子货币、虚拟货币及数字货币等正在不断挑战现金和银行存款，货币供应主体扩展为中央银行、商业银行和非银行金融机构三类主体。而且通道业务等金融创新延长了货币政策的传导链条，使得中央银行或者货币当局控制货币量的难度上升，公开市场业务以及再贴现率、法定准备金率的调整可能难以起到预期的效果。同时，中央银行在进行货币政策操作时，需要对货币层次进行一定的划分，然而金融创新越多，货币层次的界定就越模糊不清，从而影响了货币政策指标的适用性和准确性，提高了货币政策效果监测的难度。

二、金融创新或可降低单体的风险

市场经济条件下，任何一个经济主体都面临着盈利、亏损或破产的可能性，即经济主体需要承担一定的风险。金融创新工具则为各类经济主体提供了管理和降低风险的有效途径。

（1）金融创新有助于经济主体对冲风险。对冲风险指的是通过收益与损失的相互抵消来降低或消除经济主体的损益波动。无论是20世纪50年代末的外币掉期，还是70年代的外汇期货、外汇远期、浮动利率债券，以及80年代的货币互换、利率互换等新型金融工具，都是经济主体用于抵消或降低现有标的资产潜在损失的有效工具。

（2）金融创新有助于经济主体分散风险。分散风险是指将单个经济主体所承担的风险分散至其他经济主体，从而使每个主体都能把风险控制在与受益对称的可接受范围内。资产证券化是分散风险的一个典型例子。以住房抵押贷款证券化（MBS）为例，从一级市场借款人因购买住房向商业银行或抵押贷款公司申请按揭贷款开始，再到二级市场中按揭贷款被证券化成MBS，最后到投资银行不断推出各类基于MBS的衍生产品，如CDO、CDS等，抵押贷款的风险从最初的贷款发放部门分散到了各类投资者手中，既满足了风险偏好不同的投资主体的投资需求，又形成了有效的风险分担机制。

（3）金融创新有助于提升风控能力。传统的风控主要偏重于定性分析和主观判断，随着新型风险计量模型的推出以及新型技术在风控领域的不断运用，金融机构的风控系统越来越科学化，对风险进行识别、度量和监测的能力也得到了一定的提升。例如在当前大数据技术日渐成熟的背景下，金融机构可以用大数据技术采集大量多维度的用户行为数据，并从数据中提取有效信息进行整理分析，对用户进行信用评估。这些信用评估可以帮助金融机构预测用户的还款意愿及还款能力，降低信用风险事件发生的可能性。

三、金融创新或将提高系统性风险

系统性风险可能导致金融体系部分或全部受到损害，进而致使大范围金融服务紊乱并对实体经济造成严重影响。金融机构对金融创新的不当运用会促使风险的累积，当累积到一定临界值时，包括货币政策调整和金融机构倒闭等在内的突发事件可能会成为系统性风险的导火索，引发系统性危机，加剧金融体系的脆弱性。

（一）加剧复杂性

许多金融创新产品都具有复杂的结构，金融组织、金融市场包括整个金融体系也在金融产品创新的推动下加剧了自身的复杂性。

（1）微观层面的复杂性突出表现在产品定价、资产证券化技术以及结构化产品越来越复杂。以债务抵押债券（CDO）和信用违约互换（CDS）等金融创新产品为例，这类金融衍生品的设计十分繁复，往往是靠复杂的数学模型估值，定价难度很大也缺乏透明度。经过多次打包后，该类衍生产品日益脱离实体经济需求，投资者很难理解其结构和风险链条。与此同时，风险管理的责任不明确，很多金融机构对于自身在这些产品上承担了多少风险敞口也不清楚，使得风险的复杂性大大增加。例如，2006年美国的一家公司——新世纪金融，向花旗集团出售了一笔次级贷款。花旗集团为了剥离风险，将其卖给了它所支持的一个独立的法人实体，该法人实体又将这笔次级贷款进行资产证券化，将收益权拆分为多个具有不同信用评级、优先受偿权和回报率的份额后再向投资者出售。这种复杂的证券化产品使得投资者难以对相关风险进行有效评估，加大了金融风险的隐蔽性。

（2）中观层面的复杂性表现为金融组织创新或金融市场创新所带来的复杂性。在金融组织创新方面，一些大型综合类金融机构以混业经营的模式打通了传统银行业与证券业、保险业、信托业等其他行业之间的关联，形成了复杂的业务关系，增加了对金融机构自身进行风险管理的难度。以雷曼兄弟为例，雷曼兄弟以债券承销起家，20世纪90年代后沿着金融创新的道路开始进行多元化拓展，将其业务逐渐发展成为资本市场、投资银行和投资管理三大业务板块，并涵盖了次级贷款、证券化、杠杆融资、结构化融资等多种业务类型。雷曼兄弟业务结构的复杂性不仅增加了自身进行风险控制的难度，也增加了外部人（如评级机构、交易对手等）对雷曼的风险评价难度。也正是由于这一点，雷曼兄弟利用自身的与实际情况不相符的"高信用评级"来为不断推出的创新业务提供担保，进一步增加杠杆率，使大量风险在机构内部集聚，最终导致其在次贷危机中走向了破产重整之路。

OTC衍生品市场则是体现金融市场复杂性的一个典型例子。OTC衍生品市场是场外交易的金融衍生品市场，主要涵盖利率衍生品、股票衍生品、外汇衍生品、大宗商品衍生品和信用违约掉期衍生品等，与场内市场相比具有更大的风险性。一方面，场内市场由交易所作为中央对手方，结算制度和风控制度相对完善，即使部分投资者违约，交易所也会强制平仓，因而对其他投资者不会造成太大的影响。而场外交易的履行往往只取决于交易双方的信用状况、履约能力等因素，一旦违约事件发生，极易导致交易对手信用风险迅速放大，甚至衍生为系统性风险。另一方面，场外金融衍生合约多为根据需求设计的非标准化合约，交易主体迅速找到交易对手并以合理价格卖出相对困难，这会加大市场上的流动性风险。同时，部分场外衍生工具本身就具有较为复杂的结构，增大了投资者对相关风险进行识别的难度。

（3）宏观层面的复杂性表现在影子银行体系带来的复杂性。影子银行在本质上是一种金融创新，它主要是指投资银行、对冲基金、私募股权基金、货币市场基金、债券保险公司等非银行金融机构。在金融市场利好、经济发展平稳和金融系统稳定时期，影子银行通过提供独有的金融产品及一系列管理信用风险、流动性风险及期限风险的工具，增强了金融体系的抗风险能力。然而，影子银行体系中的部分机构以获取高额利润为目的，广泛参与具有高杠杆性的金融衍生品交易，一旦市场上出现某些利空原因而导致经济不景气时，影子银行的脆弱性就容易凸显出来，其交易的高杠杆特性极易引发系统性风险[一]。

（二）加大风险传染性

金融机构之间存在的密切而复杂的资金业务联系使得金融风险本身就具有一定的传染性，所以单个或局部的金融动荡有可能演变成全局性的金融动荡。在经济全球化和金融全球化的大背景下，许多金融创新产品具有跨市场、跨行业的特征，不仅将银行、证券、保险等金融机构的业务联系在一起，加强了不同行业之间的关联性，还通过国际金融市场加强了不同地区的关联性，进一步加快了风险传播速度，而且这一问题还会随着金融业的不断创新而变得更为突出。

在20世纪70年代以前，由于连接不同市场的金融工具的缺乏，货币市场和

[一] 许坤. 后危机时代金融创新悖论研究［D］. 西南财经大学，2013.

资本市场之间往往是相对独立的。20世纪70年代以后，金融衍生品如资产证券化产品在丰富了金融工具、满足了市场需求的同时，也模糊了货币市场和资本市场之间的界限，带来了整个金融体系结构性的变化。这一趋势在突破原有的资金流通限制、增加两个市场之间关联性的同时，也使风险能够在两个市场间传导，从而使金融风险有了系统性的特征。比如，次贷危机中，债务抵押债券有相当大的金额是由商业银行与投资银行持有。当房价开始下跌且次级房贷违约率开始升高时，债务抵押债券价格亦开始下跌，金融机构陆续蒙受大额损失，使OTC市场上交易对手风险大幅提高，进而扩散引发系统性风险。

不同金融机构之间进行的交叉性金融业务创新也具有十分复杂的结构，能够加强不同产品、不同金融机构、不同行业之间的关联性。交叉性金融业务往往涉及多种金融工具、多方参与主体、多层法律关系甚至多个监管主体，在发起机构、合作机构、融资人、投资者之间形成复杂的权利义务关系。与此同时，金融机构还运用多层嵌套模式（比如在交叉金融产品中内嵌多个资管计划或信托计划），通过资金、业务关系，将银行、信托公司、保险公司、证券公司等各类金融机构以及货币市场、资本市场、外汇市场、大宗商品市场等各类金融市场连接起来，极大地增强了各类机构与市场的风险关联，形成了庞大复杂的金融风险传染网络，使得单一、局部风险的爆发可以通过载体交叉传染，将风险传递至整个金融体系。

此外，一国的金融风险在经济全球化的作用下很容易通过国际贸易或金融联系向国外市场溢出，对国外经济体产生风险冲击，造成金融风险的国际扩散。以2008年的国际金融危机为例，这次危机一开始只不过是美国次级贷款引发的一场美国国内的金融危机，最终通过全球互联的金融衍生品市场，引发全球系统性金融风险的扩散。

（三）提高风险集中度

金融风险的集中度是金融风险管理的重点之一，比如巴塞尔委员会和各国监管部门高度关注大额风险暴露。对于金融机构而言，若机构内部的集中度风险如授信集中度风险过高，单一客户或一组关联客户的信用违约可能给金融机构带来巨大损失，极易引发金融机构破产。

具体来看，对单个经济主体而言，金融创新提供了转移、分散风险的途径。然而从整个经济系统上来看，金融创新并不具有消除风险的功能，相关风险只是发生了转移，风险仍然存在于另一个经济主体。所以当市场看法一致，个别主体都想转移同一方向的风险时，价格会出现暴涨暴跌的现象，严重威胁到金融体系的稳定。此时金融创新工具提供的避险功能也无法发挥其作用，反而更加集中地暴露相关风险,对整个金融体系和个别经济体造成一定的冲击。比如,商业银行在进行资产证券化相关业务时,证券化提高了银行资产的流动性,并将银行所具有的信用风险、利率风险和流动性风险转移给证券市场投资者、机构投资者以及其他投资者,实现了风险分散。但从整体上看,资产证券化并没有把风险完全化解,且在较为激烈的市场竞争下,规模较大的金融机构在资产证券化市场中占据了主导地位,由此产生的信用风险主要集中在规模较大的金融机构上,提高了风险的集中度。

此外,为了管理金融机构的集中度风险,监管部门会对金融机构的业务开展提出一定的要求,如对金融机构的资金流向进行限制,避免资金流动过于集中在某一行业或区域。商业银行基于逐利性,可能会通过一些金融创新方式(如通道业务)来绕过监管部门的限制,对某一行业或区域变相提供融资,这也会在无形之中加大了金融机构自身的风险的集中度。

第三节 金融科技创新

在新一轮科技革命和产业变革的背景下,金融科技蓬勃发展,已然成为全球金融创新的热点。中国人民银行于2019年8月22日印发的《金融科技(FinTech)发展规划(2019—2021)》,既明确了我国金融科技发展不平衡不充分的现状,又为我国金融科技的良好发展提供了有效的政策依据,标志着我国金融科技迈入了新的发展阶段。与此同时,在金融科技快速发展的背景下,金融风险的隐蔽性更强、传播速度更快、关联和交错渗透更为复杂。这就需要监管部门不断优化监管手段来应对金融科技所带来的风险,将各类新型科技运用至监管领域是监管手段优化的一个重要突破口。

一、大数据

大数据的定义相对抽象,泛指大小超出常规数据库工具获取、存储、管理和分析能力的数据集合,且因其数量庞大故有别于"大的数据"这一概念。在实践中,通常使用"3V[⊖]定义法"对"大数据"的概念进行界定,即同时满足

[⊖] 近年来有研究试图在"3V定义法"的基础上引入"4V定义法"进行调整,但目前尚未形成关于"第四个V"的统一认识,如:国际数据公司将其定义为"价值性(Value)",国际商业机器公司(International Business Machines Corporation)则将其定义为"真实性(Veracity)"。因此暂未使用"4V定义法"作为大数据的标准定义。

规模性（Volume）、多样性（Variety）和高速性（Velocity），且难以或无法应用常规数据软件或工具捕获、管理和处理，或者对其进行上述操作所消耗时间远超人类可容忍时间的数据集合。

基于大数据的"3V定义法"，显然大数据应当具备数据量庞大、数据多样及数据处理速度快、数据价值密度低等四个特征：①数据量庞大。大数据聚合的数据量十分庞大，这也是大数据最基本的属性。根据国际数据公司（International Data Corporation）的定义，大数据至少包含100TB的可供分析数据（相当于3个中国国家图书馆的馆藏图书信息量）。当然，对大数据基本规模的确定显然不是一成不变的，未来随着硬件技术的提升和软件技术的优化，大数据的最低数据量要求也将随之增加。②数据多样。大数据的数据多样性也分为两个层级。首先，大数据的来源多样，与传统数据的监测收集渠道不同，大数据的产生源自社会的各个领域、各个主体的各类活动之中。其次，大数据的类型多样。与传统的结构化数据不同，大数据大多为半结构化甚至非结构化数据，其数据类型、数据之间的相互关系及由此带来的数据存储和处理也与传统数据有明显区别。③数据处理速度快。心理学研究证实用户对数据的响应时间高度敏感，从用户体验的角度，"瞬间（约为3秒）"是人可以容忍的最大极限。事实上，大部分情况下对数据处理的要求是在更短的时间内响应并形成结果。大数据在数据量庞大、数据类型多样的前提下，必然有着对数据进行快速、持续、实时处理的技术要求。④数据价值密度低。因为大数据数量庞大、来源广泛、类型多样且以非结构数据为主，因而必然包含大量无意义信息甚至错误信息。因此针对特定的数据分析目标，大数据相较于传统分析数据有着数据价值密度较低的特征。

大数据技术是伴随着数据产业周期发展的一系列技术的集合，在数据采集、数据预处理、数据存储与管理、数据分析和数据可视化等细分领域均有一系列相关技术。从数据收集到数据最终应用，各项大数据技术既包括对原有技术的优化，也包括新技术手段的发展，详见表2-3。

表2-3 常见大数据技术简介

大数据相关阶段	大数据主要技术
数据采集	• 硬件采集：传感技术、射频识别（Radio Frequency Identification，RFID）等 • 软件采集：系统日志抓取、特定应用程序编程接口（Application Programming Interface，API）、网络众包等
数据预处理	• 数据清理：遗漏值处理、噪声数据应用等 • 数据集成：实体识别、数据冗余处理等 • 数据规约：维度规约、数值规约技术等

(续)

大数据相关阶段	大数据主要技术
数据存储与管理	• 分布式架构：Hadoop、MapReduce 等 • 数据库体系：NoSQL、NewSQL 等 • MPP 混合架构、Lambda 架构等
数据分析	• 实时处理：Spark、Storm 等 • 机器语言、R 语言、关联分析等 • 用户画像构建、推理预测、知识图谱等
数据可视化	• 2D 法、时间可视化方法、多维法、层次法等

资料来源：根据公开资料整理。

大数据的日益增加以及大数据技术的不断完善，使得大数据及相关技术在各个领域之中开始或已经广泛应用，详见表 2-4。

表 2-4 常见大数据应用情况

大数据应用领域	用户规模	响应时间	数据规模	数据可信度	数据精确度
科学运算	小	慢	TB	中等	极高
金融	大	极快	GB	极高	极高
社交网络	极大	快	PB	高	高
移动数据	极大	快	TB	高	高
物联网	大	快	TB	高	高
网页数据	极大	快	PB	高	高
多媒体	极大	快	PB	高	中等

资料来源：根据公开资料整理。

其中，大数据在金融领域中的应用已经涵盖了前台营销服务类（包括客户管理、产品及服务创新、渠道管理和营销管理等）、中台风控类（包括授信审批、风险预警、欺诈识别、合规与审计管理等）以及后台应用类（包括战略管理、绩效管理、人力资源管理、财务成本管理、IT 运维及信息安全等）。随着大数据在金融领域的广泛应用，或带来数据高度集中、个人隐私保护、数据分析偏差甚至恶意使用大数据等方面的新的风险。因此为了提升监管效率、改善金融监管能力、优化监管规则、防范金融风险，实现对国家金融政策的落实、推进与评估，降低监管部门与被监管者的成本，应当将大数据及相关技术作为金融监管创新的重要技术基础之一。

二、云计算

大数据着眼于"数据",关注数据采集、挖掘和分析技术,而云计算则是为实现上述数据目标,以虚拟化为基础、以网络为运作载体,整合大规模可扩展的计算、存储、数据、应用等分布式计算资源进行协同合作的超级计算服务模式。云计算的定义相对多元,综合各方观点,本书采用如下定义:云计算是一种共享基础架构建立资源池的资源利用方式,它不仅包括系统平台(物理服务器或虚拟服务器等),也包括应用程序或服务;它能以便捷、友好且按需访问的可配置的计算机资源来达成快速响应且降低管理服务成本的目标;云计算的运作中通常按需进行动态部署、配置、重新配置及取消服务等。

基于云计算的定义并结合云计算在实践中的应用情况,发现对用户而言,云计算主要具备服务拓展弹性、服务实用性与可靠性、提高资源利用效率和降低资源使用成本四个特征。

(1)服务拓展弹性。云计算具备服务拓展弹性具体体现在两个维度。①在服务内容上,云计算具有快速提供资源和服务的能力,可以按客户需求提供自助式服务,即用户可以根据自身实际需求扩展和运用云计算资源。②在服务调整上,在客户需求变动或突发事件发生时,云计算可以及时、有效地调整服务资源,平稳供需波动、灵活应对业务需求变化。

(2)服务实用性与可靠性。云计算提供可以被度量的服务,在具体方案中可以根据服务类型提供相应的计量方式,同时可以通过技术优化来提升检测、控制和管理资源的能力,在提升了服务透明度的同时也极大增强了服务及其结果的实用性与可靠性。

(3)提高资源利用效率。云计算技术通过广泛的网络访问支持,以租用的形式配置计算资源,可以充分利用闲置的资源及计算能力、降低运算需要的基础环境准备时间。同时云计算在用户端做出优化,使得用户不需要建设、购买相应的基础设施,甚至不需要了解、控制相应的资源提供信息,即可在短时间内实现计算目标。

(4)降低资源使用成本。云计算技术依赖资源池将供应商的计算资源汇集在一起,通过使用多租户模式将不同的物理和虚拟资源分配给最终客户,并根据客户需求动态调整资源配置方案。在这个过程中云计算实现了对存储、内存、网络和计算等诸多资源的池式管理,且自动化的配置过程进一步降低了资源的使用成本。

现行的云计算模式主要涵盖云计算的部署安排和云计算的服务层次。云计算的部署安排主要以云计算的服务对象、计算资源归属、计算基础设施安置等诸多指标为标准进行划分，常见的类型包含私有云、社区云和公共云三种基础云以及混合云，如表 2-5 所示。根据交付服务的层次划分，云计算可以划分为：基础设施层服务，指利用虚拟化技术，为客户提供云计算基础设施，实现大规模集群运算能力；平台层服务，指利用分布式并行计算技术，为客户提供开发环境、语言及工具；软件层服务，指利用互联网，为客户提供可定制的满足需求的软件系统。

表 2-5　常见的云计算部署安排类型

类型设置	内容简介
私有云	云基础设施为单一或特定几个客户单独使用而构建，云基础设施为上述客户私有，因而其数据隐私性、安全性和服务质量最高；私有云可以部署在企业或组织的信息中心、也可部署在任一主机托管场所
社区云	云基础设施被一些物理距离上接近或组织结构上有联系的组织共享，被视为一个有着共同关注点和计算目标要求的社区，云基础设施为该社区或社区内单一或特定几个成员所有；因其性质介于私有云和公共云之间，故其基础设施部署形式上可能同时呈现私有云或公共云的某些特点
公共云	云基础设施为广泛的企业或组织或一般个人消费者提供服务，云基础设施所有权则归属销售、运营云计算服务的企业或其他组织，公共云能降低单一客户风险和计算资源平均使用成本；公共云部署形式多样，通常在远离客户建筑物的地方托管，公共云也常通过租用计算资源提供云计算服务
混合云	云基础设施是由两种或两种以上的基础云组成，其中每种基础云仍然保持独立但应用专门的标准化技术将其进行组合，使之具备数据的和应用程序的可移植性，便于扩展

资料来源：根据公开资料整理。

云计算是以数据为中心、以计算为主要形式的数据密集型超级计算技术。从搭建云计算平台、建设云计算基础设施到提供云计算服务的过程中，需要运用或涉及多种计算机及其他相关领域技术，主要有云计算平台管理、虚拟化、数据存储和数据管理以及编程模型等多项关键技术。

目前，国外公司提供云计算的相关产业覆盖的细分领域相对较全面，而国内相关产业则相对局限，以提供 IaaS 服务为主同时伴有少量 SaaS 服务，详见表 2-6[⊖]。目前国内云计算在金融领域的应用呈现出明显的共性，也存在着一定的个性化差异。首先金融机构应用云计算技术、甚至全面搭建云计算平台成为行业大趋势。具体来看，微型、中小型金融机构受制于企业开发能力更青睐

⊖ 方巍，文学志，潘吴斌，等. 云计算：概念、技术及应用研究综述 [J]. 南京信息工程大学学报（自然科学版），2012（4）：359.

SaaS 服务。大型金融机构在技术研发实力与资金方面相对充沛故而更倾向于选择安全性更高、适应度更高的 PaaS 甚至 IaaS 服务。部分金融机构不满足仅仅作为云计算客户的现状,开始扮演云计算服务提供商的角色,如兴业银行的兴业数金云平台等。在"云上金融"如火如荼建设的同时,金融业云技术本身仍存在虚拟技术风险、加密技术风险、数据移植风险、数据切分风险等问题,应予以关注。同时,云计算提供强大的数据分析引擎、灵活部署的调配模式和分布式的服务框架,能够以恰当的形式作为金融监管部门监管创新的技术基础。

表2-6 国内外主要服务提供商云计算应用情况

服务提供商	信息技术基础设施				云基础设施(IaaS类服务)			云平台(PaaS类服务)			云软件(SaaS类服务)	
	服务器	存储	网络设备	云终端	网络	在线存储	在线计算	开发环境	程序服务工具	商业流程外包	在线企业应用	在线个人应用
IBM	√	√				√						
HP	√				√		√					
EMC		√				√		√	√			
Cisco	√		√									
Microsoft						√	√	√			√	√
Google							√				√	√
SAP								√	√		√	
浪潮集团	√											
阿里巴巴					√	√	√					
华为集团	√		√		√	√					√	
中国移动						√	√	√				
中国联通						√						
中国电信						√	√	√			√	

资料来源:根据《云计算:概念、技术及应用研究综述》及其他公开资料整理。

三、人工智能

人工智能(Artificial Intelligence,AI)[⊖]概念自提出至今经历了多次完善,学

[⊖] 目前主流人工智能研究及技术均集中于弱人工智能,即"不具备真正推理、独立自主解决问题、知觉甚至自我意识"的人工智能;虽然有极少数学者提出强人工智能观点,即"具备自我意识、有自己的独立思考、价值观和世界观、有和生物一样的各种本能和需求"的人工智能,但是考虑到现有的研究趋势以及人工智能在金融和金融监管的实际应用情况,本书采用弱人工智能定义。

界和业界目前相对一致认可的定义如下：人工智能是计算机学科的一个独立分支，也是思维科学的一种特殊实践形式，属于自然科学、社会科学、技术科学三向交叉学科；它研究如何科学合理地利用计算机具备的强运算能力、深层计算能力、捕获信息能力及优秀信息处理能力、强化学习能力等多种优势，以实现使计算机来模拟人的某些思维过程和智能行为[⊖]（如学习、推理、思考、规划等）的目标。

除了定义中提及的运算能力强、捕捉信息能力强等优势，人工智能目前也存在着自身的五大发展特征：①从人工知识表达向大数据驱动的知识学习技术转型；②从分类型处理的多媒体数据转向跨界面或环境的认知、学习、推理；③从追求智能机器到高水平的人机、脑机相互协同和融合；④从聚焦个体智能拓展为基于互联网和大数据的群体智能；⑤从拟人化的机器人转向更加广阔的智能自主系统。

英国政府发布的《2017年英国人工智能产业发展报告》显示，至2024年，全球人工智能解决方案的市场价值将突破300亿英镑；部分行业在引入人工智能技术后，将在降低成本25%的同时提高30%的生产能力。事实上，当前人工智能技术在多个行业之中正在发挥着日益重要的作用。以金融领域为例，人工智能技术的引入增强了传统金融机构的客户黏性及市场主动权，降低了金融机构的运营成本并提高了运作效率；对于金融监管部门而言，面对日益复杂的监管对象，面对混业经营、金融创新频现的市场环境，对于违法违规行为的监测及责任主体的监管难度增加，及时引入人工智能技术将助力金融监管部门的监管能力优化。人工智能在金融及金融监管领域的应用概况详见表2-7。

表2-7 人工智能在金融及金融监管领域的应用概况

机构类别	应用方向	具体应用领域
金融机构	销售及客户关系	• 身份识别技术、信用评估、虚拟助手等
	资本运营	• 智能投研、资产配置、量化交易等广义智能投顾技术
	市场分析	• 趋势预测、指标监控、风险压力测试等
金融监管部门	监管科技	• 识别异常交易、识别风险主体、检测及预测市场波动情况、反洗钱等

资料来源：根据公开资料整理。

⊖ 对于人类思维的模拟有两种理论：一是结构模拟，即仿照人脑的结构机制，制造出"类人脑"的机器；二是功能模拟，即暂时撇开人脑的内部结构，而从其功能过程进行模拟。目前，人工智能技术主要指对人类思维的功能模拟。

四、物联网

物联网（The Internet of Things，IoT）技术被誉为继计算机、互联网之后的"第三次信息技术浪潮"。物联网概念有狭义和广义之分[一]。狭义的物联网是指以标准、互通的通信协议为基础，在赋予各物体或对象标识（或虚拟个性）后利用信息传感器、射频识别技术、全球定位系统、红外感应器、激光扫描器等装置或技术，实时采集对象信息组成全球性动态网络，并通过智能界面无缝衔接、实现信息共享的机制或环境。广义的物联网[二]在狭义物联网的基础上进行拓展，可以被视为信息空间和物理空间的融合，在此过程中将一切事物数字化、网络化，以实现物品之间、物品与人之间、人与环境之间的高效信息交互的目标。

根据物联网的定义，物联网的建立目的是增强信息交互效率。为实现上述目标物联网应当建立与之适应的运行机制，该模型至少应涵盖信息获取、信息传输、信息处理和信息效果反馈等功能：①信息获取功能。即对信息的感知功能和识别功能，前者是指对事物状态及其变化方式可察觉，后者是指能将上述对事物状态或变化方式的察觉以某种形式表示出来。②信息传输功能。即通过信息发送、信息运输和信息接收等先后衔接的流程，最终实现将所获取信息从时间或空间上某一点转移或复制到另一点的目标，也称通信过程功能。③信息处理功能。即对已获得或已接收信息的加工过程，在此过程中将产生新信息或新知识，实现对事物的准确认知并基于此制定决策的功能。④信息效果反馈功能。即为确保所得或所接受信息，或基于上述信息做出的决策发挥最终效用，物联网需要对被调节的事物状态或变换方式做出监测及反馈的功能。

综合物联网的定义及物联网应当具有的功能可知物联网的核心即对象（包括但不限于物体、人等）之间的信息交互过程，在此前提下形成的物联网具备全面感知、有效传输及智能处理三个基本特征：①全面感知。为了更好地获取信息，物联网利用二维码、射频识别、传感器等感知、捕获、测度器材或技术对目标对象进行实时、动态、全面地信息采集。②有效传输。是指物联网具备

[一] 本书介绍以狭义物联网为主，但物联网的狭义概念与广义概念之间的差异原则上不会对本书后续相关内容造成实质性的影响，故除非特殊说明否则在本部分后续介绍中不再对二者做出区分或比对。

[二] 广义的物联网概念与泛在网络概念相近，将在后文做出介绍。

依托各类型通信手段，通过既定的信息交互模式，随时随地对可靠信息进行共享交流的特征。③智能处理。是指物联网具备利用各种智能计算技术，对海量的感知信息或接受的信息进行分析并处理，实现智能化自动化决策和控制的特征。

物联网的部分环节有很强的异构性，物联网需要搭建开放的、分层的、可扩展的网络体系架构来实现异构信息间的互联互通。目前，学术界在描述物联网的体系框架时，多采用国际电信联盟（International Telecommunication Union, ITU）所提出的 USN 高层架构，自下而上将物联网划分为"底层传感器网络、泛在传感器网络介入网络、泛在传感器基础骨干网络、泛在传感器网络中间件和泛在传感器网络应用平台"五个层级。在业界研究和应用中，通常将"泛在传感器网络介入网络、泛在传感器基础骨干网络、泛在传感器网络中间件"重新合并划分，形成包含"感知层、网络层、平台层和应用层"四个层级的物联网体系。国际电信联盟（ITU）在《国际电信联盟关于物联网的报告（2005年）》中对物联网关键性应用技术做出过说明，结合物联网在各个领域的实际应用，梳理物联网涉及感知与表示、网络与通信、计算与服务以及管理与支撑四大领域相关的核心技术。

物联网将现实世界数字化，赋予各类物品标签和信息化属性，对金融及金融监管行业均发挥着或将要发挥重要的作用。物联网在金融行业的应用相对广泛且成熟，尤其是供应链金融场景下对金融机构对手方企业的物品的识别、定位、跟踪、监控和诊断处理等功能为商业银行授信、保险类机构精准展业等提供了巨大优势。对金融监管而言，利用物联网在降低信息不对称方面的优势，可助力于征信及信用体系的建设；或者利用物联网实时数据传输能力，将原有的静态审计核查制度拓展为动态金融监管制度，有利于提高金融监管部门预测、防范和化解风险的能力。

五、区块链

根据《中国区块链技术和应用发展白皮书（2016）》的定义，区块链概念包含广义和狭义两个层次。狭义的区块链是指按照时间顺序将数据区块以顺序相连的方式组合成的一种链式数据结构，并以密码学方式保证的不可篡改和不可伪造的分布式账本。广义的区块链更加一般化，是指利用块链式数据结构来验证和存储数据、利用分布式节点共识算法来生产和更新数据、利用密码学的方式保证数据传输和访问的安全、利用由自动化脚本代码组成的智能合约来编程和操作数据的一种全新的分布式基础架构与计算范式。

基于加密算法提出的区块链经由去心化的链条相通且按时间先后接续，对等和共识机制的存在保障了分布式可信网络数据库的建立和运行。一般而言，理想的区块链具备去中心化、透明化、不可篡改和去信任化等重要特征。

（1）去中心化。去中心化是指在区块链用户网络中，没有中心化的专门的记账节点，任意节点之间的权利和义务完全均等，且单个或部分节点被攻击或损坏不会影响剩余部分及整个系统的正常运行。

（2）透明化。透明化有两层含义，首先是规则透明，区块链的运作规则和各类共识机制都是公开可查的；其次是过程透明，区块链系统中的各个节点共同维护系统运行，记账、广播、信息接收及打包、哈希运算及接块等各个过程均可被系统内其他节点观测到。

（3）不可篡改。不可篡改特征有三层含义：首先，对广播信息内容而言，其他节点在接收广播信息后可以进行历史信息查询（如比特币的余额查询）确保信息内容真实；其次，在广播信息来源上，采用了复杂的非对称加密机制（如比特币的"随机数、私钥、公钥、地址"加密链条）确保信息来源真实；最后，在已经链接的区块信息保护上，在共识机制中增加了最长链原则，使得对既定记录的修改几乎无法实现⊖。

（4）去信任化。在中心化的系统中，各用户需要信任中心节点；而去中心化的系统要求各节点间相互信任。区块链自身透明化、信息不可篡改等特征使得各节点在去中心的条件下可以不必以互相信任为前提。

区块链技术本身高度复杂，涉及的理论基础相对广泛，同时对计算机等硬件基础要求也相对较高。区块链技术产生的理论基础涉及数字货币、点对点网络技术、非对称加密技术、余额查询机制、最长链原则等多方面内容；在计算机硬件基础方面，区块链技术对计算机运算能力也有着很高的要求。

对金融监管部门而言，区块链技术自身具备的分散储存、公开透明、不可篡改、追溯性强等优点有利于金融监管效率和能力的提升。具体而言，引入区块链技术有助于提升反洗钱和了解客户（Know Your Customer，KYC）的效率，有助于构建实时的自动化监管的新模式，有助于加强金融监管部门的信息统筹和信息共享能力。当然，区块链技术本身的技术风险和间接产生的其他风险也

⊖ 理论上，想要完成对既定区块中记录信息的修改，需要同时控制超过一定阈值的节点或运算能力，以区块链为例该阈值为51%，但是能够控制如此规模节点的单一个体几乎不存在且以此计算能力进行信息修改的机会成本过高。因此可以认为已经记录、打包、接块的区块链信息无法被篡改。

不容忽视。因此金融监管部门应该在完善法律法规、健全技术标准的基础上，由试点开始渐进地、合理地引入区块链技术，以实现金融监管创新的目标。

六、量子技术

1900年，德国物理学家普朗克提出量子概念，其是能表现出某物质或物理量特性的最小单元；后经爱因斯坦、玻尔、德布罗意、海森伯、薛定谔、狄拉克、玻恩等学者的完善，在20世纪上半叶初步建立了系统的量子力学理论。理论物理的研究成果随着理论的成熟和发展逐渐进入应用，量子物理学中量子理论也转化为不同类型的量子技术[一]，被应用到多种适宜的行业中发挥其独有的作用。量子信息技术是由量子物理与计算机信息技术的交叉研究产生。它主要涵盖量子通信技术、量子计算技术、量子存储、量子测量与导航等几大分支研究方向，其中量子通信技术和量子计算技术产业化进程较快、与金融及金融监管相关性更高。

量子信息技术在金融领域的应用尝试已经开始，凭借自身安全性和高效性优势，在量子保密通信网络世界、高码率量子密钥生成、金融系统效能评估等诸多领域中逐渐显露其身影。对金融监管部门而言，量子技术对金融体系安全性和保密性、监管科技中大数据和云计算的处理思路和算法、金融监管获取信息精度和及时性等诸多方面将产生积极的影响。量子信息技术作为金融监管创新的重要技术基础势必发挥出日益重要的作用。

第四节 监管沙盒理论

随着金融科技（Fintech）的快速发展，金融产品、金融模式乃至金融业态创新频繁，由此带来的新金融风险产生、金融风险积累、监管滞后或监管不匹配等问题逐渐显现。如何平衡金融科技的创新和监管成为各个国家或地区政府及金融监管部门必须面临的问题。2016年5月，英国金融行为监管局正式启动全球第一个监管沙盒项目，为金融创新提供一个安全、恰当的测试环境，试图解决金融创新导致的金融监管滞后或金融监管失当的问题。该制度随后被美国、新加坡、澳大利亚等国家引入，但各个国家均处于制度探索阶段，项目效果尚不明晰、有待检验。监管沙盒制度与我国传统的"立法试点"模式及其背后蕴含的监管理念有

[一] 量子理论的技术应用有多种，常见的有用于生物医疗领域的量子能技术、用于计算机、通信及相关领域的量子信息技术等，本书仅讨论与金融及金融监管应用关系相对密切的量子信息技术。

相通之处，或成为我国未来尝试运行的应对金融创新的金融监管手段之一。

一、监管沙盒概述

监管沙盒可以视为金融监管部门对计算机沙盒原理在金融监管领域的应用，其试图通过构建适宜的监管环境，对金融创新产品乃至监管机制、监管规则本身做出适应性检验和优化调整，是应对金融创新的监管创新措施之一。在监管沙盒机制下，通过监管部门、金融机构、金融创新企业与学界的合作，有利于形成高度自动化的、有效的数据驱动型监管体系。

（一）监管沙盒的由来

"监管沙盒"（Regulatory Sandbox），或译为"监管沙箱"，这一概念属于金融监管部门仿照计算机安全领域的"沙盒"概念设置的监管手段。"沙盒"指的是一种人为设定的安全机制，旨在为运行中的有特殊需求的应用程序开发、运行或检验提供合适的隔离环境。在沙盒中，网络访问、对真实系统的访问、对输入设备的读取通常被禁止或是严格限制，沙盒内部程序对内部资源的访问及调用也受到了严格的约束，例如沙盒可以提供用后即回收的磁盘及内存空间。因此沙盒中的所有改动对操作系统不会造成任何损失。通常，开发者将沙盒用于对一些来源不可知或来源不可信的、具一定破坏力的、难以甚至无法判定潜在意图的程序提供实验之用。

2015年3月，英国政府科学办公室（Government Office for Science，GOS）在其发布的一份报告之中首次提出"监管沙盒"这一概念。2015年11月，英国金融行为监管局（Financial Conduct Authority，FCA）采纳英国政府科学办公室（Government Office for Science，GOS）的建议，结合创新中心对金融创新类项目的监管实践，发布了《关于监管沙盒可行性研究报告》，对监管沙盒的概念进行了完善和细化，同时在报告中对监管沙盒的基本构想、制度设计等诸多关联范畴做出了较为具体的阐述。该报告将监管沙盒定义为一个"安全空间"，企业可以在其中测试创新性的产品、服务商业模式和提供机制，而不会因为从事所述的活动承担合规风险或一般的监管后果。

（二）监管沙盒的运作机制

监管沙盒强调在保障金融消费者权益和有效管控风险的前提下支持金融科技发展和金融产品服务创新。其运作机制可分为监管沙盒启动、监管沙盒运行和监管沙盒退出三个先后衔接的环节。在实践中，各个国家和地区根据实际情况对监管沙盒定义、制度等做出不同的具体安排，但仍然存在着共性。监管部门通过一系列规定，在启动环节对申请主体、申请项目做出相应规定；在运行环节将具体流程分为预运行及正式运行两部分，实施全流程、动态化的监测及风控措施以保证项目风险可控，并及时处理反馈信息，对其进行修正；在退出环节对退出时间、退出方式做出规定，完善沙盒产品正式投向市场或扩大其适用范围的制度基础。

1. 监管沙盒启动

监管部门需要设置监管沙盒的准入标准，以判断创新企业、创新模式或创新产品是否适格，是否满足进入监管沙盒开展测试的条件。具体而言，准入标准的设计一般涵盖以下三个方面：

（1）法律法规层面，监管部门需要评估特定的科技、服务或行为是否有进入监管沙盒测试的必要，或者其是否可以被纳入现有的法律法规进行监管。当且仅当监管部门判定被评估的金融创新产品、创新模式，以传统手段监管创新项目将带来不必要的监管成本，或者当前法律法规无法对其进行监管时，方可予以批准使用金融监管沙盒模式。

（2）除所在国家或地区的法律法规之外，监管部门应依据现行部门规章或行业规范，拟定相关的准入条件，在符合（1）的前提下判断申请项目是否符合监管沙盒准入规定，如是否支持金融服务业、是否真正提供解决方案、是否真正保护金融消费者利益、是否有效提升市场稳定性和市场透明度等。

（3）除满足（1）（2）的条件外，监管部门通常要求申请者做好沙盒测试前的充分准备，具体要求包括但不限于：创新方案已经具备可实施性、知晓当前受到的以及进入监管沙盒后将受到的监管要求、有适当的风险管理等。

2. 监管沙盒运行

申请者进入监管沙盒的最终目标是通过测试改良产品甚至改变监管规则。当申请者进入监管沙盒之后，监管沙盒进入运行状态，此时监管部门应当对监管沙盒的特殊条款说明、运行时间及运行范围进行规定，其中运行范围又包括业务领域限制、消费者范围限制以及测试规模限制等。实践中，由于监管沙盒兴起时间较短，各监管部门实践经验不足，监管部门应当尽可能地对是否设立豁免条款⊖、怎样设立豁免条款、设立哪些豁免条款以及非豁免的强制性条款等

⊖ 豁免指对监管沙盒测试产品或服务的部分监管标准做出宽松要求，如流程豁免、准入资格豁免等。我国现行法律法规没有系统规定执行豁免制度，只是在一些法律条文和司法解释中对执行豁免有所涉及。

做出明确规定，或者至少做出类似负面清单机制的监管底线设置，以确保监管沙盒内项目的正常运行。

从沙盒运行时间限制看，目前来看英国监管沙盒的时间设置为6个月，澳大利亚、马来西亚等国家设置为12个月，加拿大设置为24个月，同时在时限的基础上增设延期申请机制，形成更加灵活的监管沙盒安排。

从测试范围限制看，英国、澳大利亚、新加坡、马来西亚等国家未对监管沙盒的测试范围做出限制，瑞士只允许持牌金融机构进行监管沙盒测试，泰国只允许本国金融服务业监管部门所辖机构进行监管沙盒测试。因此各国监管部门对监管沙盒运行中的测试范围应做出合意抉择。

从消费者范围限制看，除澳大利亚实行集体豁免[①]之外，在大部分实施监管沙盒测试的国家或地区，监管部门对监管沙盒内金融创新产品的消费者都做出了细致的规定，或给出大类参考意见但保留了施加进一步限制或干预的权力。

从测试规模限制看，部分国家或地区，如瑞士在监管沙盒运行过程中对申请者项目的总体规模，尤其是向公众募集的资金规模做出严格的控制，以确保监管沙盒对金融消费者权益的保护。

3. 监管沙盒退出

对监管部门而言，终止监管沙盒测试的原因通常包含主动终止和被动终止两类。当申请者出现项目风险持续显著地超过项目收益，或者项目违反法律法规或监管要求而达不到豁免条件，或者项目缺乏对金融消费者权益的保护，或者监管沙盒不能实现测试和监控的目的的情形之一时，监管部门可因承担监管责任或基于对金融消费者的保护而强制结束监管沙盒运行，即主动终止监管沙盒测试。当申请者提前达成测试目标，或者已达沙盒运行时间上限且尚未展期或无法展期，或者申请者主动退出监管沙盒测试，基于监管部门的视角，该情况被视为被动终止监管沙盒测试。

（三）监管沙盒的特点

对比监管沙盒与传统监管模式，监管沙盒呈现出事前准入金融监管、差异化金融监管和临时性金融监管等主要特点。

一是事前准入性。按金融监管介入的时机划分，金融监管包括事前监管、事中监管和事后监管。其中事前监管的重要形式之一为准入监管。严格意义上

[①] 集体豁免也称集体授权，与一般的豁免概念稍有区别，集体豁免是指对某一类或某几类符合规定的全部个体实行豁免制度。

来讲，监管沙盒的时间顺序早于传统准入监管，但根据实践情况亦可作为特殊形式的准入监管模式。监管沙盒规定符合条件的对象或项目才能进入监管沙盒测试，同时监管沙盒兼顾金融创新和风险防控，保证了事前监管的合理性。

二是监管差异性。按监管差异性角度划分，金融监管包括差异化监管和统一监管。差异化监管指根据金融市场主体、产品或服务的特性，有针对性地制定监管规则对其进行金融监管。监管沙盒在评估主体或项目创新与风险程度的基础上，根据测试主体或项目的特点调整具体的监管细则，属于差异化的金融监管。

三是监管临时性。按监管的持续性划分，金融监管包括临时性监管和持续性监管。传统的金融监管属于持续性金融监管，即某一主体、产品或服务获准进入金融市场后，会一直接受监管部门的金融监管直至其主动或被动退出金融市场。而监管沙盒则为临时性监管，在测试完成后即标志着阶段性监管完成。

（四）监管沙盒的分类⊖

实践中，除以金融监管部门为主导的传统监管沙盒（也称"伞形沙盒"）之外，由于行业专家相较于金融监管部门更了解本行业具体情况，故以英国行为监管局（FCA）为代表的金融监管部门也提出了关于行业沙盒（也称"虚拟沙盒"）的构想。因此，现行的监管沙盒可以分为监管主导的伞形沙盒（Sandbox Umbrella）和行业主导的虚拟沙盒（Virtual Sandbox）两类。

伞形沙盒即传统意义上的监管沙盒，其由监管部门发起使得金融主体的金融产品或项目能够在保证金融消费者合法权益的前提下，进入经过限制的真实环境中向更多客户提供服务。伞形沙盒具备高度合规性和较强的风险控制能力，同时有利于加强金融企业与金融监管部门的沟通与联系。伞形沙盒在不同国家或地区的实践有一定的差异，如有关准入条件、退出条件的具体规定不同。

虚拟沙盒是由行业自发组织建立的，以大数据、云计算等科技（详见本章第三节）为基础的一种伞形沙盒的替代解决方案，即企业在不进入真实环境的前提下利用公共数据、其他同业主体、产品或服务提供的相关数据来进行的模拟测试。虚拟沙盒可以作为暂未获得伞形沙盒准入条件的主体、产品或服务的替代方案，也可作为伞形沙盒前的准备阶段。

二、监管沙盒的发展

在金融创新日益复杂、频率加快的背景下，监管沙盒模式成为各个国家和

⊖ 除本节本部分对监管沙盒进行概念分类辨析外，如不做特殊说明，本书其他部分涉及的"监管沙盒"概念均是指以监管部门为主导引入的传统监管沙盒即"伞形沙盒"。

地区开始尝试的监管创新方法。在理论层面，监管沙盒的提出与完善有助于金融监管理念和金融监管理论的进步；在实践层面，监管沙盒的发展对监管部门、被监管主体及金融消费者等多方均有着积极的意义。

（一）监管沙盒发展的理论意义

监管沙盒相对新颖，相关理论成果仍有较大的发展空间，故目前监管沙盒的理论意义更多体现在对金融监管理念的影响。监管沙盒的构想反映出金融监管部门由静态监管向动态监管转变、由被动监管向合作监管转变的监管理念创新，而监管沙盒的实际运行经验又将进一步完善上述理念的实践参考。

（1）由静态监管转向动态监管。传统的金融监管强调结果导向、事后监管，实质上属于静态监管。随着经济金融化、金融全球化和信息化的进程，金融风险产生和积累速度加快，要求金融监管必须实时、动态、过程化。监管沙盒模式对沙盒内测试产品或服务的信息采取实时监管、动态反馈，体现了向动态监管转型的进步。

（2）由被动监管转向合作监管。传统的金融监管重点关注金融监管部门的主体性而过度忽视了被监管者的主观能动性，其结果容易导致以损失金融体系活力为代价的过度监管或者以损失监管效率为代价的监管不足。监管沙盒的运作机制中，频繁的沟通交流与定制化的细则调整使得监管部门与被监管者之间建立起良性关系，反映出"多中心、多主体、多层次"的合作监管理念创新。

（二）监管沙盒发展的实践意义

在实践层面，监管沙盒作为一种创新的金融监管手段，既反映出金融监管部门对金融监管创新的目标，又满足了相关企业、金融产品或服务对新型金融监管的要求。

（1）监管沙盒有利于监管部门实施金融监管。对监管部门而言，监管沙盒的实践意义至少包含以下两个方面：①有限的事前授权、事中监督和动态评估使得监管部门更好地平衡金融创新与金融风险；②监管沙盒加强的信息沟通有利于降低协调成本，同时有利于监管部门降低金融监管权的不对称性和滞后性，进而降低监管成本、提升监管效率。

（2）监管沙盒有利于被监管者开展金融创新。监管沙盒机制的推出，将基于三个方面保护被监管者的金融创新及企业运行：①监管沙盒大幅缩减金融创新产品或服务的发布时间。根据监管沙盒测试结果对监管规则和监管产品进行双向调整，可给予金融创新较为明确且宽松的政策环境。②监管沙盒机制将减缓金融企业的资金压力。一方面，监管沙盒机制有助于降低金融企业的合规成本,另一方面,由监管不确定性带来的创新项目估值折价(英国经验折价幅度约为15%)⊖情况也将得到缓解。③被监管企业在监管沙盒内获得的来自监管部门和金融消费者的信息反馈将从监管要求和消费需求两个角度助力企业完善金融创新产品或服务。

(3)监管沙盒有利于对金融消费者的权益保护。相较于传统金融监管而言,监管沙盒更加强调金融消费者权益保护,具体表现有:①大部分金融监管部门在实施监管沙盒制度时,要求金融机构向金融消费者告知测试详细情况尤其是风险因素,当且仅当消费者完全知悉且同意时方可纳入沙盒测试;②参与沙盒测试的金融消费者拥有与其他客户同等的权利,可以向提供产品或服务的金融企业以及金融监管部门投诉以保障自身权益;③监管沙盒内产品或服务通常需要设立专门的补偿机制,在产品或服务测试失败后应给予金融消费者一定的金融服务补偿。

(三)监管沙盒发展面临的问题

因为监管沙盒模式理论基础尚待丰富、实践方面推出时间较短,各个国家或地区在应用监管沙盒这一模式时也暴露出一些问题。本书将针对大部分监管辖区存在的共性问题进行介绍。

(1)审核评估期限过长。从实践情况来看,新加坡监管沙盒审核期限最短为21天,英国金融行为监管局(FCA)监管沙盒审核期限约为6个月,其他大部分国家或地区在监管沙盒的审核窗口期及后续审核评估期的设置方面存在时间偏长或未明确标示审核评估时间等问题。过长的审核评估期限安排,可能不利于实现监管沙盒保护金融创新的初衷。

(2)信息披露程度和金融消费者权益保护标准过高。各国或地区监管沙盒在被测试者信息披露方面要求披露的内容和程度规定不一,但总体而言对测试主体、金融产品或服务的信息披露要求极高。同时,相对苛刻的金融消费者权益保护机制的设定与现行金融市场实际情况存在一定偏差,导致在监管沙盒内金融消费者的行为数据与真实市场情况存在差距,而且可能导致对金融创新主体的保护失位。

(3)退出机制和过渡机制尚待完善。目前不同国家或地区的监管沙盒退出原则已经公布,但是具体的退出条件则仍在讨论和调整。信息与流程管理不完善、应用程序接口弱耦合、人事沟通接洽成本高等问题的存在也加剧了退出机

⊖ 胡滨,杨楷. 监管沙盒的应用与启示 [J]. 中国金融,2017 (2):68-69.

制的不稳定性。同时，关于退出后的项目如何过渡获得传统金融市场准入的规定仍然不够完善，监管沙盒测试项目的过渡机制有待进一步明晰。

【关键词】

金融创新　金融产品创新　金融组织创新　金融市场创新　金融制度创新　资产证券化　互联网金融　金融科技　监管套利　金融风险　大数据　云计算　人工智能　物联网　区块链　量子技术　监管沙盒　伞形沙盒　虚拟沙盒

【思考题】

1. 简述金融创新的概念。
2. 简述金融创新与监管套利的区别和联系。
3. 简述金融创新与金融风险之间的关系。
4. 简述大数据、云计算、人工智能、物联网、区块链、量子技术的定义及特征。
5. 简述监管沙盒的概念。

【案例分析】

长期资本管理公司巨额亏损事件

对冲基金是金融创新的一种产物。传统的对冲基金功能在于套期保值，即通过在期货市场购买与现货市场商品种类相同、数量相同、但交易部位相反之合约交易来抵消现货市场交易中所存价格风险的交易方式。发展到今天，对冲基金已成为一种新的投资模式的代名词，它是基于最新的投资理论和极其复杂的金融市场操作技巧，充分利用各种金融衍生产品的杠杆效用来追求高收益的投资模式。

成立于1994年的长期资本管理公司（Long-term Capital Management，LTCM）是一家具有代表性意义的对冲基金公司。LTCM将金融市场的历史资料、相关理论学术报告及研究资料和市场信息有机地结合在一起，通过计算机进行大量数据的处理，形成一套较为完整的计算机数学自动投资系统模型，建立起庞大的债券及衍生产品的投资组合来进行投资套利活动。在1994—1997年间，LTCM每年的投资回报率分别为：1994年的28.5%、1995年的42.8%、1996年的40.8%、1997年的17%，业绩表现十分优异。

第二章 金融创新与金融监管

1998年初，LTCM结合计算模型认为日元的利息过低，俄罗斯国债利率较高，美国债券已处于高位，随着欧元的即将推出，欧洲各国债券的利息差距必然会收缩。因此，LTCM借入日元，转购俄罗斯债券，卖出美国债券；购入价格较低的意大利、希腊等国债券，同时卖出价格较高的德国债券。为了进行这些活动，该基金运用金融衍生工具的杠杆效应，频繁调动资金。

但同年8月，由于国际石油价格下滑，俄罗斯国内经济不断恶化，俄政府宣布卢布贬值，停止国债交易，投资者纷纷从发展中市场退出，转而持有美国、德国等国风险小、质量高的债券品种。市场行情与LTCM预测相反，该基金因此蒙受损失，其自身的高杠杆比率又进一步助推了内部危机的发生。从5月份到9月份，其资产净值下降了90%左右，出现43亿美元巨额亏损，走到了破产边缘。由于LTCM破产一事牵连过广，1998年9月23日，美联储出面组织安排，以美林、摩根为首的15家国际性金融机构注资37.25亿美元购买了LTCM的90%股权，共同接管了该公司，从而避免了它倒闭的厄运。

该事件发生后，世界各国对于对冲基金所存在的问题有了一个更清醒的认识，加强对其监管的呼声也越来越高。例如美国众议院银行委员会表示国会将会调查LTCM对美国经济所产生的威胁，并讨论证监会、商品期货交易委员会、财政部以及联邦储备署是否应积极加强对对冲基金活动的监管。英国金融服务局也要求英国55家银行提供在长期资本管理基金以及其他对冲基金方面的投资情况和贷款资料，会对银行对对冲基金的贷款进行必要的限制。但总体而言，在欧美等主要工业国家，对冲基金的监管环境比较宽松。

2008年金融危机的发生使监管部门又一次意识到需要加强对对冲基金的监管，各国纷纷进行相应的改革，进一步完善对冲基金相关的监管法规。如欧盟颁布的《另类投资基金管理人指令》（AIFMD指令）、《金融工具市场指令》（MiFID指令）、《欧洲市场基础设施监管规则》（EMIR规则）；美国颁布的美国证券交易委员会（Securities Exchange Commission，SEC）和美国商品期货交易委员会（Commodity Futures Trading Commission，CFTC）监管规则、《多德—弗兰克法案》（Dodd-Frank Act）、《海外账户税收合规法案》（FATCA法案）等。对冲基金的外部监管体系随着其本身的发展也在不断地得到完善，对冲基金的发展也被一步步纳入到规范的发展道路中。

分析与讨论：

结合长期资本管理公司（LTCM）发生巨额亏损这一事件，谈谈金融创新的风险性，以及对金融创新实施金融监管的必要性。

【选择题】

1. 下列哪个选项不属于基于规避管制而进行的金融创新？（ ）
A. 回购协议
B. 可转让支付命令账户
C. 可转让定期存单
D. 特别提款权

2. 关于监管沙盒，下列选项中错误的是（ ）。
A. 监管沙盒可定义为一个"安全空间"，企业可以在其中测试创新性的产品、服务商业模式和提供机制，而不会因为从事所述的活动承担合规风险或一般的监管后果。
B. 监管沙盒具有事前准入金融监管、差异化金融监管和持续性金融监管等主要特点。
C. 虚拟沙盒是由行业自发组织建立的。
D. 监管沙盒的运作机制可分为监管沙盒启动、监管沙盒运行和监管沙盒退出三个先后衔接的环节。

【选择题答案】

1. D；
2. B。

第三章
金融监管与合规管理

【本章要点】

1. 掌握合规风险的概念；
2. 了解合规管理的必要性；
3. 了解合规管理的目标和意义；
4. 掌握合规管理与金融监管的关系；
5. 熟悉合规管理体系框架。

【导入案例】

巴林银行破产事件

巴林银行（Barings Bank）成立于1763年，因从事国际贸易融资业务得到发展。然而，在1995年2月26日，巴林银行因经营失误造成的巨大损失而倒闭。巴林银行倒闭事件导致亚洲、欧洲以及美洲地区的金融市场出现强烈波动，并对全球股票市场、汇率市场造成了巨大冲击。

表面上看，巴林银行破产是由其时任新加坡巴林公司期货总经理兼首席交易员的尼克·里森的违规操作及投机失误造成的，但究其根本，还是在于巴林银行合规管理的缺陷。1992年7月17日，里森的下属因操作失误把客户原本要求购进的合同反向卖出，从而导致银行产生重大损失。为了逃避伦敦总部的追责，里森决定使用已被总部弃用的"88888"错误账户掩盖损失（"88888"账户为新加坡分行在创设初期建立的一个新错误账户，用于分行自行处理交易中的小错误。后因伦敦总部要求统一使用"99905"账户记录交易差错，"88888"账户在并未被注销的情况下被搁置）。此后，里森多次利用该账户进行违规操作，以至于在1994年7月，"88888"账户中的损失高达5000万英镑。虽然伦敦总部派出审计员进行审查,然而因里森的掩盖和审计员们工作疏忽导致里森又一次蒙混过关。此后审计员们建议伦敦总部派出风险管理员进行监督,但总部仍未重视相关问题。同年年底,里森因对日经225指数的判断失误遭受巨额损失。在1995年2月23日,日经指数持续下跌,日本政府债券一路上扬,由于里森仍采取买进日经指数期货合约和卖出债券期货的交易策略,给新加坡分行造成巨大损失,导致其无力缴纳当天的保证金。2月26日,巴林银行因陷于资金困境而倒闭。

分析与讨论:

根据巴林银行破产这一案例,分析金融机构合规管理的必要性。

第一节 合规管理概述

合规,即合乎规定、规范、规矩。从金融机构经营管理角度来看,若金融机构违反相关法律法规、监管规定及行业准则等进行经营活动便被视为违反"合规",由此金融机构将面临遭受违规处罚的风险——合规风险。

合规风险普遍存在于金融机构经营管理活动中的各个环节,是金融机构面临的主要风险之一。根据巴塞尔银行监管委员会(Basel Committee on Banking Supervision)的定义,合规风险(Compliance Risk)是指银行因未能遵循法律、监管规定、规则、自律性组织制定的有关准则,以及适用于银行自身业务活动的行为准则,而可能遭受的法律制裁或监管处罚、重大财务损失或声誉损失的风险。合规管理作为金融机构防范合规风险的有效手段,是其进行全面风险管理的重要组成部分。近年来,金融机构的业务创新在为金融体系注入活力的同时,也导致违规事件频发。这要求金融机构加强合规管理,以确保金融机构的稳健经营和金融体系的平稳运行。

一、合规管理的定义和原则

合规管理作为金融机构进行全面风险管理的核心内容之一,是实现有效内部控制的基础。金融机构应以法律法规、行业规范、社会道德为指导,制定并完善企业经营管理中所遵循的内部规范。金融机构若要准确把握合规管理工作,首先应了解合规管理的概念、掌握合规管理的原则。合规管理的有效实施对于金融机构具有重要意义。

(一)合规管理的定义

合规管理是指金融机构通过设置相应组织机构,制定和执行合规政策,建立良好的合规机制,开展合规考核与合规培训,对合规风险进行识别、评估和报告，使得业务开展符合法律法规、行业规范和自律规则、公司内部规章制度以及企业普遍遵守的职业道德和行为规范等，从而实现合规经营目标的行为。

在合规管理中，金融机构所遵循的所有相关制度包括：①国家立法机关制定的普适法律、行政法规、规章以及其他规范性文件，例如《商业银行法》。②行业层次的监管要求，例如《商业银行合规风险管理指引》。③为各国所普遍接受的国际条约、规制或良好做法，例如巴塞尔银行监管委员会出台的《巴塞尔协议》在各国的落地文件等。④金融机构内部的各项规章制度、业务文件等，例如金融机构根据外部监管政策及自身经营管理活动制定的适用于该金融机构的合规政策。

合规管理在金融机构的风险管理活动中居于重要地位，在长期的实践中形成了以下特性：①主动性。有效的合规管理活动要求金融机构主动制定和改善合规管理制度、主动审查和处理各项业务中存在的风险隐患，同时要求员工树立主动合规意识，从而将合规管理内化为经营管理流程的一部分。②动态性。即合规管理是一个动态的过程，应随着金融业务创新的发展和管理机构模式的调整而不断更新与完善，从而有效应对新形势下的合规风险。③全面性。即合规管理应覆盖金融机构的各个部门、各项业务及各个操作环节，以避免出现监管盲区。

（二）合规管理的原则

合规管理是围绕金融机构合规目标进行的核心风险管理活动，完整的合规管理活动包括合规政策的落实、合规部门的设立、合规队伍的建设与合规机制的运行，而各项合规管理活动的有效实施需要金融机构遵循一定的原则。具体而言，包括独立性、客观性、公正性、专业性、协调性五项原则。

1. 独立性原则

（1）合规部门的独立性。维护合规部门的独立性应确保合规部门在金融机构内部享有正式地位，在重大事项决策方面享有话语权，也应注意合规部门的薪酬不应与各业务部门的盈亏情况相关联。金融机构还应赋予合规部门相应的权限和充足的资源，使其能够接触相关人员并可获取必要信息。此外，应考虑建立相应的配套机制，从而保证合规部门有能力建立起对合规风险的从识别到评估的一套独立完整的体系。

（2）合规管理人员的独立性。在合规管理过程中，应由合规负责人总体协调金融机构的合规风险管理活动，并将合规管理方案通过各级分支机构的合规管理人员层层推进、逐步落实。在这个过程中，既要确保合规管理人员在行使合规管理职责时不受他人干涉,也要避免他们的合规职责与其承担的其他职责之间存在利益冲突,从而保证合规管理人员在制定与执行合规政策的过程中保持客观公正。若是合规管理人员由其他部门负责人兼任,则应明确划分责任、明晰报告流程,避免由于业务审核或是绩效评估等方面的冲突而削弱合规管理行为的独立性。

（3）合规管理职能的独立性。合规管理的对象是合规风险。合规风险与操作风险、信用风险、市场风险的形成原因与表现形式存在一定差异。合规部门应针对合规风险特征设置独立的管理方式,对症下药,而不能与对其他风险的管理行为混淆在一起。

2. 客观性原则

合规管理人员履行合规管理职责,应以事实为根据,按照相关法律法规、行业规范等规章制度对项目进行评判,不得掺杂偏见与个人情感,不得因为相关利害关系影响职业判断。这要求事前对可能影响合规管理人员客观性的因素进行核查,并采取措施降低或消除这种因素,以保证合规管理活动的顺利进行。如果发现合规管理人员在工作中未遵循客观性原则,应及时整改,并向上级汇报。

3. 公正性原则

合规管理人员应按照统一的标准对项目进行评估和处理,在进行职业判断时应做到不偏不倚,不得滥用职权、徇私舞弊。在公正性原则的要求下,合规风险的识别、监测与评估皆应由与被评估项目没有经济利益和私人关系的人员进行。此外,合规部门可以采取披露相关数据、公开处理方案等方式来增加合规管理进程的透明度,从而确保公正性原则的遵守。

4. 专业性原则

随着金融市场的发展,金融机构的业务越加多样化,产品越加复杂化。这给合规管理带来了新的挑战,也要求合规管理机制随着金融业务的发展不断更新,而若要实现这种动态的合规管理活动,合规管理团队的专业性尤为重要。这要求合规管理人员具有丰富的专业知识和实践经验,既要熟悉相关法律法规、金融政策的具体内容与发展趋势,也要精通金融机构不同业务的运作模式,同时还需掌握风险计量方法,具有敏锐的判断力和洞察力。除了拥有专业水平较高的合规管理团队,合规部门内部的职责划分与运行模式也需要专业化。例如,部门内部的岗位设置对应不同的风险形式,从而有助于员工对某一领域深入钻研。

5. 协调性原则

合规管理的独立性原则并非禁止合规管理人员与其他部门员工合作。在实践过程中，通过与业务部门、其他风险管理部门和内部审计部门展开合作，合规部门可以更为高效地实现对合规风险的预防与控制。合规风险在一定情况下会成为操作风险、市场风险、信用风险的诱因，因而合规风险管理涉及业务部门、其他风险管理部门、内部审计部门等多个部门。所以，若要有效进行合规风险管理，合规部门需要妥善处理好与其他部门的关系，包括与业务部门进行交流以分析业务流程中潜在的合规风险，与其他风险管理部门进行沟通以完善风险处理机制，也要处理好与外部监管部门的关系，从而确保高效应对合规风险。

协调性原则不仅体现在合规管理工作的实施过程中，也体现在合规管理目标与经营发展目标的实现进程中。合规管理在防范风险的同时，也可帮助公司提升可持续发展空间，从而有利于金融机构保持稳定的盈利能力。这体现了合规管理与公司经营发展之间的统一。

二、合规管理的必要性

近年来，合规风险已成为金融机构面临的重要风险之一。员工违规行为、管理制度漏洞及监督机制的不完善都会导致合规风险的发生，给金融机构造成重大危害。合规管理可以对金融机构的合规风险进行有效防控，因此合规管理是金融机构风险管理机制中不可或缺的一部分。

（一）合规风险产生的原因

合规风险区别于其他风险，是由金融机构违反相关法律法规、监管规定、规则与自律性组织制定的有关准则而产生的。

1. 员工违法违规

员工违法违规是金融机构产生合规风险的主要原因。合规风险作为金融机构的特殊风险形式，是金融机构未遵守相关法律法规、监管规定等造成的，而最主要的违规形式便是员工行为违反了相关监管规定。具体来看，员工违规主要包括无意违规与主动违规。

无意违规是指员工因缺乏合规意识、不了解规章制度等在不知情的情况下产生的违规行为，该行为并非员工有意为之。出现这种情况的主要原因有两个：一是员工因业务疏忽、责任心不强，对合规经营未能发挥主观能动性；二是由于新员工对金融机构业务熟悉不够，培训不到位导致不熟悉合规经营内容而导致违规，进而使金融机构面临合规风险。

主动违规是员工明知其行为违反相关规定仍实施该行为。具体来看，主动违规主要包含两种原因：一是业绩需要，由于金融机构以实现利润最大化为目标，管理层因业务发现需要或迫于同业竞争压力等，为实现短期利润最大化，满足业绩要求，管理层和员工会"冒险"降低风险管理要求，主动违规去追求短期利益。二是以侵占金融机构或者客户资金为目的进行欺诈的行为。员工可能受个人利益驱使，主动利用职权便利，以期通过违法违规行为满足个人私欲，获得额外收益。具体来看，员工主动违规行为主要包括员工违规挪用、盗取、诈骗客户资金，利用职权便利实冒名贷款和虚列应收账款，违规担保，违规盗用他人信息，违规出售客户资料等。而这一系列员工违规行为，均是以金融机构遭受相应损失为代价，可能会造成金融机构面临遭受法律制裁、行政处罚、财产和声誉的损失。

2. 管理制度存在漏洞

管理制度是金融机构在管理思想、管理组织、管理人才、管理方法以及管理机构设置等方面的规范，它是金融机构全体员工按照金融机构要求进行操作的保证。然而，金融机构内部管理制度可能存在漏洞，例如相应岗位分配不合规、凭证管理不到位、客户资料管理不严密等。这一系列漏洞为员工违规提供机会，员工可通过管理制度的缺陷进行违规操作，进而使得金融机构面临合规风险，造成金融机构面临法律制裁、监管处罚等风险或损失。例如，在本章引导案例中，导致巴林银行破产的重要原因之一便是岗位安排上存在缺陷，里森不仅是总经理同时也兼任首席交易员，集操作权、管理权于一身，为里森逃避监管创造了条件，最终导致巴林银行破产。

3. 监督机制不完善

监督机制不完善主要体现在金融机构未能强化金融活动中的监测、稽核、对账，未对所有金融业务的环节进行实时监控，即金融机构在事前未建立有效的监督检查机制，事中未实现有效的防范与纠正机制，事后未实施有效的风险控制。在实际监督管理过程中，考虑经济效益，金融机构对金融业务的事前、事中及事后控制行为均受到监督成本的影响。即由于金融机构要权衡内部监督的成本和收益，其内部监督机制可能并非是能够防范合规风险的最佳方式，进而导致金融机构无法有效判断经营管理过程中内部是否存在不合规行为，从而带来合规风险。另外，监督的滞后性为违规人员提供了违规的时间与空间，从而使得金融机构不能及时判断员工的行为是否存在不合规的情况，更无法确定员工的尽职程度,进而可能导致金融机构面临合规风险。

(二)合规风险的影响

合规风险作为金融机构风险管理的重要组成部分,一旦爆发不仅将导致金融机构产生巨大的损失,严重时还会对整个金融市场及金融体系产生影响。

1. 对金融机构的影响

具体来看,合规风险的爆发会使金融机构或涉事员工遭受法律制裁、监管处罚、财产损失和信誉损失。

(1)法律制裁。法律制裁是指由特定的国家机关对违反法律规定的金融机构和金融机构员工依其所应承担的法律责任而实施的强制惩罚措施。由于依法合规经营既是金融机构从业人员应尽的义务,也是金融机构肩负的重要责任,因此由金融机构员工违规行为引发的合规风险可能导致案件相关责任人及其所在金融机构皆面临法律制裁。具体而言,相关国家机关会依据违规程度对金融机构员工处以判刑、没收违法所得、罚款等处罚,对金融机构则主要采取罚金等措施。

(2)监管处罚。监管处罚是指监管机构对违规金融机构及其员工采取的行政责任处罚。监管处罚具有处罚主体多、处罚形式多、处罚重等特点。其中,监管主体主要包括中国人民银行、中国银行保险监督管理委员会(以下简称中国银保监会)、税务局、工商局等机构。处罚形式因处罚对象而有所不同,对金融机构的处罚主要包括罚款、限制金融机构新业务的开展、限制或暂停某项业务的开展、严重时吊销金融机构营业执照;对个人的处罚主要包括罚款、取消从业资格等。而在处罚力度上,对金融机构和个人来说吊销营业执照、取消从业资格等处罚均较严厉,并且有的金融机构或者个人还会因违规受到巨额罚款,对金融机构正常经营产生影响。

(3)财产损失。财产损失是指金融机构因违规而遭受的直接或间接的财产损失。财产损失主要体现在三个方面:①金融机构因违规放款,放款对象无法按期支付款项,导致的呆坏账损失以及由违规金融交易造成的不必要的经济亏损。②金融机构因违规造成客户损失而需对客户进行赔偿而形成的财产损失。③金融机构因违规而受其他监管主体对其的罚款。金融机构作为以营利为目的的机构,其经营的目的仍是实现获利,而财产损失则会对金融机构进行正常金融活动产生负面影响。导入案例中,巴林银行便是由于员工违规、金融机构内部考核不严造成金融机构面临经济亏损,最终造成银行倒闭。

(4)声誉损失。声誉损失是指金融机构因其违规行为而导致的利益相关者对其的负面评价造成的损失。声誉损失区别于其他损失，并非金融机构直接决定，而是利益相关者对金融机构的主观评价，具有扩散快、不良声誉难以消除等特点。声誉并非开始就存在，是金融机构在进行金融活动时通过与客户维系良好关系、保持诚信经营而不断积累产生的。良好的声誉是金融机构的重要资源，是金融机构生存之本。良好的声誉可以给金融机构带来利好，而一旦声誉受损，也会给金融机构带来致命的打击。金融机构若未合规经营，除了将面临以上的法律制裁、监管处罚和财产损失以外，还会直接影响金融机构声誉，进一步造成金融机构信用评级下降、股票迅速下跌、客户挤兑或退出等不利后果。

2. 对金融市场的影响

金融机构的合规风险除了会使得金融机构自身面临法律制裁、监管处罚、财产损失以及声誉损失以外，严重时也可能会对整个金融市场产生不利影响。合规风险作为金融机构的基础风险，是造成市场风险的原因之一，即金融机构的不合规行为将给投资者造成巨大的损失，严重时使得整个金融业发生"动荡"。例如，引发2008年次贷危机最终导致全球金融危机的原因之一便是金融机构为获得高额利益而进行违规操作。为获得高收益，部分金融机构忽略合规经营的重要性，在次级房贷持续繁荣期间通过利用房贷证券化将贷款信用门槛降低，将风险直接转移到投资者身上，并将高风险资产投放到金融市场，导致金融和投资市场的系统风险不断增大，进而引发了"次贷危机"，随后影响了整个全球金融市场。

三、合规管理的目标和意义

合规管理是为了实现合规目标而开展的风险管理活动。明确合规管理目标有助于金融机构的工作人员有序、高效地开展合规管理工作，将合规理念融入日常经营活动中。通过践行合规管理理念，金融机构可以降低合规风险，提高经营效益。因此，合规管理的有效实施对于金融机构具有重要意义。

（一）合规管理的目标

合规管理的目标，是通过建立科学、合理的合规管理体系，对合规风险进行有效识别和管控，将合规意识贯穿至整个业务流程，以减少业务人员的违规行为。

1. 实现合规风险的有效识别与管理

合规管理活动的有效实施要求金融机构建立起从风险识别到风险应对的一整套流程。首先，要做到主动识别金融机构的合规风险，既包括原有业务中存在的合规风险，也包括新业务中蕴藏的合规风险。合规管理人员应设定一系列指标来分析项目存在合规风险的可能性，以求在源头上遏制合规风险的发生。其次，要做到合理评估合规风险。合规管理人员需建立完善的风险评估系统、掌握科学的风险计量方法，对项目的风险薄弱环节进行监测，如通过运用计量模型估计在一定概率下合规风险发生损失的最大值，从而将合规风险控制在可承受的范围之内。最后，针对已经暴露出来的合规风险，则需要制定详细的措施以控制、转移或是化解风险。

2. 建立健全的合规管理体系

健全的合规管理体系是合规制度得以有效实施的基础。因此，金融机构在进行合规管理时，要以建立完整的、高效的、符合自身情况的合规管理体系为目标。首先，建立完整的合规管理制度体系。其主要包括覆盖所有经营管理活动的框架性安排，合规管理在信贷业务、票据业务等具体业务中应如何落实的实施细则，以及关于合规负责人、合规经理等主要合规岗位的具体工作指引。其次，构建有效的合规管理架构。这要求金融机构明确董事会、高级管理层、合规部门等机构在合规管理活动中承担的角色，同时应按照独立性与协调性原则，保证合规部门权力的有效实施，并在业务部门、内部审计部门等部门的支持下实现对合规风险的有效管控。此外，加强合规管理团队建设。金融机构应按照专业性原则不断更新合规队伍的知识结构以适应不断变化的金融环境，同时也应按照自身的合规管理模式设置相应的合规岗位，如根据业务涉及的领域细分合规咨询团队，在业务部门设置兼职合规经理等。

3. 确保依法合规经营

通过在金融机构内部开展合规管理活动，可以降低合规风险发生的概率，从而确保公司依法合规经营。首先，应提高金融机构工作人员的合规意识，这是确保依法合规经营的基础。提升合规意识可以促使员工主动避免违规行为，从而在源头上防范合规风险。其次，应对金融机构经营活动的合规性进行持续的监测。除了应保证其经营业务满足外部监管指标要求，金融机构还可建立起公司内部使用的合规监测指标。通过实时跟踪各项监测指标的变化趋势，金融机构可以及时发现异常情况，从而遏制违规行为的产生。此外，切实做好案件防控工作。金融机构应将合规管理工作嵌入自身业务流程中，对各个业务环节与部门岗位进行风险排查，从而实现合规管理活动对各个潜在风险点的全覆盖，以消除合规风险隐患，实现合规经营。

（二）合规管理的意义

在根据外部监管指标制定内部合规准则的过程中，金融机构实现了由被动接受监管到主动进行管理的转变,这有助于金融机构的健康发展,对整个金融体系的平稳运行也具有重要意义。

1. 降低金融机构的风险

随着金融产品的复杂化与金融业务的国际化,金融风险的表现形式也越发复杂,且具有更强的传染性,这给金融监管带来了挑战。而有效的合规管理活动可以降低风险发生的概率。首先,合规管理有助于培育合规文化。合规文化的建设可以引导员工重视规则,增强员工的合规经营意识,从而减少违规行为、降低合规风险。其次,合规管理激励金融机构探索科学的合规管理工具,如通过完善合规管理信息系统、运用合规科技加强对各个经营环节的合规性审核,以更好地识别复杂多变的金融风险。这既可以遏制风险发生,也可以通过切断风险传播路径以缓解风险严重程度。此外,合规管理可以及时弥补内部管理制度的漏洞,减少员工利用制度缺陷实施违规行为的可能性,且合规奖惩制度的实施可以促使员工主动优化自身行为。因此,合规管理活动可以有效降低合规风险、促进金融体系的平稳运行。

2. 提高金融机构经营效益

合规风险管理是金融机构全面风险管理中的重要环节,通过形成合规理念、制定合规政策、建立合规机制,金融机构可以建立起完善的合规管理框架,提高自身的合规管理能力。不可避免的是,金融机构在构建合规管理框架的过程中需要投入大量时间、人力和物质资源,短期内可能会导致合规成本大幅上升。但长期来看,合规管理本身虽不能直接为金融机构增加利润,其带来的有效的内部控制与良好的外部环境却可以为金融机构提供可持续的发展空间,从而间接增加盈利机会。另外,合规管理活动可以降低经营成本,比如通过减少金融机构的违规行为,一方面,可以减少因处罚造成的经济损失,另一方面,也可以降低因声誉遭到破坏而付出的代价。此外,通过制定完善的合规管理制度,金融机构可以对实际业务中的责任分配做更清晰的划分,有利于提高管理效率。因此从长期看来,对合规风险进行管理可以提高金融机构的经营效益。

3. 提高金融机构核心竞争力

核心竞争力是指可以给金融机构带来利益的且难以被竞争对手模仿的知识或技能。通过提高核心竞争力,商业银行可以获得进入不同市场的能力、形成稳定的客户群体同时建立具有自身特点的企业文化。完善的合规管理体系可以通过以下途径提高金融机构的核心竞争力。首先,积极的风险管理行为有助于金融机构树立良好的市场形象、形成良好的社会声誉,这可以形成一种可传播的良性信号，进而形成品牌效应。品牌效应可以提高客户以及投资者对公司产品和服务的认可度，帮助金融机构在市场上占据一席之地。其次，有效的合规管理机制可以降低相关产品和服务的风险，有利于金融机构凭借自身优质产品和服务来横向拓展自身的产品生态，或是纵向拓展自身的产业链，也有利于与其他企业展开更为广泛的、更深层次的合作。金融机构可以在不断拓展的经营范围中培养创新能力，也可以借助合作机会向其他机构学习先进技术，从而不断强化自身的核心竞争力。相反，若是不重视对合规风险的管理，当合规风险积累至一定程度便会对金融机构自身形成反噬，甚至会动摇其生存根基。

4. 促进金融监管机构与金融机构良性互动

随着金融市场的对外开放和金融创新的不断发展，金融体系日趋复杂，针对不断涌现的新的金融产品，监管规则也进行着相应的更新和改善。除了监管覆盖范围拓宽，监管的深度也在增加，具体表现为不断发布的针对当前金融风险、引导金融改革方向的监管文件和有助于计划落地的实施细则。这意味着外部监管机构对金融机构业务审查的力度会更大，同时金融机构暴露潜在合规风险的可能性会增大。因此，合规管理可促进监管机构与金融机构形成良性互动，以降低合规风险事件发生的概率。具体而言，金融机构可主动向监管机构报告自身的合规风险管理计划与重大合规事件，从而减少与监管机构的沟通成本，将监督工作内化到自身的经营管理中来。另外，在监管政策的制定过程中，监管机构可以就相关内容向金融机构征求意见，以使得监管文件更有针对性地反映当前金融市场中存在的问题，并能够提出更为合理有效的解决方案。因此，只有监管双方实现良性互动，合规管理活动方可发挥最大的作用。

【案例分析】

案例一

H 公司是全球规模最大的银行及金融服务机构之一，但在 2016 年却陷入了一场外汇交易诈骗案件之中。

在 2016 年，美国司法部向 H 银行的两名高管提出指控，认为他们涉嫌进行外汇操纵，非法利用客户提供的大额购买信息，通过操纵外汇市场，以牺牲客户利益为代价，为自身赚取不当收益。

法庭在审理中查明，H 银行于 2011 年 10 月接受 C 公司的委托，替其把出售子公司资产获得的收益由美元兑换为英镑，这一交易涉及金额约为 35 亿美元。据 H 银行同 C 公司签署的协议列示，H 银行对该项交易内容负有保密义务。但 H 银行的交易员们并未遵守这一协议，并利用该项交易背后潜在的机会获取违规收益。由于将客户35亿美元兑换成英镑的交易行为会推高英镑的价格,交易员们便在该项外汇交易发生前利用自营账户的资金购入英镑,这样,只要在这笔交易完成后再卖出持有的英镑,便可通过买卖价差从中获利。但是,在客户正式交易前提前买入英镑的行为会导致英镑汇率飙升,从而导致C公司以较高的价格购入英镑,造成了客户的损失。

这次非法操纵外汇市场的行为使交易员违法获利约300万美元,H银行获得500万美元不当收入。应注意到,这一行为违反了H银行同C公司签署的保密协议,同时导致C公司以更高的价格购入英镑,损害了客户的利益。

H银行已被要求支付罚金和赔偿金,并进一步加强公司的合规计划。

分析与讨论:

讨论H银行的合规管理机制可以采取何种改进措施。

案例二

自2004年以来,C银行迎来了多事之秋。由于在美国、日本、欧洲、韩国等地接连涉嫌多起违规经营事件,C银行不断受到各国监管当局的调查、警告和处罚,严重影响了其国际声誉。2004年9月,因涉嫌从事洗钱,以及在金融产品风险方面存在误导投资者的行为,C银行在日本的私人银行业务被关停,且C银行日本分行被禁止参与国债拍卖。2004年10月,韩国监管机构也对C银行的私人银行业务展开了调查,以防止类似的问题出现。2005年初,C银行被指出在欧洲市场买卖欧洲国债的行为涉嫌违规操纵市场,其非常规操作使得欧洲各国政府债务融资成本上升,遭到同行以及欧洲各国监管部门的谴责。

另外,C银行自身的违规业务使其受到接连不断的集体诉讼。2004年,W公司的投资者控告C银行在帮助销售公司债务时存在隐瞒风险的行为。2004年7月,在一起大型财务造假案中,C银行被指控协助欺诈,通过利用金融衍生工具或采用复杂的财务交易掩盖负债,致使股东和债权人蒙受损失。此外,E公司破产后,该公司的投资者指控C银行借助虚假交易、掩盖贷款内幕等手段协助E公司隐瞒财务真相。2005年6月,C银行宣布将向E公司的投资者们进行赔偿。

一年多来,C银行在多个经营地域及业务领域屡次涉嫌违规经营,意味着其在规模迅速扩张的过程中缺乏有效的合规风险防范措施。

此后,C银行建立了全球合规部来确保业务规范运行,加强合规管理。设立首席合规官,并在各分支机构或业务线上设置合规管理人员,由各部门负责人对该部门的合规情况负责,C银行的这一改进显示其对于合规管理机制的重视,既是对过去经验的总结,也是未来得以健康发展的基石。

分析与讨论：
讨论C银行在短期内频繁出现违规问题的原因。

四、合规管理与金融监管

金融监管是政府通过特定机构（如中央银行、监管当局）依法对金融机构及金融市场开展的监督管理活动，其目的在于规范各金融市场主体行为、维护金融市场稳健运行。本质上，金融监管是一种具有特定内涵和特征的政府规制行为。而合规管理则是指金融机构自身建立合规风险管理体系对风险进行防控，是对自身业务的合规性进行主动监督的过程。二者虽在实施主体、管理对象、具体目标和实施方式上存在差异，但又彼此联系、互为补充。

合规管理与金融监管的区别主要包括以下四个方面：①实施主体不同。合规管理的实施主体是金融机构，而金融监管的实施主体通常是代表政府对本国所有金融机构履行监督管理职责的金融监管当局。②管理对象不同。合规管理的对象是金融机构及其全体员工的经营行为，尤其是对个体员工行为进行管理与监督，而金融监管的管理对象是所有金融机构及其经营活动，是一种全局的、宏观的管理活动。③具体目标不同。合规管理的目标侧重于对微观企业的经营活动进行管理，而金融监管的目标在于防范金融风险、保护消费者和投资者合法权益、促进金融机构稳健运行，进而维护整个金融市场及社会经济的稳定。④实施方式不同。合规管理是金融机构依据相关法律法规及监管规定对自身经营管理活动进行自我管理、自我约束的行为，对于合规风险的管理及内部员工的监督均由金融机构自主进行。而金融监管则是通过立法手段实施，对金融市场中处于不同领域、不同产业的所有金融机构进行监督与管理。

合规管理与金融监管的联系主要包括以下四个方面：①总体目标的一致性。合规管理与金融监管的具体目标的侧重点虽然存在差异，但从本质上看，二者的目标具有一致性，均以防范金融市场可能存在的金融风险为落脚点。此外，监管机构对于金融机构合规风险管理制度建设的重视意味着合规管理目标与金融监管目标直接相关，这从侧面反映了二者目标的一致性。②合规管理反映金融监管要求。在微观层面，金融监管要求金融机构稳健经营。同时，金融机构通过按照现有合规制度开展合规管理活动，可以减少违规行为的发生，从而加强经营管理行为的合规性，满足稳健经营的监管要求。在宏观层面，金融监管要求实现金融稳定。金融稳定需以每一家金融机构的健康发展为前提。合规管理通过规范金融机构的业务流程，可以提高金融机构的资产质量，从而避免风险的积累与扩散，降低合规风险事件的发生概率，为金融体系的稳定奠定基础。

③金融监管监督合规管理有效性。合规管理作为金融机构自身开展的风险管理活动，是监管机构进行金融监管的主要内容之一。即监管当局需依法对金融机构的合规风险管理情况进行监督，检查和评价金融机构合规风险管理的有效性。

④合规管理弥补金融监管不足。合规管理可以在一定程度上弥补金融监管的不足，在合理控制新业务中潜在的合规风险的同时，引导金融创新的健康发展。相对于外部监管机构而言，金融机构对自身业务的发展具有更详尽、清晰的了解，可以通过日常合规管理工作把握业务流程中所有潜在的风险点，也可以时刻监督业务实施进展以对可疑风险采取预防措施。

第二节 合规管理的体系框架

合规管理体系是指金融机构为进行有效的合规风险管理，而在法律法规、监管要求、自律性组织制定的有关准则，以及适用于银行自身业务活动的行为准则的指导下，将合规政策、合规资源及合规流程等要素进行整合的有机整体。金融机构通过构建健全的合规管理体系可有效促使各部门及全体员工主动遵循相关法律法规、国际通行准则、行业准则、金融机构内部规则及道德准则等，从而避免因未满足相关监管要求而受到法律制裁、监管处罚、财产损失及声誉损失。合规管理体系主要包括合规政策、合规管理部门的组织结构和资源、合规风险管理计划、合规风险管理流程以及合规培训与教育制度五大基本要素。

一、合规政策

合规政策是金融机构自身制定的，进行合规风险管理的纲领性文件，同时也是金融机构制定合规管理计划、员工合规手册以及员工行为准则等合规管理指南的重要依据。合规政策的目的在于系统阐述其合规风险管理的目标、原则、流程、组织架构、职责及权限等要素。

合规政策由金融机构高级管理层制定、修订与贯彻实施，由董事会审议批准与监督实施。合规政策应经过金融机构内部多方论证，在充分考虑外部监管要求、内部业务经营与管理需要的基础上制定实施。

（一）合规政策的内容

原中国银行业监督管理委员会（以下简称原中国银监会）于2006年发布的《商业银行合规风险管理指引》中指出，合规政策应明确所有员工应遵循的基本原则，以及识别和管理合规风险的主要程序，并对合规管理的职能做出相关的规定，内容至少包括：合规管理部门的功能和职责；合规管理部门的权限；合规负责人的合规管理职责；保证合规负责人和合规管理部门独立性的各项措施；合规管理部门与风险管理部门、内部审计部门等其他部门间的协作关系以及设立业务条线和分支机构合规管理部门的原则[一]。

具体来看，合规政策一般包括以下内容：

（1）总则。总则主要明确合规政策制定的目的与依据，如适用于金融机构的法律、行政法规、部门规章及其他规范性文件、经营原则、自律性组织的行为准则等，合规政策制定的原则以及合规政策制定与修订等。

（2）合规管理的总体框架。其具体明确各部门的职责，如金融机构董事会负责审批并监督合规政策的制定与实施、高级管理层负责制定并贯彻执行书面合规政策、合规负责人和合规管理部门负责协助高级管理层有效管理合规风险等。

（3）合规管理程序。合规管理程序是金融机构在综合考虑外部监管环境及内部经营情况与合规风险状况等因素的情况下，在执行合规政策、制定合规风险管理计划、确定合规风险管理目标的过程中具体采取的步骤，据此金融机构可以有效识别和管理合规风险。

（4）合规资源保障。其主要确保给各合规管理部门配备足够的人力、物力等资源，并提供财力与技术支持，从而保证合规负责人、合规管理部门的独立性以实现合规职责的有效履行。

（二）合规政策的实施

合规政策的实施应层层递进、逐步进行。合规政策的实施与金融机构的外部环境、合规风险管理机制及合规政策本身均存在联系。首先，良好的社会环境、规范的监管制度有利于推动金融机构合规风险管理活动的顺利开展、切实助力合规政策的具体落实。其次，金融机构自身分层次、体系化的合规风险管理组织架构是合规政策实施的有效保障。最后，合规政策本身的合理性是合规政策得以实施的基础。可执行性强的合规政策应规范合规风险管理的重要事项并规定其重要措施以保证合规政策的实施。

二、合规管理

合规管理部门的组织结构是指金融机构合规管理架构的组成模式，体现合

[一] 根据2006年原中国银行业监督管理委员会发布的《商业银行合规风险管理指引》及网络相关资料内容整理。

规管理部门之间相互制约的关系。科学的合规管理部门组织结构有利于提高金融机构合规风险管理能力、推进合规管理体系的构建。其中，合规部门是进行合规管理工作的核心部门，下文将从合规管理的组织结构和合规部门两个方面进行阐述。

（一）合规管理的组织结构⊖

合规管理制度的有效实施以设计合理、分工明确的组织部门为前提。接下来主要对金融机构的合规管理组织结构及其职责进行介绍。本文主要根据2006年原中国银监会发布的《商业银行合规风险管理指引》、2017年中国证券监督管理委员会（以下简称中国证监会）发布的《证券公司和证券投资基金管理公司合规管理办法》与2017年原中国保险监督管理委员会（以下简称原中国保监会）发布的《保险公司合规管理办法》进行总结与梳理，对于董事会、监事会、高级管理人员、合规负责人的具体职责进行介绍。

1. 董事会

董事会对金融机构经营活动的合规性负有最终责任。具体职责为：①审议批准合规政策，并监督合规政策的实施；②审议批准合规风险管理报告；③对合规风险管理活动的有效性进行评估，督促解决合规管理中出现的问题；④公司章程规定的其他合规管理职责。

此外，证券基金经营机构和保险公司董事会还负有决定合规负责人的聘任、解聘及薪酬待遇的职责，而《商业银行合规风险管理指引》对此则无明确规定。

2. 监事会

监事会主要负责监督董事会和高级管理人员的合规风险管理职责的履行情况。其主要职责为：①对董事、高级管理人员履行合规管理职责的情况进行监督；②对在重大合规风险事件中负有主要责任的董事或高级管理人员提出罢免的建议；③公司章程规定的其他合规管理职责。

3. 高级管理人员

高级管理人员主要负责有效管理合规风险、落实合规管理目标，其具体职责为：①贯彻执行合规政策，并应在发现违法违规行为时及时制止、整改、报

⊖ 根据2006年原中国银行业监督管理委员会发布的《商业银行合规风险管理指引》、2017年中国证券监督管理委员会发布的《证券公司和证券投资基金管理公司合规管理办法》与2017年原中国保险监督管理委员会发布的《保险公司合规管理办法》整理得到合规管理的组织结构下的董事会、监事会、高级管理人员以及合规负责人的职责。

告,并追究违规责任人的相应责任;②建立健全合规管理组织架构,配备充分适当的合规管理人员,并向其提供人力、物力、财力及技术支持以保证合规管理职能的有效行使;③公司章程规定或者董事会确定的其他合规管理职责。

此外,商业银行和保险公司的高级管理人员还负有组织识别和评估合规风险,审核合规风险管理计划,并每年向董事会提交合规风险管理报告的职责,而《证券公司和证券投资基金管理公司合规管理办法》对此则无明确规定。

4. 合规负责人

我国颁布的有关商业银行、证券基金经营机构和保险公司的监管文件对合规负责人的规定稍有不同。根据2005年巴塞尔银行监管委员会发布的《合规与银行内部合规部门》的"原则5",合规负责人的职责是全面协调银行合规风险的识别和管理,并监督其他合规部门职员的工作。此外,该原则还指出,合规负责人可以是高级管理层成员,也可以不是。2017年中国证监会发布的《证券公司和证券投资基金管理公司合规管理办法》指出,证券基金经营机构董事会负责建立与合规负责人的直接沟通机制,并规定合规负责人是高级管理人员,直接向董事会负责,对本公司及其工作人员的经营管理和执业行为的合规性进行审查、监督和检查。2017年原中国保监会发布的《保险公司合规管理办法》中规定董事会应保证合规负责人独立与董事会、董事会专业委员会沟通;合规负责人需是保险公司的高级管理人员且不得兼管公司的业务、财务、资金运用和内部审计部门等可能与合规管理存在职责冲突的部门(保险公司总经理兼任合规负责人的除外)。2006年原中国银监会发布的《商业银行合规风险管理指引》规定合规负责人由高级管理层任命,要求需保证合规负责人和合规管理部门独立性的各项措施,包括确保合规负责人和合规管理人员的合规管理职责与其承担的任何其他职责之间不产生利益冲突等;同时负责日常监督商业银行合规风险管理的董事会下设委员会应通过与合规负责人单独面谈和其他有效途径,了解合规政策的实施情况和存在的问题,及时向董事会或高级管理层提出相应的意见和建议,监督合规政策的有效实施。

合规负责人的具体职责为:①组织拟定合规管理的基本制度及其他合规管理制度,将审议批准后的制度向下传达,并督导下属各单位执行。②当法律法规或相关准则发生变动时,应向董事会或高级管理部门提出建议并督导有关部门修改、完善相关制度和流程。③就金融机构经营管理的合法合规情况和合规管理工作的开展情况向上级部门汇报,对金融机构及工作人员的经营管理和执业行为进行合规审查,发现重大违规行为即合规风险隐患时应及时报告,并督促其整改。④公司章程规定或者董事会确定的其他合规管理职责。

（二）合规部门

合规部门是主管合规风险管理的机构。在合规管理早期，部分金融机构的合规风险管理职责由多个部门共同承担。但在20世纪90年代，随着金融创新的发展，金融机构业务的复杂性提高，国际金融市场上财务丑闻、操作风险案件等违规事件相继发生，而这大多由金融机构自身合规风险管理机制缺失所致。监管部门认识到合规风险已成为主要风险之一。由于外部监管在信息获取方面存在劣势，并在一定程度上滞后于金融创新业务的开展，相比之下，完善的内部合规风险管理体系可以更有效地预防和控制合规风险。于是许多发达国家和地区的监管机构先后出台了关于金融机构合规部门的规定，且金融机构自身也开始关注内部合规体系的建设和完善。

自2000年以来，我国加强了对金融机构合规管理体系建设的引导和监督，逐步确立起全面、系统的合规监管规则。各金融机构在合规风险管理的实践方面也取得了重大进展，开始相继建立合规部门、配备专职合规人员，如2002年，中国银行总行把法律事务部更名为"法律与合规部"。

随着合规风险管理理念的深入发展，金融机构在合规部门的建设实践中不断摸索，加之金融机构在规模、经营模式、业务复杂程度及区域分布等方面存在差异，合规部门因此形成了不同的设立模式与组织模式。接下来我们首先介绍合规部门的设立模式与组织模式，再对合规部门的职责进行介绍。

1. 合规部门的设立模式

合规部门的设立模式主要有单独式、联合式、混合式三类。

（1）单独式。单独式是指通过设立单独的合规部门来负责全部合规风险管理工作，并在合规部门内部设立若干合规风险管理团队或设立不同岗位以分解和落实合规管理职责。

（2）联合式。联合式是指把法律风险管理职能与合规风险管理职能合并在同一部门内，在该部门中分设合规管理团队或合规岗位，从而实现对合规风险与法律风险的联合管理。之所以采用该种模式，一方面，因为法律职责与合规职责在实践中会出现重叠，由法务人员与合规人员共同处理违规事务可以实现优势互补，带来协同效应；另一方面，则是因为该种模式可以节省成本，避免机构臃肿和人员浪费。

（3）混合式。混合式是指把法律、合规、内控部门的职责划归统一的合规部进行管理，由合规部兼具组织各业务条线的常规检查与专项检查、提供合规性法律审查与咨询服务、牵头建立内控体系、反洗钱与恐怖性融资、评估合规政策执行情况、向管理层提出合规建议等职能。

2. 合规部门的组织模式

合规部门的组织模式主要有集中式、分散式、综合式三类。在这三种组织模式中，当各部门对合规风险管理情况进行汇报时，总部合规部门直接向高级管理层汇报，并拥有直接向董事会或其下设委员会报告的权限。分支机构的合规部门或合规管理岗位则存在两种报告路线：①矩阵式，即同时向上一级合规主管及所在分支机构的行政主管报告。②条线式，即只向上一级合规主管报告。

（1）集中式。集中式是指将负责合规风险管理的工作人员集中于独立的合规部门体系之中，在总部设立正式的合规部门，直接领导各分支机构（或地区总部）的合规部门。该模式又可分为两类：一类是成立单独的合规部；一类是成立法律与合规部或风险管理与合规部，从而由同一部门承担合规职能与法律、安全事务或风险管理职能。

（2）分散式。分散式是指在总部设立合规部门，负责制定统一的合规管理标准，统一指导监督全球合规管理事务。在各分支机构或业务条线上设立合规管理团队或合规岗位，并可根据条线下不同业务单元的差异进一步细化合规管理模式。通过该种组织模式，各业务条线和业务单元的合规管理职责能够通过逐层分解而有效落实，并且也能促进合规管理意识融入业务的日常运营。

（3）综合式。综合式是指在总部与分部分别设立独立的合规部门，负责相应层级的合规风险管理工作；同时向一些特殊的业务单元（如事业部、二级分行、异地支行等）派驻合规风险管理人员，负责组织和协调所在业务单元的合规风险管理工作。

3. 合规部门的职责⊖

合规部门是合规风险的主管部门，在合规负责人的管理下履行合规管理职责，协助高级管理人员对合规风险进行有效识别和管理。

合规部门的具体职责为：①定期审查公司的合规制度和业务流程，持续关注法律法规、监管规定和行业自律规则的最新动向，并准确把握相关规则的变动对公司经营的影响，据此提出制订或者修订公司内部规章制度和业务规程的建议。②制定或协助合规负责人制定、修订合规管理计划，并推动其贯彻落实。

⊖ 根据 2006 年原中国银行业监督管理委员会发布的《商业银行合规风险管理指引》、2017 年中国证券监督管理委员会发布的《证券公司和证券投资基金管理公司合规管理办法》与 2017 年原中国保险监督管理委员会发布的《保险公司合规管理办法》整理得到合规部门的职责。

③审核评价商业银行各项政策、程序和操作指南的合规性,组织、协调和督促各业务条线和内部控制部门对各项政策、程序和操作指南进行梳理和修订,确保各项政策、程序和操作指南符合法律法规及相关准则的要求。④组织制定合规管理程序和合规手册、员工行为准则等合规指南,并定期对实施的程序和指南的有效性和恰当性进行评估。⑤对金融机构在建立新业务、开发新产品、拓展新客户以及客户性质发生重大变化时潜在的合规风险进行识别和评估,并对现有业务的风险进行核查。⑥组织实施合规风险监测、识别、评估和报告合规风险。⑦开展合规培训,包括新员工的合规培训、对老员工的定期培训,并为咨询合规问题的员工提供服务。⑧与外部监管机构保持日常工作联系,关注监管机构最新的政策指引,反馈相关意见和建议,并跟进监管要求在具体部门的落实情况。⑨公司章程规定或者董事会确定的其他合规管理职责。

合规管理的报告路线如图3-1所示:

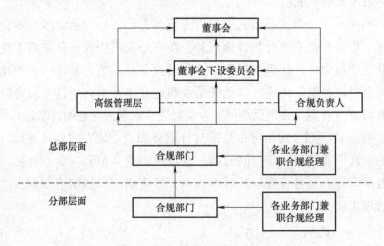

图3-1 合规管理的报告路线图

三、合规风险管理计划

合规风险管理计划是金融机构根据外部环境,尤其是监管要求和金融机构内部业务的需要进行的适用于金融机构自身的风险管理规划,具体包括对合规风险管理制度建设、合规风险评估、合规风险培训等内容的统筹规划。

合规风险管理计划应从金融机构发展的长远角度出发,力求保障金融机构高效合规经营。例如,金融机构在制定合规管理计划时应明确规定员工的合规职责以及其在合规风险管理计划中的具体任务以实现合规风险的有效识别与管理。

合规风险管理计划的一般流程包括：①评估合规风险管理体系，即对现有合规风险管理体系进行评估并根据评估结果进行合规风险管理计划的制定。②确定合规风险管理目标。在进行合规风险管理体系评估的基础上，根据各合规部门不同的合规职责具体规划未来合规工作、确定各部门合规风险管理重心。③制订合规风险管理计划，即确定合规风险管理计划的具体内容，并保证计划的可执行性。④合规风险管理计划的实施与改进。在制订合规风险管理计划后，金融机构可具体实施，同时应对计划实施的效果进行评价与总结，分析实施结果与预期的差距。

四、合规风险管理流程

金融机构传统的风险管理体系侧重于对信用风险、市场风险、操作风险进行管理，而近年来，随着金融机构违规事件频频发生，合规风险已成为金融机构进行风险管理的重点领域。相对于传统三大风险而言，合规风险在形成原因、导致后果等方面均与其存在差异，因此应形成独立的合规风险管理流程。接下来我们首先介绍合规风险与三大风险的关系，再对合规风险管理流程进行简要说明。

（一）合规风险与三大风险的关系

金融机构的传统风险主要包括信用风险、市场风险、操作风险。合规风险与传统三大风险既存在一定的区别又有内在联系。

1. 合规风险与信用风险

所谓信用风险（Credit Risk）又称违约风险，是指交易对方因各种原因不能或者不愿意履行与金融机构的合同条款，或未能按照约定履行条款从而造成金融机构当前或未来遭受损失的风险。金融机构面临的信用风险主要包括道德风险和企业风险。其中，道德风险是指金融机构因信息不对称，缺乏对交易对方的充分了解而导致金融机构面临遭受损失的风险。企业风险是指因交易对方经营不佳等原因造成其不能与金融机构按时履行条款而导致金融机构面临损失的风险。

根据信用风险的定义，其与合规风险主要存在以下区别：①主导原因不同。合规风险是由金融机构自身违反"合规"而造成的风险，而信用风险是由客户违反信用而造成金融机构面临损失的风险。②导致后果不同。合规风险将导致金融机构遭受法律制裁、监管处罚、财产损失和声誉损失；而信用风险主要给金融机构造成因客户未按时履约而造成的不必要的财产损失，严重时才会使得金融机构面临更大的损失。

由于信用风险是由客户等外部因素造成风险或损失，其与合规风险存在主导原因、导致后果的不同。然而，信用风险存在的主要原因是金融机构未按照监管规定对客户进行识别，未充分了解客户，因此合规风险也是金融机构面临信用风险的诱因之一。

2. 合规风险与操作风险

根据原中国银监会发布的《商业银行操作风险管理指引》（2007年），操作风险（Operational Risk）是指由不完善或有问题的内部程序、员工和信息科技系统，以及外部事件所造成损失的风险，包括法律风险，但不包括策略风险和声誉风险。

根据合规风险与操作风险的定义，合规风险与操作风险主要存在以下三点区别：①内涵不同。合规风险的内涵相对单一，主要是指金融机构违反法律法规、行为准则等相关规则而遭受的风险；而操作风险的内涵则相对复杂，它不仅包含金融机构内部操作交易风险、技术风险，也包含欺诈、盗抢等外部事件所造成的风险。②诱因不同。合规风险由金融机构违反法律法规及相关监管规定所致；而操作风险主要由不完善或有问题的内部程序、人员、计算机系统或外部事件等因素引发。③发生方式不同。合规风险主要发生在金融机构制度层面或内部人员身上；而操作风险则主要发生在各个操作环节以及相关人员身上。

然而，尽管合规风险与操作风险在内涵、诱因与发生方式上存在不同，但二者仍存在内在联系。一方面，合规风险比操作风险更为基础，是操作风险的直接诱因之一。很多操作风险正是由于金融机构未合规经营所导致的。操作风险主要表现在操作环节与操作人员上，即操作不规范以及操作人员缺乏合规意识是导致操作风险发生的原因之一。另一方面，合规风险的防范是操作风险防范的有效方式。合规是金融机构从事金融活动的底线，操作风险存在的原因之一便是操作不合规。因此，合规风险的防范是防范操作风险的最低要求。

3. 合规风险与市场风险

市场风险（Market Risk）是指金融市场资产价格（利率、汇率、股票价格等）的不利变动或者急剧波动导致金融机构出现损失的风险，主要是由金融市场资产价格的不确定性造成的。具体而言，市场风险可细分为利率风险、汇率风险、股票价格风险、商品价格风险等。市场风险可能直接对金融机构造成影响，也可能是由其他金融市场参与者在从事金融活动过程中间接地将风险传导至金融机构。

合规风险与市场风险的主要区别在于风险来源与后果不同：①风险来源不同。合规风险来源于金融机构内部，指金融机构内部未遵循法律法规、监管规则等而可能造成损失的风险；而市场风险则来源于整个金融市场，即来自金融机构外部，由外部环境的不确定性导致金融机构面临损失的风险。②后果不同。合规风险因金融机构主体有意识或无意识的违反法律法规、监管规则、自律性组织制定的准则而产生。因此，金融机构首先将受到法律的制裁，随后将面临相关监管处罚，从而导致其财产损失，最后将会面临声誉受损的风险。然而，市场风险由市场环境，特别是金融市场资产价格的剧烈波动或不利变动导致，属于客观原因。因此金融机构若在面临市场风险时仍按监管要求从事金融活动，则金融机构主要面临的后果是财产损失并非法律制裁。

同时，合规风险与市场风险存在一定的联系。一方面，合规风险作为最基本的风险，是防范和管理市场风险的底线。另一方面，合规风险严重时可能诱发市场风险，即若金融机构存在合规风险而不进行及时的防范与管理，则可能引发操作风险，进而可能导致信用违约从而引发信用风险，严重时最终可能诱发市场风险。

综上所述，合规风险与传统的三大风险之间虽有不同之处但仍存在交叉、重合和渗透。一方面，合规风险与传统三大风险在风险主导原因上存在明显的区别。合规风险是由金融机构自身行为导致的，常常产生于金融机构制度决策层面、各级管理人员及员工身上，即带有明显的制度缺陷。而信用风险、操作风险与市场风险则是由客户信用、员工操作、市场变化等内外环境而造成的风险或损失，还在很大程度上受到金融机构外部环境因素的影响，具有较大的不确定性。另外，传统三大风险的容忍度可由金融机构进行设定，风险偏好较高的银行可以容忍较高的信用风险、市场风险和操作风险等，而合规风险则是基于现有法律法规、监管规定、自律性组织制定的有关准则以及适用于金融机构自身业务活动的行为准则，因此合规风险的容忍度几乎为零。另一方面，合规风险与传统三大风险仍有一定的联系。首先，相比于信用风险、操作风险和市场风险，合规风险是更为基础的风险形式，是传统三大风险尤其是操作风险的诱因之一，也是三大风险的底线。其次，合规风险因其与信用风险、操作风险与市场风险的相关性而变得更加复杂和难以把控。最后，无论是合规风险还是信用风险、操作风险和市场风险，它们的最终结果都是给金融机构带来经济、声誉等损失，不利于金融机构的可持续发展。

（二）合规风险管理流程

合规风险管理流程是由金融机构合规管理部门制定的，由各部门共同遵循并推进的合规风险管理活动的程序与方法。合规风险管理流程的目的是确保金融机构业务合规经营，因此合规风险管理流程的管理对象是金融机构业务活动。具体来看，合规风险管理流程主要包括合规风险的识别、评估与报告。

1. 合规风险识别

合规风险识别是指金融机构以外部法律法规及监管要求、内部规章制度等为依据，判断其内部各机构、各员工、各种行为是否存在发生合规风险的可能性、其造成的影响程度和潜在危害，以便及时察觉并处理，进而有效避免违规风险。合规风险识别的前提在于把握金融机构从事经营管理过程中可能涉及的全部合规要求。首先，金融机构应认真、及时的学习全部监管要求。其次，金融机构需在学习掌握所有监管要求的基础上精准理解与把握其内涵，保证金融机构不出现因误解相关监管要求而产生的不必要的风险。

合规风险识别以内部机构、员工的经营管理行为为风险识别对象，以一系列高技术水平的辅助工具为支撑，以识别潜在合规风险为主要目的，是整个合规风险管理的基础。合规风险的识别主要包含两个层面：一是对特定风险的识别。即金融机构仅针对某个特定业务、人员可能存在的风险进行有效识别。这种识别方式具有明显的独特性，常见于对某种存在高风险、给金融机构合规经营带来巨大挑战的业务进行识别，例如某些合规风险频发的业务。二是对风险进行系统性的识别。即进行全面合规风险识别，这一方式则有利于促进金融机构全面防控合规风险。

金融机构进行合规风险识别时，主要采用以下几种方法：①流程图法。合规风险识别人员以金融机构业务流程为主线识别各个业务环节中各部门负责人、各项人员可能存在的风险点，即识别可能造成合规风险的主要因素。同时，合规风险识别人员还需评估现有合规风险管理措施对现有合规风险控制的有效性。通过流程图法，可有效识别业务流程中各环节存在的风险，从而有利于进行下一步合规风险评估与处理。②因果图法，又称为鱼骨图法、石川图法。从损失的结果出发，首先找出可能导致风险损失的大原因，然后找出可能导致的大原因的因素作为导致风险的中原因，随后再进一步寻找可能导致中原因的因素作为导致风险的小原因，以此类推，层层递进找到引起合规风险损失的根本原因。③德尔菲法，又称专家调查法，是根据众多专家经验就某一风险进行经验判断，最终达成基本一致看法的方法。在整个风险识别过程中，各专家以匿名的形式参与，风险识别人员通过反复征询专家意见，并对此进行归纳总结和修改，最终得到各专家大体一致的看法，并将其作为风险识别的结果。德尔菲技术具有广泛的代表性，有利于减少数据中的偏倚，并防止个人对结果产生不适当的影响。④小组讨论和访谈法。合规风险识别人员通过集合管理层、员工和其他有关人员的知识和经营，了解可能存在的合规风险。小组讨论和访谈主要讨论合规风险的起源、分布等情况。在小组讨论的方式下，由于没有领导的直接参与，参加人应没有压力和约束，从而可以集合并激发参与者的知识和经验来识别重要的潜在合规风险。访谈主要以一对一的方式进行，其目的是查明被访谈人对实际的过去事项和潜在的事项的公正的观点和认知。

  金融机构进行合规风险识别时，应遵循以下原则：①全面识别原则。风险识别的范围应覆盖金融机构各层级、各流程、各项业务，确保从源头上对金融机构潜在合规风险进行识别，为合规风险评估确定评估内容。②及时识别原则。合规风险具有不确定性的特点，潜在的合规风险不确定在何时爆发，因此合规风险识别应保证时效性。一方面，针对常规业务金融机构应保证定期进行合规风险识别，例如可以根据实际情况选择每月、每季度、每年等方式进行。另一方面，当金融机构调整经营管理方式或者经营管理环境发生重大变化时，例如发生新业务领域的拓展、新员工的进入等重大调整时，金融机构应及时进行合规风险的识别。③客观识别原则。合规风险识别应以外部法律法规、监管要求、内部规章制度为依据，以客观事实为基础，公平公正地对可能存在的潜在风险进行识别，不夸大其词也不纵容包庇。④统一识别原则。针对金融机构内部各机构、各员工行为的识别应以法律法规、监管要求、内部规章制度为唯一依据，对金融机构的经营管理活动进行统一识别。例如，合规风险识别应由合规部门相关人员组织开展，统一对潜在风险进行识别，保证识别结果的一致性和客观性。

  2. 合规风险评估

  合规风险评估是指金融机构在有效识别合规风险的基础上，运用特定的风险评估方法及工具对合规风险可能产生的危害、损失及造成的影响程度等进行测算，并基于此采取相应控制措施。合规风险评估主要运用定性与定量相结合的方式，分析合规风险产生的原因、可能造成的损失、对特定风险应采取的措施与手段及对金融机构的影响程度等内容。进行合规风险评估的目的在于全面把握金融机构合规风险总体情况及未来发展趋势从而有针对性地对现有合规风险进行监控与防范，进而实现合规经营，同时，通过完善合规风险评估机制，金融机构也可以更好地改进合规管理制度。

  合规风险评估应在合规风险识别的基础上，重点考虑以下几个因素：①造成损失的概率。合规风险评估人员应分析所有识别的风险发生的原因、可能发生的频率、发生后可能对金融机构造成的损失的大小。②造成损失的大小。针对合风险识别环节中所识别的全部风险，合规风险评估人员应从两个角度对造成损失的大小进行评估：一是不采取合规风险防范措施时，该风险可能造成的损失；二是金融机构及时采取相应的合规风险防范措施后，该风险可能造成的损失大小。同时，合规风险评估人员应对采取与不采取风险措施的效果进行对比评估以了解相应措施的风险防范效果。③合规风险的影响程度。合规风险评估人员应评估可能产生的合规损失对金融机构的影响程度，例如应系统性地评估合规风险的发生可能对金融机构的经营目标、财产、声誉等造成的不利影响。

合规风险评估程序一般包括以下三个步骤：①评估准备。首先，建立评估小组，其中评估负责人一般由合规负责人担任，评估小组成员主要由合规部门、内部审计部门及外部评估人员共同组成。合规风险评估人员应对全部法律法规、监管要求、银行规章制度及银行经营管理活动等具体内容有深入了解，具备评估专业技能、合规意识并随时掌握最新的监管动态。其次，制订评估方案，具体包括合规风险评估对象、目的、内容、具体要求及评估重点。最后，准备评估相关文件，包括与合规风险评估相关的所有问题。②评估实施。通过采用定量与定性相结合的方法进行合规风险评估，例如审核相应政策及各流程的合规性、将存在合规风险的有关数据进行分析、全面记录评估实施情况。③撰写评估报告。根据评估实施情况，撰写评估报告，例如评估开展情况、存在的合规风险及合规缺陷等。

金融机构进行合规风险评估时，应遵循以下原则：①全面性原则。合规风险评估应与合规风险识别相一致，即应在合规风险识别的基础上开展全方位风险评估，保证风险评估的全面性。②公正性原则。合规风险识别、评估的目的在于发现合规风险、评估其对金融机构的影响，是基于"人人合规"的原则进行，任何人不拥有特权。即合规评估应保证公平、公正，按照评估依据对金融机构全部合规风险进行识别、评估，不偏袒任意人员。③准确性原则。合规风险评估结果是金融机构优化现有合规风险管理机制的依据，是对合规风险发生概率、损失大小进行的测算，因此应尽量保证测算结果的准确性，从而提高金融机构合规风险管理能力。

3. 合规风险报告

合规风险报告是指金融机构各机构、部门，按照事先规定的合规管理程序及报告路线，向合规管理部门、高级管理层、董事会及监事会提交的反映金融机构合规风险状况的报告。合规风险报告是金融机构各级管理层获取该机构合规风险信息与合规管理状况的主要渠道之一，也可为各级管理层制定经营管理决策提供参考。同时，合规风险报告也是外部投资者和社会公众对金融机构进行风险评估的主要依据，会影响外部投资者和社会公众对金融机构的选择与评价。

合规风险报告根据不同的划分标准可进行不同的分类：①根据报告频率不同，合规风险报告可分为月报、季报、年报和随时报告。②根据报告的内容不同，合规风险报告可分为综合报告、专项报告。其中，综合报告反映金融机构整体合规风险状况，专项报告反映某一具体违规事件或行为的报告，具有针对性。③根据报告主体不同，合规风险报告可分为分支机构报告和部门报告。④根据报告对象不同，合规风险报告可分为对内报告和对外报告。其中，对内报告主要是向各合规管理部门、高级管理层等进行报告，而对外报告主要是向外部投资者和社会公众等进行报告。

金融机构应根据合规风险管理的具体要求，建立健全的合规风险报告程序及工作机制，确保合规风险报告遵循全面性原则、真实性原则和及时性原则：①全面性原则。合规风险报告应按照相应规定涉及应进行风险报告的各个方面，保证合规风险报告不遗漏任意内容。②真实性原则。合规风险报告应以事实为依据，仅涵盖客观存在的合规风险内容，保证报告不存在偏差。③及时性原则。合规风险的爆发存在不确定性，因此，应按照规定及时报送相关内容，保证金融机构能及时发现和防范其在经营管理过程中可能存在的合规风险，即合规风险报告应保证时效性。

五、合规培训与教育制度

合规培训与教育是指金融机构为树立员工合规意识、培育合规文化，增强合规风险管理能力而对员工进行金融机构合规理念、知识、制度等内容的传输过程。金融机构的合规文化能够直接反映金融机构合规管理理念，是金融机构进行经营管理的思想指引，合规培训与教育是金融机构在内部员工间进行合规文化宣传与树立的有效手段。

为保证全员合规、全员参与，金融机构不仅应对新员工进行入职合规培训与教育和对已入职的员工进行定期合规培训与教育，也应对不同层次的员工进行针对性的合规培训与教育。具体来看，按照员工层次的不同，金融机构可将合规培训与教育的对象划分为管理层、合规风险管理人员以及业务人员：①针对金融机构管理层的教育与培训。金融机构应根据外部法律法规及监管要求、内部规章制度、相关管理规定等内容进行教育培训。由于管理层是金融机构重要组织架构之一，因此金融机构应尤为重视对管理层合规文化、管理素养的教育培训，以确保合规风险管理从高层做起。②针对合规风险管理人员的教育与培训。金融机构应提供专业的合规知识培训，保证合规风险管理人员具备合规风险管理的专业素养，确保合规风险管理人员能够依照外部法律法规、监管要求和内部规章制度进行合规风险管理。③针对业务人员的教育与培训。金融机构应提供涵盖与业务操作相关的法律法规、监管要求及金融机构内部规则制度等内容的教育培训，确保业务人员按照内外部监管要求进行业务活动。另外，在严监管背景下，为保证合规建设的有效性，金融机构应时刻关注、更新相应监管要求，把握与金融机构经营管理相关的法律法规、监管要求的最新动态并及时将其传输给全体员工，使各层员工能及时、准确地把握相关合规要求。

合规培训与教育作为金融机构宣传合规文化的手段，是实现金融机构全体员工形成良好合规意识、将合规文化内化于心的主要方式。金融机构应通过这种方式实现合规理念从"要我合规"到"我要合规"的转变，进而实现"人人合规"，使全体员工形成合规意识，养成良好的合规习惯，并将这种合规意识与习惯体现在各层员工所在岗位上，保证在金融机构以"合规"的形式进行经营管理，确保金融机构形成良好合规文化与理念。因此，合规培训与教育是建立健全合规管理体系的重要手段，是合规管理体系的重要组成部分。

第三节 合规管理的制度保障

金融机构从业人员自觉遵守各项合规制度是建立健全合规管理体系的基础，而这依赖于强有力的制度保障。通过建立合规绩效考核机制、合规问责机制与诚信举报机制，金融机构可以激励全体员工树立合规理念、遵守合规制度，从而更好地防控和化解合规风险。

一、合规绩效考核机制

合规绩效考核，是指合规部门按照规定的考核标准和考核程序，对内部各机构、员工进行合规风险管理的履职情况和合规管理制度的实施效果进行评判打分，并据此予以奖惩的制度。

由于金融机构传统的绩效考核体系过于注重经营业绩，易导致因追逐短期利益而忽视潜在合规风险的现象。而合规绩效考核机制可以改善这一现象，通过提高违规成本，合规考核可以引导员工平衡业务发展和风险管理的关系。这要求把合规考核作为绩效考核的重要依据，与评优评先、职务任免、职务晋升以及薪酬待遇挂钩。如对于为公司的合规工作做出巨大贡献的员工，应给予表彰和奖励；对于违反公司合规管理制度、实施违规行为的员工，则给予积分扣分并做出相应的处罚。

合规考核的对象应为所有机构和全体员工。其中，机构可分为合规部门和非合规部门，员工可分为专职合规人员、兼职合规经理及其他员工。相应地，合规考核指标根据考核对象分为对机构的考核指标和对员工的考核指标两类。针对机构的考核指标由金融机构根据自身业务模式、经营范围、发展阶段制定，对于不同的金融机构或是同一金融机构的不同发展阶段，合规指标的具体内容和计量方式存在差异，但归纳而言，主要围绕各部门合规风险的发生及处置情况、合规管理程序的设置情况与合规管理职能的履行情况来设定，具体包括合规风险的严重程度与应对机制；违规事项的应急预案；合规政策的建设情况；合规管理计划的实施情况；合规培训的落实情况等。针对员工的考核指标主要包括岗位履职情况、合规培训情况、是否获得表彰或受到问责等。合规风险考核应实行量化制，针对每一条具体考核指标设置相应分值，相加即为总分。

金融机构进行合规考核，应遵循以下原则：①全面覆盖，即合规考核应覆盖每项业务、每位员工、每个部门。②公平、公正、公开，即考核标准公平、考核过程公开、考核结果公正。合规部门对被考核机构出具的考核结果应立足于事实，依据明确的评价标准，避免暗箱操作。③正向激励。对发现合规风险而隐瞒不报者实行严厉处罚；对主动报告合规问题的涉事员工从轻处罚。④注重实质。对考核指标进行评分应以被考核单位的实施效果为依据，不拘泥于形式。⑤差异化考核。合规考核标准的设立应综合考虑合规管理目标与业务运行特点，根据被考核单位的职能进行差异化考核，如对负有管理职责的部门以"制度建设"为主，对经营单位以"制度执行"为主，从而形成具有针对性的、合理的合规管理模式。

合规考核机制具有两种实现方式：①单独的合规考核。金融机构可以制定单独的合规绩效考核机制，由合规部门对考核结果进行整理、分析和应用，并由合规部门单独对被考核对象实施奖惩措施。②纳入总体考核体系，即合规考核在总体考核体系中占有相应权重，从而将合规考核标准融入总体的绩效管理当中。这种方式更能体现合规风险管理的导向作用。

二、合规问责机制

合规问责机制，是指各部门工作人员在经营活动中，对因故意或过失，不履行或不正确履行合规管理职责，从而违反相关法律法规或其他相关规则，导致金融机构遭受或可能遭受法律制裁、监管处罚、重大财务损失或声誉损失等其他不良后果的行为，进行责任追究的制度。合规问责制度能够促使金融机构员工强化合规意识，是合规管理工作得到实际执行的重要保障。

合规问责机制的建立应遵循以下原则：①违规必究。金融机构的全体员工都应遵守各项规章制度，问责制度对全体员工一视同仁。②权责对等。权限与责任对等，要求明确各个岗位的合规管理人员对应的合规责任，以确保合规管理人员对其职责范围内合规工作承担最终责任。③客观公正。在对违规事项进行核查与追责时，应以事实为依据，按照金融机构的各项规章制度和既定程序对违规行为进行责任认定和处理，保证问责流程的客观公正。④鼓励主动合规。合规问责机制并非单纯惩戒，更应发挥问责机制对于员工的教育意义以激励其树立合规意识，化被动惩戒为主动合规。该机制倡导员工主动揭示潜在合规风险、主动纠正已发生的违规事件。在做出处罚决定时，应综合考虑违规性质、危害程度和当事人对其违规行为的态度。

三、诚信举报机制

诚信举报机制，是指金融机构员工从维护诚信精神、促进主动合规的角度出发，以实名或匿名的方式，对各项经营活动中存在的合规风险隐患或已发生的违规事件，按照规定的途径和步骤向合规部门报告的过程。同时，为了防止举报人的利益遭受损害，金融机构应建立配套保护机制。首先，应建立便利的举报渠道，如开通举报热线、设置专用邮箱、安排专人受理等。其次，合规管理人员在受理事项的过程中，不得泄露举报内容相关的信息。最后，合规部门应就被举报事项的处理结果向举报员工反馈。

诚信举报制度的建立需遵循以下原则：①实事求是原则。举报人应如实反映违规事项、确保举报内容的真实性，不得隐瞒、扭曲、捏造事实；受理人员应如实记录举报人反映的情况，不得主观臆断、妄加揣测。②回避原则。在对违规事项进行受理、调查的过程中，与被举报事项有利害关系的人员应当回避。③保密原则。所有涉及被举报事项的人员均负有保密义务，不得泄露举报人及其他与举报事项相关的信息。④奖惩原则。若举报人通过举报违规行为帮助公司避免重大损失，则应对其进行奖励；对于知情不报或是毁灭证据者则进行处罚。

第四节　合规管理的评价机制

合规评价是对金融机构合规管理组织体系、制度框架、机制建设和合规管理工作成效进行评价。首先，根据合规管理的关键环节确定合规评价项目，并对每个项目设置相应的权重。其次，针对每个项目设定具体评价指标，并设置相应分值。最后，将每个项目的得分汇总后加权计算得到总分。根据合规评价机制实施主体的不同,合规评价可分为内部评价与外部评价。

一、内部评价

内部评价是指金融机构对自身的合规管理体系建设情况、运行过程和实施结果进行调查和评估,主要由合规部门牵头,是金融机构对合规风险管理的自我评估。内部评价可分为过程评价与结果评价。其中,过程评价是指金融机构对合规管理体系的构成要素进行评价,结果评价则是对合规管理政策的实施效果、合规管理机制的运行效果、合规管理目标的实现程度进行评价。合规管理内部评价的结果可以作为合规绩效考核的依据之一。

内部评价由合规部门对本级各部门的合规管理工作进行评价,如综合管理机构、产品管理机构、运营保障机构等。合规部门应针对被评价部门的业务特点设置不同的评价指标。评价指标主要围绕合规风险管理环境、合规风险识别与评估、信息交流与反馈等方面进行,每个指标按照重要性被赋予相应分值。

二、外部评价

外部评价是指监管机构通过设定一定的指标和权重、制定相应的程序和方法,对金融机构合规管理体系的建设情况和合规管理制度的实施效果进行调查和评估。

根据评估对象的不同,外部评价可分为两类:①全面评价。全面评价是指因监管评级需要所实施的评估或监管规则要求每年一次的常态化评估。②重点评价。监管资源的有限性使得监管机构进行合规评价时应有选择地确定重点评价范围。首先,应以以往的合规检查结果、合规报告、风险评级作为依据,从中选择合规建设较为薄弱、合规检查出现不良结果、风险评级结果较差的金融机构作为重点评价对象。其次,对于系统重要性银行和上市银行,由于其业务规模较大、业务复杂性较高,且与其他金融机构和实体经济的关联度较高,因而会加剧风险在金融体系内部的传染性,应对其重点关注。

外部评价主要从四个层面展开:①组织架构层面,即金融机构是否搭建了合理的合规管理组织架构以及各部门是否按照规定有效履行了合规管理职能,主要包括高层对于合规管理活动的重视情况和对合规管理工作的部署情况、合规部门对于合规制度的落实情况、各业务条线对于合规管理职能的履行情况以及各部门之间的协作情况。②制度层面,即合规管理制度是否覆盖了金融机构各项业务流程与各部门员工的经营行为、是否有效应对内外部环境的变化。③机制层面,即各项合规管理机制的建设情况与实施情况。④文化层面,即金融机构对于公司合规文化的建设情况以及员工是否树立了合规意识。

在外部评价的具体实施过程中,首先,应成立评估组,并由评估组制订合规评价方案。评估组人员主要由实施合规评价的监管机构人员构成,必要时可抽调外部专家参与评价。其次,监管机构根据合规评价方案实施合规评价。具体而言,可以通过现场询问来审核各项程序的合规性,也可借助金融机构的合规风险管理系统获取更全面的数据。此外,随着金融机构业务日益复杂化,监管机构可以引入数据挖掘和分析工具,以便对金融机构管控复杂业务合规风险的效果做出更为科学的评价。最后,评估组根据被评估机构的合规风险管理状况撰写评估报告。

【关键词】

合规风险　信用风险　操作风险　市场风险　合规管理　合规管理体系
合规政策　合规管理部门　合规风险管理计划　合规风险管理流程
合规风险识别　合规风险评估　合规风险报告　合规培训与教育制度
合规风险识别机制　合规风险评估机制　合规风险报告机制
合规绩效考核机制　合规问责机制　诚信举报机制　合规评价机制

【思考题】

1. 简述合规管理的定义及原则。
2. 简述金融机构合规管理的必要性。
3. 简述合规管理的目标及意义。
4. 简述合规管理与金融监管的联系与区别。
5. 简述合规管理体系的概念及基本要素。
6. 简述合规管理的合规绩效考核机制、合规问责机制及诚信举报机制。
7. 简述合规管理的评价机制。

【案例分析】

保险公司分支机构合规监测与量化评价

为了应对合规风险、促进合规经营,R公司通过对合规风险的预防与处置措施进行调查研究,决定从事前、事中、事后三个阶段对分支机构的合规风险进行监测与评价,同时对合规管理的制度、流程、系统和工具进行完善,从而建立起分支机构合规监测和量化评价体系。此外,R公司将分支机构风险综合评级结果纳入分公司年度合规内控综合考评机制,以激励其完善合规管理体系建设、促进公司合规管理工作有序进行。具体而言,R公司建立合规风险监测及量化评价体系如下：

首先，在事前建立合规风险指标监测。R公司分公司形成了覆盖三大风险领域，涵盖12个子风险的合规风险指标体系。该指标体系共细分为25项预警指标，具体见表3-1。R公司就相关指标的评估状况对分支机构定期筛查。每一项预警指标都具有"红""黄""绿"三种状态，绿灯表示正常；黄灯表示异常，需关注；红灯表示严重异常，需重点关注。通过梳理分支机构各个指标呈现的颜色，R公司可以快速识别风险较大的分支机构。同时，为了得到更直观、更及时的风险监测效果，公司将合规风险监测指标及监测结果纳入智能预警报告。其次，在事中建立重大保险欺诈风险预警，通过梳理十项欺诈风险识别规则，公司极大地提高了反欺诈的工作效率。最后，在事后对分公司风险进行综合评级。R公司以"偿二代"风险综合评级为基础，结合公司实践，建立起合规风险量化评价体系。通过按季度对分支机构进行风险评级，R公司可以了解分支机构的风险管理情况；通过将考评结果纳入年度合规内控综合考评机制，可以引导分支机构强化合规管理工作。R公司将分公司按照风险综合评级的风险评分从高到低分为四个类别，并在合规考核、标保考核与风险提示等方面对该四类分公司进行差异化管理。

表3-1 R公司分支机构合规风险指标

大　类	小　类	检测指标
操作风险	人员管理	专职合规人员配备情况充足率
		培训频次
	合规风险	亿元标准保费的监管处罚率
		亿元标准保费违规指数
	销售、承保、保全	亿元保费投诉量
		万张保单投诉量
		审计缺陷整改有效率
		未收保单上门确认率
		保单15日送达率
		犹豫期内电话回访成功率
		新契约电话回访完成率
	信息系统	账号权限安全使用情况
	财务管理	单证核销率
		收入类转账率
		支出类转账率
	反洗钱	可疑交易审核一次通过率
		大额交易及时审核率

(续)

大 类	小 类	检 测 指 标
保险风险	退保风险	个险13个月累计保费继续率
		个险13个月累计保费退保率
		渠道13个月累计保费继续率
		渠道13个月累计保费退保率
	赔付风险	短期意外险综合赔付率
		短期健康险赔付率
	费用风险	佣金及手续费率
声誉风险		主流媒体负面舆情报道情况

资料来源：根据黄涛、王飞跃、黄磊：《保险公司分支机构合规监测及量化评价研究》，载《上海保险》，2019年第1期，第46-49页内容整理。

通过建立分支机构合规风险监测及量化评价体系，R公司可以更为及时、准确地把握分支机构的合规风险状况及合规管理情况，并针对分支机构的评级结果进行差异化管理，从而提高了合规管理体系的有效性和科学性。

分析与讨论：

完善的合规评价机制对金融机构建立合规管理体系、防范合规风险有何意义？

【选择题】

1. 合规政策的内容不包括（　　）。

A. 合规管理部门的功能和职责

B. 合规管理部门的权限

C. 合规负责人的合规管理职责

D. 管理层薪酬

2. 下列不属于合规管理体系基本要素的是（　　）。

A. 合规政策　　　　　　　　　B. 合规风险管理计划

C. 合规培训与教育制度　　　　D. 合规管理的评价机制

3. 下列说法错误的是（　　）。

A. 合规部门的职责包括组织合规培训

B. 为了保持合规管理的独立性，合规部门应避免与其他部门合作处理违规事件

C. 金融机构进行合规风险识别时，可以采用流程图法
D. 可采用定性或定量的方法进行合规风险评估

🎓【选择题答案】

1. D；
2. D；
3. B。

第四章
国内金融监管的实践

【本章要点】

1. 掌握中国的金融监管体系；
2. 熟悉中国银行业金融机构的监管政策；
3. 熟悉中国保险业金融机构的监管政策；
4. 熟悉中国证券业金融机构的监管政策；
5. 熟悉中国新兴金融业态的监管。

【导入案例】

贝尔斯登退出美国金融市场

2008年，震惊全球的金融危机爆发后，世界上最大的投资银行之一贝尔斯登公司（Bear Stearns）因为一直持有很多不良资产，市场上许多人加以揣测，导致市场传言贝尔斯登公司出现了严重的流动性危机，使得市场恐慌情绪蔓延，最终引发了客户挤兑潮。短短时间内贝尔斯登的现金资产从200多亿美元迅速缩水到30亿美元左右，最终运营难以为继，于2008年5月被摩根大通以22亿美元的价格收购，贝尔斯登从此退出了历史舞台。

2008年3月16日，美国联邦储备系统（The Federal Reserve System）同意贷款300亿美元给贝尔斯登公司以防止其破产，进而防止金融市场出现剧烈动荡。随后，摩根大通公司向外公开宣布会花费约2.36亿美元收购贝尔斯登公司。市场获取该收购消息后，贝尔斯登的股价维持了稳定。

2008年3月24日，摩根大通和贝尔斯登签订了的新的收购合同。每一股贝尔斯登的普通股可兑换0.21753股摩根大通普通股，相当于以每股10美元进行收购。两家的董事会均已通过收购协议。同时，摩根大通以每股10美元的价格认购了

9500万股贝尔斯登新发行的普通股用于支持贝尔斯登渡过金融危机。纽约联储承诺会接管贝尔斯登300亿美元的资产组合从而促使这笔收购取得成功。

2008年3月28日,贝尔斯登和摩根大通又签订了临时借款协议以保障摩根大通的利益。约定如果收购交易失败,贝尔斯登以其近乎全部资产为抵押,如数返还摩根大通提供的贷款和替贝尔斯登偿还的债务。

2008年5月29日,摩根大通收购贝尔斯登的方案获得了贝尔斯登多数股东批准,贝尔斯登最终退出了金融市场。

分析与讨论:

摩根大通收购贝尔斯登事件对于中国金融机构退出监管具有怎样的启示?

第一节 银行业金融机构监管政策

伴随着中国银行业的持续发展和金融体系改革的不断深化,中国银行业的监管体系也一直在紧跟步伐不断完善。目前中国银行业已经形成多元化的监管体系,具体包括外部监管、内部监管、行业自律协会等。首先,在外部监管层面,中国人民银行和中国银保监会作为传统银行的两大主要外部监管主体分别对商业银行进行宏观审慎监管和微观审慎监管。其次,在内部监管层面,由银行的内部控制体系承担内部监管职责。银行的内部控制体系主要由银行内部的事后监督部门、内部审计部门、风险合规部门构成,其中,内部审计部门发挥着核心作用。最后,在行业自律组织层面,银行业协会作为银行业自律组织,主要通过重大事件协商、举办专题研讨会等方式开展监督管理活动。

现行银行业监管政策分为基本法律法规、规章和规范性文件两类,基本法律法规主要有《中华人民共和国银行业监督管理法》(中华人民共和国主席令(第五十八号))、《中华人民共和国中国人民银行法》(中华人民共和国主席令(第十二号))、《中华人民共和国商业银行法》(中华人民共和国主席令(第三十四号))以及《中华人民共和国反洗钱法》(中华人民共和国主席令(第五十六号))等;行业规章和规范性文件主要涉及行业管理、公司治理、业务操作、风险防范、信息披露等方面。

行业管理方面,监管政策主要包括行业准入、监管指标、财务规则等方面的规章,如《金融许可证管理办法》(银监会令〔2007〕第8号)、《金融企业财务规则》(财政部令第42号)、《商业银行资本管理办法(试行)》(银监会令〔2012〕第1号)、《商业银行杠杆率管理办法(修订)》(银监会令〔2015〕第1号)、《中国银监会行政处罚办法》(银监会令〔2015〕第8号)等。

公司治理方面，监管政策主要包括《商业银行内部审计指引》（银监发〔2016〕12号）、《商业银行内部控制指引》（银监发〔2014〕40号）、《商业银行稳健薪酬监管指引》（银监发〔2010〕14号）、《商业银行股权管理暂行办法》（银监发〔2018〕1号）等。

业务操作方面，监管机构制定了一系列规范商业银行各类业务的操作流程和方法的政策，如贷款业务政策包括《贷款通则》（中国人民银行令〔1996〕2号）、《固定资产贷款管理暂行办法》（银监会令〔2009〕第2号）、《个人贷款管理暂行办法》（银监会令〔2010〕第2号）、《流动资金贷款管理暂行办法》（银监会令〔2010〕第1号）、《商业银行并购贷款风险管理指引》（银监发〔2015〕5号）等；存单、理财、票据等其他业务类政策包括《单位定期存单质押贷款管理规定》（银监会令〔2007〕第9号）、《商业银行理财业务监督管理办法》（银保监会令〔2018〕第6号）、《商业银行服务价格管理办法》（银监会令、发改委会〔2014〕第1号）、《商业银行保理业务管理暂行办法》（银监会令〔2014〕第5号）、《银行办理结售汇业务管理办法》（中国人民银行令〔2014〕第2号）、《中国银监会关于商业银行资本工具创新的指导意见》（银监发〔2012〕56号）、《银行业金融机构衍生产品交易业务管理暂行办法》（银监发〔2011〕1号）、《中国银监会关于规范商业银行代理销售业务的通知》（银监发〔2016〕24号）、《中国银监会关于规范银信类业务的通知》（银监发〔2017〕55号）、《关于规范银行业金融机构跨省票据业务的通知》（银保监办发〔2018〕21号）等。

风险防范方面，监管机构针对商业银行面临的信用风险、市场风险、流动性风险、操作风险等，制定了一系列风险管理指引，主要包括《银行业金融机构全面风险管理指引》（银监发〔2016〕44号）、《商业银行并购贷款风险管理指引（修订）》（银监发〔2015〕5号）、《商业银行集团客户授信业务风险管理指引》（银监会令〔2010〕第4号）、《商业银行市场风险管理指引》（银监会令〔2004〕第10号）、《金融企业准备金计提管理办法》（财金〔2012〕20号）、《商业银行风险监管核心指标（试行）》（银监发〔2005〕89号）、《商业银行流动性风险管理办法》（银保监会令〔2018〕第3号）、《银行业金融机构国别风险管理指引》（银监发〔2010〕45号）等。

信息披露方面，为规范商业银行信息披露的规范性，监管机构制定了《商业银行信息披露办法》（银监会令〔2007〕第7号）、《公开发行证券的公司信息披露编报规则第26号—商业银行信息披露特别规定（2014年修订）》（证监会公告〔2014〕3号）、《商业银行流动性覆盖率信息披露办法》（银监

〔2015〕52号）等监管政策。

一、商业银行准入监管

根据《中华人民共和国商业银行法》和《中华人民共和国公司法》，商业银行是指吸收公众存款、发放短期和中长期贷款、办理结算和票据贴现等业务的企业法人，其在国民经济中的重要地位以及对金融秩序的重大影响等决定了监管机构对其实行严格监管的必要性。我国商业银行监管机制由国务院提出，委任中国银行保险监督管理委员会（以下简称中国银保监会）进行监督，监察部门、审计署、财政部和发改委从旁协助监督。这种多部门联合监督的监管模式，有利于防止舞弊现象的发生，同时规范了商业银行行为，使商业银行在外在条件的促进下，完善银行内部管理机制，规范银行资金流通手段，确保银行在日常经营中合理运行。

商业银行的市场准入，是指其依据相关规定成立，取得主体资格，并以自己的名义开展金融活动。近年来，我国通过立法对商业银行的准入监管制定了必要的依据和指引，主要包括：《中华人民共和国公司法》（于1993年第八届全国人民代表大会常务委员会第五次会议通过）、《中华人民共和国商业银行法》（于1995年第八届全国人民代表大会常务委员会第十三次会议通过）、《中华人民共和国银行业监督管理法》（于2003年第十届全国人民代表大会常务委员会第六次会议通过）等。

（一）商业银行设立事项的审批

《中华人民共和国商业银行法》（以下简称《商业银行法》）中规定，设立商业银行应当经国务院银行业监督管理机构审查批准。未经国务院银行业监督管理机构批准，任何单位和个人不得从事吸收公众存款等商业银行业务，任何单位不得在名称中使用"银行"字样。

（二）商业银行准入条件

《商业银行法》第十二条和第十三条对商业银行准入条件做出了规定：①有符合本法和《中华人民共和国公司法》规定的章程；②有符合本法规定的注册资本最低限额（设立全国性商业银行的注册资本最低限额为10亿元人民币、设立城市商业银行的注册资本最低限额为1亿元人民币、设立农村商业银行的注册资本最低限额为5千万元人民币，且注册资本应当是实缴资本）；③有具备任职专业知识和业务工作经验的董事、高级管理人员；④有健全的组织机构和管理制度；⑤有符合要求的营业场所、安全防范措施和与业务有关的其他设施；

⑥符合其他审慎性条件。

中国银保监会负责审核商业银行的市场准入申请,其发布的《中国银监会市场准入工作实施细则》(银监发〔2015〕47号)这一文件对各类机构设立的条件、开办相关业务的要求以及董事及高级管理人员任职资格等方面都提出了具体要求。

(三)商业银行经营范围

根据《商业银行法》第三条,商业银行可以经营下列部分或者全部业务:①吸收公众存款;②发放短期、中期和长期贷款;③办理国内外结算;④办理票据承兑与贴现;⑤发行金融债券;⑥代理发行、代理兑付、承销政府债券;⑦买卖政府债券、金融债券;⑧从事同业拆借;⑨买卖、代理买卖外汇;⑩从事银行卡业务;⑪提供信用证服务及担保;⑫代理收付款项及代理保险业务;⑬提供保管箱服务;⑭经国务院银行业监督管理机构批准的其他业务。

商业银行的公司章程明确了其业务开展的范围,国务院银行业监督管理机构将对其进行审查,同时还将审核具体的业务品种或进行备案。根据相关法律和行政法规,国务院银行业监督管理机构将对需要审核或备案的业务品种做出规定并公布。

二、商业银行经营监管

中国银保监会对商业银行的经营监管采取现场与非现场监管结合的方式。中国银保监会有权决定现场检查程序,并根据商业银行的风险状况确定检查频率和范围。同时,中国银保监会还有权对商业银行进行非现场监管,具体可通过银行业金融机构监督管理信息系统进行。商业银行须依托该系统按期报送监管统计报表要求的信息,该系统将对商业银行的经营风险进行分析和评价。

《中华人民共和国银行业监督管理法》中提到商业银行的审慎经营规则包括风险管理、内部控制、资本充足率、资产质量、损失准备金、风险集中、关联交易、资产流动性等内容。结合商业银行的审慎经营规则以及监管机构的审查重点,下面将从业务合规性、工作人员执业行为合规性、风险管理、内部控制、资本充足率这几个主要方面,以重要的法律法规文件为例,详细说明中国商业银行经营监管政策。

(一)业务合规性

监管部门出台了大量法律法规、管理办法以及指引,对商业银行的业务提出了明确的要求。本部分将介绍存款业务、贷款业务、同业拆借以及托管等业务的要求。

针对存款业务,《商业银行法》第二十九条规定,商业银行办理个人储蓄存款业务,应当遵循存款自愿、取款自由、存款有息、为存款人保密的原则。对个人储蓄存款,商业银行有权拒绝任何单位或者个人查询、冻结、扣划,但法律另有规定的除外。

针对贷款业务,原中国银监会颁布了"三个办法一个指引",即《固定资产贷款管理暂行办法》(银监会令〔2009〕第 2 号)、《项目融资业务指引》(银监发〔2009〕71 号)、《流动资金贷款管理暂行办法》(银监会令〔2010〕第 1 号)和《个人贷款管理暂行办法》(银监会令〔2010〕第 2 号),此外还有《贷款通则》(中国人民银行令 1996 年第 2 号)、《商业银行授信工作尽职指引》(银监发〔2004〕51 号)、《商业银行并购贷款风险管理指引》(银监发〔2015〕5 号)等。上述办法和指引对商业银行固定资产贷款、项目贷款、流动资金贷款、个人贷款等各类业务的受理、尽职调查、审查和发放等各个流程及风险防范等做出了具体的规定,在法律层面对我国商业银行贷款业务的开展提出了要求。

针对同业业务,《中国银监会办公厅关于规范商业银行同业业务治理的通知》(银监办发〔2014〕140 号)做出了具体的规范,涉及业务包括同业拆借、同业借款、非结算性同业存款、同业代付、买入返售和卖出回购、同业投资等。针对同业拆借业务,《商业银行法》第四十六条规定,商业银行应当遵守中国人民银行的规定,禁止利用拆入资金发放固定资产贷款或者用于投资。拆出资金限于交足存款准备金、留足备付金和归还中国人民银行到期贷款之后的闲置资金。拆入资金限于弥补票据结算、联行汇差头寸的不足和解决临时性周转资金的需要。

针对商业银行的托管业务,2019 年 3 月 18 日,中国银行业协会发布《商业银行资产托管业务指引》做出了具体的规范,主要内容包括托管业务释义、组织管理、托管职责、业务规范、风险管理、自律管理等。

针对表外业务,《商业银行表外业务风险管理指引》(银监发〔2011〕31 号)构建了较为完整、统一的业务管理和风控体系。指引从风险和法律层面对各类表外业务进行梳理,并明确了相应的管理要求,有助于商业银行合规经营表外业务,并且有效地防范了金融风险。

在银行与信托公司的业务合作方面,原中国银监会颁布了《银行与信托公司业务合作指引》(银监发〔2008〕83 号)、《中国银监会关于规范银信类业务的通知》(银监发〔2017〕55 号)。上述指引和通知规范了银行与信托公司开展业务合作的经营行为,引领银行和信托公司依法创新,鼓励银信有序合作与发展,保护了银信合作相关当事人的合法权益,并对银信理财合作、其他业务合作和风险管理等做出了相关规定。

(二)工作人员执业行为合规性

《银行业金融机构从业人员职业操守指引》对从业人员的从业行为和职业道德提出了要求。该指引共16条,针对从业人员遵章守纪、爱岗敬业等明确了基本准则;对银行从业人员规避利益冲突、拒绝欺诈等违法犯罪行为做出了规定;同时要求各银行业金融机构结合具体情况,制定详细的实施方法并贯彻落实。此外,2018年3月21日的中国银保监会发布的《银行业金融机构从业人员行为管理指引》还对从业人员行为管理的治理架构、制度建设和监管三个方面进行了进一步规范。根据《中华人民共和国商业银行法》(中华人民共和国主席令〔2015〕34号)第五十二条,从业人员不得有下列行为:①利用职务上的便利,索取、收受贿赂或者违反国家规定收受各种名义的回扣、手续费;②利用职务上的便利,贪污、挪用、侵占本行或者客户的资金;③违反规定徇私向亲属、朋友发放贷款或者提供担保;④在其他经济组织兼职;⑤违反法律、行政法规和业务管理规定的其他行为。除上述行为外,商业银行的工作人员不得泄露其在任职期间知悉的国家秘密、商业秘密。

(三)风险管理

1. 商业银行风险监管指标

为完善商业银行的风险控制体系,有效防范金融风险,中国银保监会出台了《商业银行风险监管核心指标(试行)》(银监发〔2005〕89号)。该核心指标能帮助商业银行进行风险的预警、评估与排查,成为商业银行开展风险监测的基础。具体来看,其指标可分为风险水平、风险迁徙和风险抵补几大层次:

风险水平类指标为静态指标,其主要关注时点数据,具体包括流动性风险指标、信用风险指标、市场风险指标和操作风险指标。风险迁徙类指标则属于动态指标,其主要关注商业银行风险的变动,以资产质量的变化率表示。风险抵补类指标具体包括盈利能力、准备金充足程度和资本充足程度,其主要关注商业银行抵补风险损失的能力。

除此之外,《商业银行资本管理办法(试行)》(银监会令〔2012〕第1号)针对资本充足率计算和监管要求做出了具体规定。《商业银行流动性风险管理办法》(银保监会令〔2018〕第3号)针对流动性风险的监管指标作出了详细规定。《商业银行贷款损失准备管理办法》(银监会令〔2011〕第4号)明确了商业银行贷款损失准备金充足性的衡量指标,主要包括贷款拨备率和拨备覆盖率。《银行业金融机构联合授信管理办法(试行)》(银保监发〔2018〕24号)第六条则明确提出,若银行业金融机构在3家以上银行业金融机构有融资余额且合计在50亿元以上,则此类机构应建立联合授信机制。《商业银行大额风险暴露管理办法》(银保监会令〔2018〕第1号)第七条至第十二条在客户集中度方面做出了具体的规定,主要内容包括:商业银行对非同业单一客户的贷款余额不得超过资本净额的10%,对非同业单一客户的风险暴露不得超过一级资本净额的15%,对一组非同业关联客户的风险暴露不得超过一级资本净额的20%,对同业单一客户或集团客户的风险暴露不得超过一级资本净额的25%,全球系统重要性银行对另一家全球系统重要性银行的风险暴露不得超过一级资本净额的15%,对单一不合格中央交易对手清算风险暴露、非清算风险暴露均不得超过一级资本净额的25%等。表4-1梳理了指标体系的主要内容,表4-2对各项指标的定义做出了说明。

表4-1 《商业银行风险监管核心指标(试行)》指标体系主要内容

指标层次	指标类别	指标级次		监管值
		一级	二级	
风险水平类指标	流动性风险	详见下文《商业银行流动性风险管理办法》相关流动性指标梳理		详见下文《商业银行流动性风险管理办法》相关流动性指标梳理
	信用风险	不良资产率	不良贷款率	不良资产率不应高于4%
				不良贷款率不应高于5%
		客户授信集中度	单一客户贷款集中度	单一集团客户授信度集中度不应高于15%
				单一客户贷款集中度不应高于10%
		全部关联度		不应高于50%
	市场风险	累计外汇敞口头寸比例		不应高于20%
		利率风险敏感度		根据风险监管实际需要另行制定
	操作风险	操作风险损失率		在相关政策出台后另行确定有关操作风险的指标值

(续)

指标层次	指标类别	指标级次		监管值
		一级	二级	
风险迁徙类指标	风险迁徙	正常贷款迁徙率	正常类贷款迁徙率	结合当地窗口指导
			关注类贷款迁徙率	
		不良贷款迁徙率	次级类贷款迁徙率	
			可疑类贷款迁徙率	
风险抵补类指标	盈利能力	成本收入比		不应高于45%
		资产利润率		不应低于0.6%
		资本利润率		不应低于11%
	银行贷款损失准备的充足性	贷款拨备率		2.5%
		拨备覆盖率		150%
	资本充足程度	资本充足率	核心一级资本充足率	不得低于5%
			一级资本充足率	一级资本充足率不得低于6%
			资本充足率	不得低于8%

资料来源：根据《商业银行风险监管核心指标（试行）》整理而成。

表4-2 各项指标定义

指标类别	指标名称	指标定义
流动性风险		详见下文《商业银行流动性风险管理办法》相关流动性指标梳理
信用风险	不良资产率	不良资产与资产总额之比
	不良贷款率	不良贷款与贷款总额之比
	单一集团客户授信集中度	最大一家集团客户授信总额与资本净额之比
	单一客户贷款集中度	最大一家客户贷款总额与资本净额之比
	全部关联度	全部关联授信与资本净额之比

（续）

指标类别	指标名称	指标定义
市场风险	累计外汇敞口头寸比例	累计外汇敞口头寸与资本净额之比
	利率风险敏感度	利率上升200个基点对银行净值的影响与资本净额之比
操作风险	操作风险损失率	操作造成的损失与前三期净利息收入加上非利息收入平均值之比
风险迁徙	正常类贷款迁徙率	正常类贷款中变为后四类贷款的金额与正常类贷款之比
	关注类贷款迁徙率	关注类贷款中变为不良贷款的金额与关注类贷款之比
	次级类贷款迁徙率	次级类贷款中变为可疑类贷款和损失类贷款的金额与次级类贷款之比
	可疑类贷款迁徙率	可疑类贷款中变为损失类贷款的金额与可疑类贷款之比
盈利能力	成本收入比	营业费用加折旧与营业收入之比
	资产利润率	税后净利润与平均资产总额之比
	资本利润率	税后净利润与平均净资产之比
贷款损失准备充足程度	贷款拨备率	贷款损失准备与各项贷款余额之比
	拨备覆盖率	拨备覆盖率为贷款损失准备与不良贷款余额之比
资本充足程度	核心一级资本充足率	核心一级资本与风险加权资产之比
	一级资本充足率	一级资本与风险加权资产之比
	资本充足率	资本与风险加权资产之比

资料来源：根据《商业银行风险监管核心指标（试行）》整理而成。

2. 商业银行监管评级

为完善商业银行的风险监管体系，规范监管评级工作，在借鉴众多国家和地区监管部门先进做法的基础上，中国银保监会充分结合中国的具体实践，制定了《商业银行监管评级内部指引》（银监发〔2014〕32号）。该指引规定，各监管评级要素的评价结果需通过对评级指标的定性、定量评估，结合监管人员的判断综合得出。商业银行监管评级要素共分为7项，各项要素以及分配的标准权重如下：资本充足（C）权重15%，资产质量（A）15%，管理质量（M）20%，盈利状况（E）10%，流动性风险（L）20%，市场风险（S）10%，信息科技风险（I）10%。该指引第六条还规定监管部门可根据各类银行业金融机构的风险特征和监管重点,将单个评级要素权重上下浮动5个百分点,以灵活调整每个评级要素的权重,总权重仍为100%。监管部门还应在每年开展监管评级工作前确定当年评级要素权重,对各评级指标设定分值及若干评价要点,评级指标得分由监管人员依据评分标准评估后,结合自身专业判断得出,最后根据分级标准确定银行的监管评级等级。

3. 资本充足率

在结合国外先进做法和我国实际状况的基础上,中国银保监会于2011年着手起草《商业银行资本管理办法(试行)》(以下简称《资本办法》)。《资本办法》共分10章、180条和17个附件,重点关注对银行资本的监管。其对资本进行了明确的定义,并规定了资本充足率、信用风险加权资产、市场风险加权资产、操作风险加权资产的计量方法,同时规定了内部资本充足评估程序、资本充足率监督检查内容和信息披露要求等。其主要意义在于:

一是明确了统一的资本充足率监管要求。《资本办法》在巴塞尔Ⅲ的基础上划分出资本监管的不同层次:第一层次为最低资本要求,《资本办法》第二十三条规定核心一级资本充足率、一级资本充足率和资本充足率分别为5%、6%和8%;第二层次为储备资本要求和逆周期资本要求,《资本办法》第二十四条规定储备资本要求为2.5%,逆周期资本要求为0~2.5%;第三层次为系统重要性银行附加资本要求,《资本办法》第二十五条规定其为1%;第四层次为第二支柱资本要求。根据《资本办法》的上述要求,一般而言系统重要性银行和非系统重要性银行的资本充足率要求分别为11.5%和10.5%。

二是严格明确了资本定义。《资本办法》对资本的定义符合国际公认标准,其对各类资本工具提出了具体要求,这提升了其吸收损失的能力。

三是扩大了资本覆盖风险范围。《资本办法》将资本覆盖风险的具体范围明确为信用风险、市场风险和操作风险,同时对资产证券化、场外衍生品等复杂交易性业务的资本要求做出规定,这有助于推动商业银行有序进行业务创新。

四是强调科学分类,差异监管。《资本办法》针对商业银行达到各级资本要求的状况进行分类,并提出了相应的监管举措,切实提高了资本管理的实效性。同时,《资本办法》对不同类别资产的风险权重进行调整,降低了小微企业贷款、个人贷款和公共部门实体债权的风险权重。这一规定有力地促进了商业银行上述几类贷款的投放,提升了金融对实体经济的服务效能。

4. 商业银行流动性风险管理

根据《商业银行流动性风险管理办法》(银保监会令〔2018〕第3号)第

六条，商业银行需要结合自身业务规模、性质以及复杂程度，建立相适应的流动性风险管理体系，具体包括：完善的流动性风险管理治理结构；高效的流动性风险识别、计量、监测和控制；完善的流动性风险管理策略、政策和程序；完备的管理信息系统。

该办法还规定了商业银行的流动性风险监管指标、监测工具监管方法和具体措施。根据该办法第三十七条，流动性风险监管指标包括流动性覆盖率、净稳定资金比例、流动性比例、流动性匹配率和优质流动性资产充足率。根据该办法第四十七条、第四十八条和第五十条等内容，具体流动性风险监测工具的相关指标主要有流动性覆盖率、核心负债比例、存贷比等。在流动性风险监管方法和措施方面，根据该办法第五十三条和第五十四条等内容，监管机构应当通过非现场监管、现场检查以及与商业银行的董事、高级管理人员进行监督管理谈话等方式，运用流动性风险监管指标和监测工具实施监管，如要求商业银行定期报送财务会计、统计报表和其他报告，不定期开展现场检查等。

与巴塞尔委员会制定的国际监管规则不同的是，该办法第三十七条规定规模2000亿元以上的银行适用流动性覆盖率、净稳定资金比例、流动性比例和流动性匹配率四个指标，规模2000亿元以下的银行适用于优质流动性资产充足率、流动性比例、流动性匹配率三个指标。这一规定对银行的流动性风险管理具有重要意义，将促使银行优化资产配置比例，抑制同业资产负债期限错配的非理性扩张，从而对流动性风险进行有效管理。

表4-3中梳理了相关流动性风险指标的最低监管要求。

表4-3 流动性风险指标梳理

指标名称	指标意义	指标定义	最低监管标准
流动性覆盖率	确保商业银行具有充足的合格优质流动性资产，能够在规定的流动性压力情景下，通过变现这些资产满足未来至少30天的流动性需求	流动性覆盖率＝合格优质流动性资产/未来30天现金净流出量	不低于100%
净稳定资金比例	确保商业银行具有充足的稳定资金来源，以满足各类资产和表外风险敞口对稳定资金的需求	净稳定资金比例＝可用的稳定资金/所需的稳定资金	不低于100%
流动性比例	确保商业银行能够满足存款人提取现金、支付到期债务和借款人正常贷款需求的能力	流动性比例＝流动性资产余额/流动性负债余额	不低于25%

(续)

指标名称	指标意义	指标定义	最低监管标准
流动性匹配率	衡量商业银行主要资产与负债的期限配置结构,旨在引导商业银行合理配置长期稳定负债、高流动性或短期资产,避免过度依赖短期资金支持长期业务发展,提高流动性风险抵御能力	流动性匹配率=加权资金来源/加权资金运用	不低于100%
优质流动性资产充足率	确保商业银行保持充足的、无变现障碍的优质流动性资产,在压力情况下,银行可通过变现这些资产来满足未来30天内的流动性需求	优质流动性资产充足率=优质流动性资产/短期现金净流出	不低于100%

资料来源:根据《商业银行流动性风险管理办法》整理而成。

(四)内部控制

内部控制是指商业银行董事会、监事会、高级管理层以及全体员工共同参与,通过制定系统化的制度,采用完善的方法,最终实现对目标的控制。为进一步规范商业银行的内部控制体系,中国银保监会出台了《商业银行公司治理指引》(银监发〔2013〕34号)、《商业银行内部控制指引》(银监发〔2014〕40号)和《商业银行内部审计指引》(银监发〔2016〕12号)。上述指引对商业银行的公司治理结构提出要求,并推动其完善内部控制体系,从而促进我国银行业平稳运转。

根据《商业银行内部控制指引》第四条,商业银行内部控制的目标为:第一是保证国家有关法律法规及规章制度的贯彻执行;第二是保证商业银行经营目标的实现;第三是保证商业银行风险管理的有效性;第四是保证商业银行业务记录、会计信息、财务信息和其他管理信息的真实、准确和完整。

根据《商业银行内部控制指引》第五条,商业银行内部控制应当遵循以下基本原则:①全覆盖原则,即内部控制应当贯穿决策、执行和监督全过程,覆盖各项业务流程和管理活动,覆盖所有的部门、岗位和人员。②制衡性原则,即内部控制应当在治理结构、机构设置及权责分配、业务流程等方面形成相互制约、相互监督的机制。③审慎性原则,即内部控制应当坚持风险为本、审慎经营的理念,设立机构或开办业务均应坚持内控优先。④相匹配原则,即内部控制应当与管理模式、业务规模、产品复杂程度、风险状况等相适应,并根据情况变化及时进行调整。

在具体的流程和操作方面,根据《商业银行内部控制指引》第七条规定,商业银行应建立由董事会、监事会、高级管理层、内控管理职能部门、内部审计部门、业务部门组成的分工合理、职责明确、报告关系清晰的内部控制治理和组织架构。根据《商业银行内部控制指引》第十四条规定,商业银行应建立健全内部控制制度体系,对各项业务活动和管理活动制定全面、系统、规范的业务制度和管理制度。根据《商业银行内部控制指引》第二十七条规定,商业银行应建立贯穿各级机构、覆盖所有业务和全部流程的管理信息系统和业务操作系统,并及时、准确记录经营管理信息,确保信息的完整、连续、准确和可追溯。

三、商业银行退出监管

商业银行是金融市场的重要参与者,其退出会涉及各方利益甚至影响国家经济运行,因此我国必须对商业银行的退出进行严格监管,并不断完善相关的制度体系。

(一)退出形式

根据《商业银行法》第七十二条,商业银行因解散、被撤销和被宣告破产而终止。由此可将商业银行的退出形式总结为解散、被撤销和被宣告破产三类。当涉及的经济活动较为复杂时,其市场退出的表现形式也将更具多样性。

商业银行破产是指其依据法律要求终止经营,同时丧失民事权利、民事行为能力和法人资格,最终退出金融市场。根据《商业银行法》第七十一条,商业银行破产须经国务院银行业监督管理机构同意,并由人民法院依法宣告其破产。

商业银行收购指其股份被其他银行购买,一旦收购方控制了其经营决策权,则收购方可安排其进行法人资格的注销,从而使其退出金融市场。

商业银行合并主要可分为新设合并与吸收合并两种。新设合并是指两家或两家以上的商业银行签订协议,其自愿将原先的多个商业银行合并为一家商业银行。吸收合并指的是一家商业银行放弃独立主体地位,转而成为其他银行的子公司,此时原先的两家银行仍然是存在的。

商业银行的分立指的是其由于一些内部原因如基于长期经营发展战略,或由于某些外部原因如法律强制规定,拆分为两家及以上的商业银行。商业银行的分立主要有两种形式:一种为派生分立,主要是将其部分资产分割出来,并独立为一家新的商业银行,原商业银行仍然具备法人资格;第二种形式是新设分立,指的是银行的全部资产被重新分配给多家银行,在分立完成后,原商业银行将会丧失法人资格。

(二)退出程序

商业银行的退出程序主要有三种,即解散、关闭和破产。针对不同商业银行的具体状况,其会采取相应的退出程序。

商业银行解散是一个较为复杂的过程。首先其董事会应当向金融监管部门递交相关材料提出申请。一旦金融监管部门接受申请,其需要核实检查商业银行解散的缘由,并收集和核查其财务经营状况等信息,判断是否具备顺利清盘的条件。如果金融监管部门确认符合顺利清盘的条件并批准商业银行的解散申请,则商业银行将开始进行市场退出,金融监管部门需要及时发布公告。根据《商业银行法》第十九条,商业银行解散时应当依法成立清算组,进行清算,按照清偿计划及时偿还存款本金和利息等债务。商业银行关闭或撤销的程序主要有如下内容:①由金融监管部门组织审计、财政等有关部门及一些专业人士成立清算组,对关闭或撤销的机构债权债务进行清理。②当商业银行的清算财产无法偿还其债务时,金融监管部门可批准其针对个人储蓄存款以外的债务清偿事项进行调节。③当金融监管部门关闭一些难以持续经营的商业银行时,可以指派某一家或几家商业银行参与该程序,单独或者分别受让被该商业银行的债权债务。

陷入破产局面的商业银行应履行以下程序:①进入破产清算程序以后将成立针对该商业银行的清算组,该清算组由司法机关组织金融监管部门组建;②清算组将依照法定流程和顺序对资产进行债务清偿;③经由司法机关和金融监管部门核查清算结果后,该商业银行将正式办理破产注销手续。

第二节 证券业金融机构监管政策

证券业的法律监管框架与证券业监管机构两者互为补充。法律监管框架为监管机构监管证券业金融机构提供指引,监管机构在落实监管的同时也在完善原有的法律体系,两者合力促成我国证券行业的健康发展。证券业的法律监管体系按法律位阶划分,包含法律、行政法规、部门规章及规范性文件三个部分。其中,法律是指全国人民代表大会及其常委会与证券行业相关的立法;行政法规是指国务院与证券行业相关的立法;部门规章和规范性文件是指我国监管机构根据法律和行政法规制定的包括行业准入、行业经营和行业退出等方面的相关准则和规定。

我国对于证券业监管的主要法律包括《中华人民共和国公司法》(中华人民

共和国主席令〔2018〕第15号)、《中华人民共和国证券法》(中华人民共和国主席令〔2018〕第14号)、《中华人民共和国证券投资基金法》(中华人民共和国主席令〔2015〕第23号)等。《中华人民共和国公司法》在规范公司的组织及行为的基础上,保障公司、股东和债权人等利益相关者的合法权益,进而稳定社会经济秩序。《中华人民共和国证券法》通过规范证券发行和交易行为,保护投资者合法权益和社会公共利益,维护社会经济秩序。《中华人民共和国投资基金法》通过规范证券投资基金活动,保护投资人及相关当事人的合法权益,并以此保障证券投资基金以及资本市场的良性发展。

我国对于证券业监管的行政法规包括《证券公司监督管理条例》(中华人民共和国国务院令〔2014〕第653号)、《证券公司风险处置条例》(中华人民共和国国务院令〔2016〕第666号)等。《证券公司监督管理条例》的实施有助于规范证券公司行为、防范证券公司风险,同时对客户的合法权益和社会公共利益进行保护,有利于我国证券行业的良性发展。《证券公司风险处置条例》有助于控制和化解证券公司风险,进而保障投资者权益及社会公众利益,保障我国证券行业的健康运行。

我国对于证券业监管的部门规章和规范性文件主要覆盖行业准入与业务许可、行业经营、风险防范和人员管理等方面,对上位法律与行政法规进行了有效补充。在证券公司行业准入与业务许可方面,相关文件主要包括《外商投资证券公司管理办法》(证监会令〔第140号〕)、《证券公司业务范围审批暂行规定》(证监会公告〔2017〕16号)和《证券公司分类监管规定》(证监发〔2017〕11号)等法规。在证券公司的行业经营方面,相关文件主要包括《证券公司风险处置条例》(中华人民共和国国务院令〔2016〕第666号)、《证券公司分类监管规定》(证监发〔2017〕11号)、《证券发行与承销管理办法》(证监会令第144号)、《证券发行上市保荐业务管理办法》(证监会令〔2017〕第137号)、《证券公司及基金管理公司子公司资产证券化业务管理规定》(证监发〔2014〕49号)等法律法规。在证券公司风险防范方面,相关文件主要包括《证券公司风险处置条例》(中华人民共和国国务院令〔2016〕第666号)、《证券公司全面风险管理规范》(中证协发〔2016〕251号)、《关于证券公司信息公示有关事项的通知》(证监机构字〔2006〕71号)等法规。在证券公司人员管理方面,相关文件主要包括《证券公司董事、监事和高级管理人员任职资格监管办法》(证监会令第88号)和《证券业从业人员资格管理办法》(证监会令〔2002〕第14号)。

我国的证券业监管机构分为行政监督与行业自律两个层次。中国证券监督管理委员会作为国务院证券监督管理机构，行使行政监督职能，负责全国证券期货的监管工作。中国证券交易所和证券业协会对证券业机构行使行业自律职能。二者相辅相成，共同维护证券行业与证券市场的健康运行。

一、证券市场准入监管

依法做好证券公司的准入监管有助于提升我国证券市场的整体质量，促进我国证券市场健康发展。我国当前的证券公司准入涵盖两个部分，即证券公司准入条件和证券公司经营范围。

（一）证券公司准入条件

《中华人民共和国证券法》第一百二十四条规定，设立证券公司，应当具备下列条件：①有符合法律、行政法规规定的公司章程；②主要股东具有持续盈利能力，信誉良好，最近三年无重大违法违规记录，净资产不低于人民币2亿元；③有符合本法规定的注册资本；④董事、监事、高级管理人员具备任职资格，从业人员具有证券从业资格；⑤有完善的风险管理与内部控制制度；⑥有合格的经营场所和业务设施；⑦法律、行政法规规定的和经国务院批准的国务院证券监督管理机构规定的其他条件。

由于证券公司业务有其特殊性，故《中华人民共和国证券法》和《证券公司监督管理条例》对证券公司的股东资格和高级管理人员的任职资格做出了特别规定。《中华人民共和国证券法》第一百三十一条规定和《证券公司监督管理条例》第十一条规定，证券公司的董事、监事、高级管理人员应当正直诚实、熟悉证券法律法规，具有履行职责所需的经营管理能力，并在任职前取得国务院证券监督管理机构核准的任职资格。证券公司应当有3名以上在证券业担任高级管理人员满2年的高级管理人员。《中华人民共和国证券法》还规定有下列情形之一的，不得担任证券公司的董事、监事、高级管理人员：①因违法行为或者违纪行为被解除职务的证券交易所、证券登记结算机构的负责人或者证券公司的董事、监事、高级管理人员，自被解除职务之日起未逾五年；②因违法行为或者违纪行为被撤销资格的律师、注册会计师或者投资咨询机构、财务顾问机构、资信评级机构、资产评估机构、验证机构的专业人员，自被撤销资格之日起未逾五年。《证券公司股权管理规定》（证监会令〔2019〕第156号）根据证券公司从事业务的复杂程度，区分从事常规传统证券业务（如证券经纪、证券投资咨询、财务顾问、证券承销与保荐、证券自营等）的证券公司（下称"专业类证券公司"）和从事的业务具有显著杠杆性质且多项业务之间存在交叉风险的（如股票期权做市、场外衍生品、股票质押回购等）证券公司（下称

"综合类证券公司"），分别规定股东条件，要求专业类证券公司的股东满足基本法定条件，要求综合类证券公司的主要股东和控股股东具备较高的管控水平及风险补偿能力。

（二）证券公司经营范围

依据《证券公司监督管理条例》第十二条，证券公司设立时，其业务范围应当与其财务状况、内部控制制度、合规制度和人力资源状况相适应；证券公司在经营过程中，经其申请，国务院证券监督管理机构可以根据其财务状况、内部控制水平、合规程度、高级管理人员业务管理能力、专业人员数量，对其业务范围进行调整。依据《中华人民共和国证券法》第一百二十二条和第一百二十五条规定，经国务院证券监督管理机构批准，证券公司可以经营下列部分或者全部业务：①证券经纪；②证券投资咨询；③与证券交易、证券投资活动有关的财务顾问；④证券承销与保荐；⑤证券自营；⑥证券资产管理；⑦其他证券业务。

证券公司经营上述第①项至第③项业务的，注册资本最低限额为人民币5千万元；经营第④项至第⑦项业务之一的，注册资本最低限额为人民币1亿元；经营第④项至第⑦项业务中两项以上的，注册资本最低限额为人民币5亿元。证券公司的注册资本应当是实缴资本。

二、证券市场经营监管

证券行业监管机构有效实施对证券公司的经营监管工作，有助于保护广大投资者的权益，维持证券市场秩序，促进市场公平。

证券公司的经营监管主体为中国证券业监督管理委员会（以下简称"证监会"），中国证券交易所和中国证券业协会对其实施自律性监管，共同维护证券市场秩序。本书将结合重要的相关法律法规，从业务合规性、工作人员执业行为合规性、风险控制、客户资产保护等主要角度对证券机构的经营监管政策进行梳理和分析。

（一）业务合规性

依据《中华人民共和国证券法》第一百三十七条及《证券公司监督管理条例》第四十二条、第四十三条规定，针对自营业务，证券公司的自营业务必须以自己的名义进行，不得假借他人名义或者以个人名义进行，且自营业务必须使用自有资金和依法筹集的资金，证券公司也不得出借其自营账户供他人使用。此外，国务院证券监督管理机构对证券公司部分业务指标做出明确规定，主要包括自营证券总值与公司净资本的比例、持有一种证券的价值与公司净资本的比例、持有一种证券的数量与该证券发行总量的比例等风险控制指标。

针对经纪业务，《关于加强证券经纪业务管理的规定》（证监发〔2010〕11号）做出相关规定。证券公司应当做到以下几点：①证券公司应当建立健全证券经纪业务管理制度，对证券经纪业务实施集中统一管理，防范公司与客户之间的利益冲突，切实履行反洗钱义务，防止出现损害客户合法权益的行为；②证券公司从事证券经纪业务，应当客观说明公司业务资格、服务职责、范围等情况，不得提供虚假、误导性信息，不得采取不正当竞争手段开展业务，不得诱导无投资意愿或者无风险承受能力的投资者参与证券交易活动；③证券公司应当建立健全证券经纪业务客户管理与客户服务制度，加强投资者教育，保护客户合法权益；④证券公司应当建立健全证券经纪业务人员管理和科学合理的绩效考核制度，规范证券经纪业务人员行为；⑤证券公司应当建立健全证券营业部管理制度，保障证券营业部规范、平稳、安全运营；⑥证券公司应当统一建立、管理证券经纪业务客户账户管理、客户资金存管、代理交易、代理清算交收、证券托管、交易风险监控等信息系统，各项业务数据应当集中存放；⑦证券营业部及证券从业人员发生违反法律、行政法规、监管机构和其他行政管理部门规定以及自律规则、证券公司证券经纪业务管理制度行为的，证券公司应当追究其责任；⑧证券公司及证券营业部违反本规定的，中国证监会及其派出机构将视情况依法采取责令改正、监管谈话、出具警示函、暂不受理与行政许可有关的文件、责令处分有关人员、暂停核准新业务、限制业务活动等监管措施。

同时，对证券公司从事的证券资产管理业务、融资融券业务、销售证券类金融产品业务，监管部门也规定了相关程序。开展上述业务时，证券公司应当对客户身份、客户的财产和收入情况、客户的风险偏好及证券投资经验进行充分了解，并以书面及电子方式进行记录、留存。证券公司应基于所了解的客户情况，向客户介绍推荐适当的证券产品或证券服务。经事先指定专人向客户讲解有关业务规则及合同内容，且将风险揭示书交由客户签字确认后，证券公司方可与客户签订证券交易委托、证券资产管理、融资融券等业务合同。其中，业务合同的必备条款和风险揭示书的标准格式，由中国证券业协会制定，并报国务院证券监督管理机构备案。《证券公司监督管理条例》第三十一条规定，证券公司从事证券资产管理业务、融资融券业务，还应当按照规定编制对账单，按月寄送客户。证券公司与客户对对账单送交时间或者方式另有约定的，从其约定。

（二）工作人员执业行为合规性

《中华人民共和国证券法》第七十八条、第七十九条规定，禁止证券交易所、证券公司、证券登记结算机构、证券服务机构及其从业人员，证券业协会、证券监督管理机构及其工作人员，在证券交易活动中做出虚假陈述或者信息误导。各种传播媒介传播证券市场信息必须真实、客观，禁止误导。禁止证券公司及其从业人员从事下列损害客户利益的欺诈行为：①违背客户的委托为其买卖证券；②不在规定时间内向客户提供交易的书面确认文件；③挪用客户所委托买卖的证券或者客户账户上的资金；④未经客户的委托，擅自为客户买卖证券，或者假借客户的名义买卖证券；⑤为牟取佣金收入，诱使客户进行不必要的证券买卖；⑥利用传播媒介或者通过其他方式提供、传播虚假或者误导投资者的信息；⑦其他违背客户真实意思表示，损害客户利益的行为。欺诈客户行为给客户造成损失的，行为人应当依法承担赔偿责任。

（三）风险控制

为加强证券公司风险监管，督促证券公司加强内部控制、提升风险管理水平、防范风险，证监会发布了《证券公司风险控制指标管理办法》（证监会令〔2016〕第125号）（以下简称《办法》），建立起以净资本[一]和流动性为核心的风险控制指标体系。

《办法》要求证券公司应当按照证监会的有关规定，在计算净资本、风险覆盖率、资本杠杆率、流动性覆盖率、净稳定资金率等各项风险控制指标，以及编制净资本计算表、风险资本准备计算表、表内外资产总额计算表、流动性覆盖率计算表、净稳定资金率计算表、风险控制指标计算表等监管报表（以下统称风险控制指标监管报表）时，应当遵循审慎、实质重于形式的原则。同时，《办法》以及《证券公司风险控制指标计算标准规定》（证监发〔2016〕10号）对具体的风险控制指标监管要求做出规定。表4-4梳理了核心指标的相关内容。证监会也对各项风险控制指标设置预警标准：对于规定"不得低于"一定标准的风险控制指标，设置其规定标准的120%为预警标准；对于规定"不得超过"一定标准的风险控制指标，设置其规定标准的80%为预警标准。证券公司的净资本等风险控制指标达到预警标准或者不符合规定标准的，应当分别在该情形

[一] 证券公司净资本由核心净资本和附属净资本构成。其中："核心净资本＝净资产－资产项目的风险调整－或有负债的风险调整－/＋中国证监会认定或核准的其他调整项目。"附属净资本＝长期次级债×规定比例－/＋中国证监会认定或核准的其他调整项目。

发生之日起3个、1个工作日内,向中国证监会及其派出机构报告,说明基本情况、问题成因以及解决问题的具体措施和期限。

表4-4 证券公司风险控制核心指标

指标名称	指标定义	预警标准	监管标准
风险覆盖率	风险覆盖率=净资本/各项风险资本准备之和×100%	不低于120%	不低于100%
资本杠杆率	资本杠杆率=核心净资本/表内外资产总额×100%	不低于9.6%	不低于8%
流动性覆盖率	流动性覆盖率=优质流动性资产/未来30天现金净流出量×100%	不低于120%	不低于100%
净稳定资金率	净稳定资金率=可用稳定资金/所需稳定资金×100%	不低于120%	不低于100%

资料来源:根据《证券公司风险控制指标管理办法》整理而成。

《证券公司风险控制指标管理办法》第十六条对证券公司从事各种业务的过程中,应当满足的净资本最低数做出规定。证券公司从事经营证券经纪业务的,其净资本不得低于人民币2000万元;经营证券承销与保荐、证券自营、证券资产管理、其他证券业务等业务之一的,其净资本不得低于人民币5000万元;经营证券经纪业务,同时经营证券承销与保荐、证券自营、证券资产管理、其他证券业务等业务之一的,其净资本不得低于人民币1亿元;经营证券承销与保荐、证券自营、证券资产管理、其他证券业务中两项及两项以上的,其净资本不得低于人民币2亿元。

(四)分支机构设立

根据《证券公司分支机构监管规定》(证监发〔2013〕17号),证券公司设立、收购分支机构,应当具备以下条件:①治理结构健全,内部管理有效,能有效控制现有和拟设分支机构的风险;②最近1年各项风险控制指标持续符合规定,增加分支机构后,风险控制指标仍然符合规定;③最近2年未因重大违法违规行为受到行政或刑事处罚,最近1年未被采取重大监管措施,无因与分支机构相关的活动涉嫌重大违法违规正在被立案调查的情形;④信息技术系统安全稳定运行,最近1年未发生重大信息技术事故;⑤现有分支机构管理状况良好;⑥中国证监会规定的其他条件。

(五)客户资产保护

《证券公司监督管理条例》第五十七条至第六十二条强调对证券公司客户的

交易结算资金进行保护。其规定证券公司从事证券经纪业务时，客户的交易结算资金应当存放在指定商业银行，以每个客户的名义单独立户管理；从事证券资产管理业务时，应当将客户的委托资产交由指定商业银行或者国务院证券监督管理机构认可的其他资产托管机构托管。非因客户本身的债务或者法律规定的其他情形，任何单位或者个人不得对客户的交易结算资金、委托资产申请查封、冻结或者强制执行。证券公司也不得以证券经纪客户或者证券资产管理客户的资产向他人提供融资或者担保。任何单位或者个人不得强令、指使、协助、接受证券公司以其证券经纪客户或者证券资产管理客户的资产提供融资或者担保。

客户的交易结算资金和委托资产应与公司自有资产相互独立。指定商业银行、资产托管机构和证券登记结算机构应对存放在本机构的客户资金进行监督。

三、证券市场退出监管

为完善证券市场机制、稳定市场运行秩序，我国证券行业监督管理机构应当建立合理可行的证券公司退出制度，为证券公司的有序退出奠定制度基础。证券公司市场退出，指证券公司被取消证券业务资格，包括强制退出和商业退出两种情况。强制退出是指证券公司违背法律法规或存在重大风险而被证券监管当局勒令关闭的情况，或者因资不抵债，被法院宣告破产，从而丧失证券业务资格乃至公司法人资格。商业退出指证券公司在市场中自行解散。证券市场退出监管主要指对证券公司强制退出的监管，包括证券公司被停业整顿和被责令关闭的情况。

依照《证券公司监督管理条例》第十五条、第十六条及第七十条之规定，证券公司合并、分立的，涉及客户权益的重大资产转让应当经具有证券相关业务资格的资产评估机构评估。证券公司停业、解散或者破产的，应当经国务院证券监督管理机构批准，并按照有关规定安置客户、处理未了结的业务。证券公司停止全部证券业务、解散、破产或者撤销境内分支机构的，应当在国务院证券监督管理机构指定的报刊上公告，并按照规定将经营证券业务许可证交国务院证券监督管理机构注销。

第三节 保险业金融机构监管政策

保险是根据契约约定，由投保人向保险人支付保费，保险人在契约条款发生时对被保险人经济利益进行补偿的行为。保险业是以契约的形式集中保费收入，经营保险业务的金融行业。近年来，中国保险行业呈现出跨越式发展状态，保费收入总额持续增加，资金投资方式和渠道日益丰富，保险业资金的投资规模总体呈增长态势，业已成为金融市场的重要组成部分，为金融市场带来可观的资金供给。因其积累的大量资金是国民财富的保障，故保险业的风险管理尤其是资金安全性尤为重要。当保险业资金以股票投资、债券投资以及证券投资基金等形式进入金融市场后，险资承担的风险类型和风险敞口可能增加。因此，国家也相继出台了一系列监管政策规范保险机构行为和保险资金的运用，以保障保险业健康发展。

中国的保险机构主要包括保险公司、保险专业代理机构、保险经纪人、保险资产管理公司等，其中保险公司是经中国银保监会批准设立，并依据保险法和公司法登记注册的采用公司组织形式的保险人，经营保险业务；保险专业代理机构是受保险公司的委托，在其授权的范围内专门为其代办保险业务的机构；保险经纪人是投保人与保险人订立保险合同过程中，为其提供中介服务并依法收取相应的佣金的机构；保险资产管理公司是指经中国银保监会批准以后，依据相关法律法规登记、受托管理保险资金的金融机构。关于保险业的法律法规包括1993年12月29日第八届全国人民代表大会常务委员会第五次会议通过的《中华人民共和国公司法》和1995年6月30日第八届全国人民代表大会常务委员会第十四次会议通过的《中华人民共和国保险法》等。《中华人民共和国公司法》和《中华人民共和国保险法》后来被多次修订，逐渐完善。

一、保险机构市场准入监管

为建立健全保险行业专业化建设，促进保险行业健康良性发展，提升保险行业发展水平，我国建立了保险行业市场准入机制。近年来，监管当局出台了大量关于保险机构准入的文件，如《保险公司分支机构市场准入管理办法》（保监发〔2013〕20号）、《保险公司发展规划管理指引》（保监发〔2013〕18号）、《保险公司业务范围分级管理办法》（保监发〔2013〕41号）和《保险资产管理公司管理暂行规定》（保监发〔2011〕19号）等。本部分将分别从保险机构设立事项的审批、保险机构准入条件、保险机构的经营范围、保险资产管理公司准入等方面阐述。

（一）保险机构设立事项的审批

保险公司法定组织形式有两种，即股份有限公司和国有独资公司。依据《中华人民共和国保险法》（以下简称《保险法》）第七十四条至第八十条之规定，设立保险公司及在中华人民共和国境内外设立分支机构，都必须经保险监督管理机构批准。保险监督管理机构自收到设立保险公司的正式申请文件之日起六个月内,应当做出批准或不批准的决定。保险公司自取得经营保险业务许可证之日起六个月内无正当理由未办理公司设立登记的,其经营保险业务许可证自动失效。

依据《保险法》第一百一十七条至第一百二十一条之规定,保险代理机构、保险经纪人的设立须向中国银行保险监督管理委员会提出设立申请,中国银行保险监督管理委员会对申请人进行风险提示,就申请设立事宜进行谈话、询问,还可根据实际需要组织现场验收。申请人获批并收到许可证后方可开展业务。

(二)保险机构准入条件

《保险法》对保险公司的准入条件做出了规定:①有符合本法和公司法规定的章程;②有符合本法规定的注册资本最低限额,最低限额为2亿元人民币,且必须为实缴货币资本;③有具备任职专业知识和业务工作经验的高级管理人员;④有健全的组织机构和管理制度;⑤有符合要求的营业场所和与业务有关的其他设施。

与保险公司不同,保险代理机构、保险经纪人注册资本的最低限额为5000万元,保险代理机构、保险经纪人还须设立专门账簿记载保险代理业务、经纪业务的收支情况。

(三)保险机构经营范围

依据《保险法》九十五条之规定,保险公司的业务范围包含人身保险业务和财产保险业务,前者包含人寿保险、健康保险、意外伤害保险等保险业务,后者包含财产损失保险、责任保险、信用保险、保证保险等保险业务。同一保险人不得同时兼营财产保险业务和人身保险业务。但是,经营财产保险业务的保险公司经保险监督管理机构核定,可以经营短期健康保险业务和意外伤害保险业务。保险公司应当在国务院保险监督管理机构依法批准的业务范围内从事保险经营活动。保险代理机构是受保险人的委托根据保险人授权代为办理保险业务的机构,其经营范围需要保险人授权。在保险代理机构根据保险人的授权代为办理保险业务的过程中,若有任何风险将会由保险人承担责任。若保险代理机构在代保险人办理保险业务过程中,存在超越代理权限的行为,投保人有理由相信保险代理机构有代理权并且已经订立保险合同的,应当由保险人承担保险责任,但保险人仍具有依法追究越权的保险代理机构责任的权利。

保险经纪人基于投保人的利益,为投保人提供中介服务,以协助投保人与保险人订立保险合同。保险经纪人的业务贯穿整个保险流程,包括保险前的咨询、评估；投保中的方案选择、手续办理以及保险后的理赔等等。

（四）保险资产管理公司准入监管

保险资产管理公司是依法登记注册、受托管理保险等资金的金融机构，其设立需要经中国银保监会会同有关部门批准。《保险资产管理公司管理暂行规定》第八条规定，设立保险资产管理公司，主要发起人应当为保险集团（控股）公司或者保险公司，该保险集团（控股）公司或者保险公司应当具备下列条件：①经营保险业务5年以上；②最近3年未因违反资金运用规定受到行政处罚；③偿付能力不低于150%，总资产不低于100亿元人民币，保险集团（控股）公司的总资产不低于150亿元人民币；④符合中国银保监会规定的偿付能力要求；⑤具有完善的法人治理结构和内控制度；⑥设有资产负债匹配管理部门和风险控制部门，具有完备的投资信息管理系统；⑦资金运用部门集中运用管理的资产占公司总资产的比例不低于50%，其中经营有人寿保险业务的保险公司不低于80%；⑧中国银保监会规定的其他条件。

《保险资产管理公司管理暂行规定》第九条规定，境内保险公司合计持有保险资产管理公司的股份不得低于75%。所称境内保险公司，是指经中国银保监会批准设立，并依法登记注册的具有法人资格的保险公司、保险控股（集团）公司。保险资产管理公司的注册资本最低限额为1亿元人民币或者等值的自由兑换货币，其注册资本应当为实缴货币资本。

保险资产管理公司经营范围如下：①受托管理委托人委托的人民币、外币资金；②管理运用自有人民币、外币资金；③开展保险资产管理产品业务；④中国银保监会批准的其他业务；⑤国务院其他部门批准的业务。实践中保险资管公司具体的业务范围可能为上述部分或全部业务。

二、保险机构经营监管

中国银保监会对保险机构的经营监管也可以采取现场检查和非现场监管两种方式。现场检查的措施主要包括：现场检查保险公司、保险代理人、保险经纪人、保险资产管理公司、外国保险机构的代表机构；查阅、复制上述保险机构及相关单位和个人的财务会计资料和银行账户；进入涉嫌违法行为发生场所调查取证；询问当事人及相关单位和个人，要求其对相关事项做出说明等。非现场监管指持续、全面地监测被监管机构的风险信息，针对被监管机构的风险隐患制定出监管计划，综合考虑被监管对象的风险水平及其外部性等因素，有针对性地、合理地落实分类监管安排。

本书将结合重要的法律法规及监管规章，以银保监会对保险机构的经营监管为重点，从业务合规性、资金运用、偿付能力、公司治理、保险资产管理公司经营四个角度，对保险机构经营监管政策进行梳理分析。

（一）业务合规性

对保险合同、条款和费率的监管构成了保险机构业务合规性监管的主要内容，具体如下：

1. 对保险合同的监管

我国大部分保险合同形式由保险机构制定[○]，但保险合同中保险利益、赔偿责任、告知义务等具体事项均须符合相关规定，保险合同的投保人、保险人、被保险人也须按规定承担责任和行使权利。

关于保险代理机构和保险公司签订的委托代理合同，《保险专业代理机构监管规定》（保监发〔2015〕3号）第三十三条规定，保险专业代理机构从事保险代理业务，应当与被代理保险公司签订书面委托代理合同，依法约定双方的权利义务及其他事项。委托代理合同不得违反法律、行政法规及中国银保监会有关规定。

2. 对保险条款和保险费率的监管

我国主要险种的基本保险条款由中国银行保险监督管理委员会制定，其他保险条款须上报备案。保险条款中保险价值、保险金额、保险责任及免除、违约责任和争议处理等具体事项均须符合相关规定。同时保险机构应当合理拟订保险费率，其中关系社会利益的险种、依法强制保险的险种和新开发的人寿保险险种的费率应经过批准，其他险种的费率应上报备案。

《人身保险公司保险条款和保险费率管理办法》（保监发〔2015〕3号）规定保险公司应当按照本办法规定将保险条款和保险费率报送原中国保监会审批或者备案。《健康保险管理办法》（保监发〔2006〕8号）第十二条规定，保险公司拟定健康保险的保险条款和保险费率，应当按照原中国保监会的有关规定报送审批或者备案。

（二）工作人员执业行为合规性

《保险法》第一百一十六条规定，保险公司及其工作人员在保险业务活动中不得有下列行为：①欺骗投保人、被保险人或者受益人；②对投保人隐瞒与保险合同有关的重要情况；③阻碍投保人履行本法规定的如实告知义务，或者诱导其不履行本法规定的如实告知义务；④承诺向投保人、被保险人或者受益人

○ 航空人身保险单、机动车辆保险单等由中国银行保险监督管理委员会监制。

给予保险合同规定以外的保险费回扣或者其他利益；⑤故意编造未曾发生的保险事故进行虚假理赔，骗取保险金。

《保险法》第一百三十一条规定，保险代理人、保险经纪人在办理保险业务活动中不得有下列行为：①欺骗保险人、投保人、被保险人或者受益人；②隐瞒与保险合同有关的重要情况；③阻碍投保人履行本法规定的如实告知义务，或者诱导其不履行本法规定的如实告知义务；④承诺向投保人、被保险人或者受益人给予保险合同规定以外的其他利益；⑤利用行政权力、职务或者职业便利以及其他不正当手段强迫、引诱或者限制投保人订立保险合同。

（三）资金运用

2012年之后，中国银保监会不断放宽保险资金投资运用渠道，秉持"放开前端、管住后端"的监管改革思路，以"偿二代"⊖为核心，牢牢守住不发生系统性、区域性风险的底线。这一时期，原中国保监会或中国银保监会围绕保险资金运用出台了大量政策性文件，涵盖资金运用、资产配置、存款与债权、股票与基金、基础设施、股权及不动产投资、资产支持计划、保险资产管理产品、金融衍生品及其他金融资产和境外投资等十个方面。

在资金运用方面，主要包括《保险资金运用管理办法》（保监会令〔2018〕1号）、《关于保险资金运用监管有关事项的通知》（保监发〔2012〕44号）、《保险资金委托投资管理暂行办法》（保监发〔2012〕60号）、《关于加强和改进保险资金运用比例监管的通知》（保监发〔2014〕13号）等。

在资产配置方面，主要包括《保险资产配置管理暂行办法》（保监发〔2012〕61号）、《保险资产风险五级分类指引》（保监发〔2014〕82号）、《关于规范保险资产托管业务的通知》（保监发〔2014〕84号）。

在存款与债券方面，主要包括《关于规范保险资金银行存款业务的通知》（保监发〔2014〕18号）、《关于规范金融机构同业业务的通知》（银发〔2014〕127号）。

在股票与基金方面，主要包括《关于设立保险私募基金有关事项的通知》（保监发〔2015〕89号）、《关于保险资金投资创业投资基金有关事项的通知》（保监发〔2014〕101号）、《关于提高保险资金投资蓝筹股票监管比例有关事项的通知》（保监发〔2015〕64号）、《关于进一步加强保险资金股票投资监管有关事项的通知》（保监发〔2017〕9号）等。

⊖ 2012年，原中国保监会发布《中国第二代偿付能力监管制度体系建设规划》，简称"偿二代"。

在基础设施方面，主要包括《保险资金间接投资基础设施项目管理办法》（保监会令〔2016〕第 2 号）、《基础设施债权投资计划管理暂行规定》（保监发〔2012〕92 号）；在股权及不动产投资方面，《保险资金投资股权暂行办法》（保监发〔2010〕79 号）、《关于保险资金设立股权投资计划有关事项的通知》（保监资金〔2017〕282 号）、《保险资金投资不动产暂行办法》（保监发〔2010〕80 号）、《关于保险资金投资股权和不动产有关问题的通知》（保监发〔2012〕59 号）、《关于保险资金参与长租市场有关事项的通知》（银保监发〔2018〕26 号）等。

在资产支持计划方面，主要包括《资产支持计划业务管理暂行办法》（保监发〔2015〕85 号）、《关于资产支持计划注册有关事项的通知》（银保监办发〔2019〕143 号）等。

在资产管理方面，主要包括《关于保险资产管理公司开展资产管理产品业务试点有关问题的通知》（保监资金〔2013〕124 号）、《关于保险资产管理产品参与融资融券债权收益权业务有关问题的通知》（保监资金〔2015〕114 号）、《关于加强组合类保险资产管理产品业务监管的通知》（保监资金〔2016〕104 号）等。

在金融衍生品及其他金融资产的投资方面，主要包括《保险资金参与股指期货交易规定的通知》（保监发〔2012〕95 号）、《关于保险资金投资有关金融产品的通知》（保监发〔2012〕91 号）、《关于保险资金投资集合资金信托有关事项的通知》（银保监办发〔2019〕144 号）等。

在境外投资方面，主要包括《保险资金境外投资管理暂行办法实施细则》（保监发〔2012〕93 号）、《中国保监会关于调整保险资金境外投资有关政策的通知》（保监发〔2015〕33 号）等。

《保险资金运用管理办法》（保监会令〔2018〕第 1 号）第六条规定，保险资金运用仅限于银行存款；债券、股票、证券投资基金份额等有价证券；不动产；股权和国务院规定的其他资金运用形式。保险机构须实行保险资金的集约化、专业化管理，还须建立全面覆盖、全程监控、全员参与的风险管理体系。

（四）偿付能力

保险机构的偿付能力即保险公司的债务偿还能力，是指保险人所承保的风险发生时，按合同约定对被保险人的损失进行补偿的能力。为了增强保险机构的偿付能力，《保险法》第九十七条规定，保险机构应按照注册资本总额的 20% 提取公积金，用于其清算时的债务清偿。《保险法》第一百条规定，保险机构还应缴纳保险保障基金,在保险机构被撤销或宣告破产时,向投保人、被保险人、受益人等提供偿付。保险机构的认可资产减去认可负债的差额不得低于规定数额。《保险法》第一百零三条规定,保险机构的每一危险单位⊖不得超过其实有资本金加公积金总和的10%,超过部分须办理再保险。

在偿付能力监管制度体系方面,我国保险业自2015年起进入"偿二代"实施过渡期,《中国第二代偿付能力监管制度体系整体框架》(保监发〔2013〕42号)(以下简称《整体框架》)和《保险公司偿付能力监管规则(1—17号)》(保监发〔2015〕22号)等一系列政策文件共同构成了我国"偿二代"监管制度体系的主要内容。"偿二代"接轨国际监管标准,设立三支柱监管框架即定量监管要求、定性监管要求与市场约束机制,并设立了17项相互联系、协同作用的主干监管规则。基于上述机制安排,该框架具备风险导向、行业实际和国际可比的重要特征。

第一支柱定量监管要求为资本监管要求,主要通过识别和量化保险风险、市场风险和信用风险,确定各保险机构应当具备的与上述三大风险相适应的资本规模。具体内容包括:①最低资本要求,即三大类量化风险的最低资本、控制风险最低资本和附加资本。②实际资本评估标准,即保险公司资产和负债的评估标准。③资本分级,即根据资本吸收损失能力的不同,对保险公司的实际资本进行分级,明确各类资本的标准和特点。④动态偿付能力测试,即保险公司在基本情景和各种不利情景下,对未来一段时间内的偿付能力状况进行预测和评价。⑤监管措施,即监管机构对不满足定量资本要求的保险公司,酌情采取对应监管干预措施。

第二支柱定性监管要求是指在第一支柱基础上,防范难以量化的风险,如操作风险、战略风险、声誉风险和流动性风险。具体内容包括:①风险综合评级,即监管部门综合第一支柱对量化风险的定量评价和第二支柱对难以量化风险的定性评价,对保险公司总体的偿付能力风险水平进行全面评价。②保险公司风险管理要求与评估,即监管部门对保险公司的风险管理提出具体要求,并对其进行监管评估,进而根据评估结果计量公司的控制风险最低资本。③监管检查和分析,即对保险公司偿付能力状况进行现场检查和非现场分析。④监管措施,即监管机构对不满足定性监管要求的公司,酌情采取对应监管干预措施。

第三支柱市场约束机制是指在第一支柱和第二支柱基础上,通过公开信息披露、

⊖ 危险单位:对一次保险事故可能造成的最大损失范围所承担的责任。

提高透明度等手段，发挥市场的监督约束作用，防范依靠常规监管工具难以防范的风险。具体内容包括：①加强保险公司偿付能力信息的公开披露，充分利用市场力量，对保险公司进行监督和约束；②监管部门与市场相关方建立双向的长效沟通机制，加强对保险公司的约束；③规范和引导评级机构，使其在偿付能力风险防范中发挥更大作用。

（五）资产负债管理能力

保险公司是资产负债管理的主体责任者，应当建立健全资产负债管理体系并持续优化资产负债管理水平。为防范资产负债错配风险，保险公司应当及时检测资产负债匹配状况。实践中，部分资产负债管理职责可以由保险集团履行，资产配置、账户管理等相关职能可以委托给保险资产管理公司等第三方机构。

为增强保险业的偿付能力、提升保险公司资产负债的管理能力，完善保险资产负债管理监督制度体系，促进保险行业的高质量发展，2019年8月8日，中国银保监会发布了《保险资产负债管理监管暂行办法》（银保监发〔2019〕32号）。其中第十条对保险公司账户管理做出规定："保险公司应当根据保险业务和资金特点，划分'普通账户'和'独立账户'，实行分账户的资产负债管理和资产配置管理。普通账户，是指由保险公司部分或全部承担投资风险的资金账户。保险公司资本金参照普通账户管理。独立账户，是指独立于普通账户，由投保人或受益人直接享有全部投资收益并承担全部投资风险的资金账户。"

此外，依据《保险资产负债管理监管暂行办法》第十八条至第二十二条之规定，保险公司应当加强压力测试在资产负债管理决策中的应用，评估分析潜在风险因素对资产负债匹配状况的影响，并采取相应的预防措施。保险公司应当加强期限结构匹配管理。期限结构匹配是指保险公司能够维持资产端现金流和负债端现金流在期限结构上的相对匹配，控制和管理期限错配带来的不利影响，实现公司长期价值目标。保险公司应当加强成本收益匹配管理。成本收益匹配是指保险公司持有资产的收益能够覆盖负债成本，具备一定的持续盈利能力，防范利差损风险。保险公司应当加强现金流匹配管理。现金流匹配是指保险公司在中短期内能够获得充足资金以支付到期债务或履行其他支付义务，维持公司流动性充足，防范流动性风险。保险公司应当建立资产负债管理绩效评估体系，明确资产负债管理考核评价方法和标准，对高级管理人员及相关部门的绩效考核中应体现资产负债管理的要求。

（六）公司治理

根据《关于规范保险公司治理结构的指导意见》（保监发〔2006〕2号），

保险机构须建立完善的组织架构，明确各经营管理层的职责，并实现决策权、运营权、监督权的相互分离。保险机构还应建立完善的内部控制制度，明确各个环节、各个岗位的衔接方式和操作标准，严格分离前、中、后台岗位责任，定期检查和评估制度执行情况，做到权责分明、相对独立和相互制衡。此外，《保险公司管理规定》（保监发〔2015〕3号）规定，设立保险公司，应当遵循下列原则：①符合法律、行政法规；②有利于保险业的公平竞争和健康发展。《保险公司股权管理办法》（保监发〔2018〕5号）规定保险公司股权管理遵循以下原则：①资质优良，关系清晰；②结构合理，行为规范；③公开透明，流转有序。《保险公司独立董事管理办法》（银保监发〔2018〕35号）对保险机构的独立董事制度做出了明确规定，促进独立董事在保险机构公司治理结构中发挥积极作用。

（七）保险资产管理公司经营监管

根据《保险法》第一百零六条、第一百零七条，《保险资产管理公司管理暂行规定》第四条、第五条之规定，保险资金的运用必须稳健，遵循安全性原则。保险资金的管理运用限于银行存款、买卖政府债券、金融债券和国务院规定的其他资金运用形式，开展外汇资金运用业务和其他外汇业务，应当经国家外汇管理部门批准。保险资产管理公司自有资金与受托管理资金在同一投资渠道的总投资比例和单一投资对象的投资比例应当分别计算，保险公司委托他人运用的资金和自己管理运用的资金在同一投资渠道的总投资比例和单一投资对象的投资比例应当分别合并计算。

保险资产管理公司管理下列资金，应当公平对待、分别记账并由不同投资人员管理：①自有资金和受托管理资金；②受托管理同一委托人不同性质的资金。

三、保险机构退出监管

保险机构在经营的过程中，可能因为各种原因而导致市场退出。目前导致保险机构发生退出的原因包括兼并、解散和破产等。为了保障我国金融业的稳定发展，金融监管当局制定了相对完善的退出安排及相应监管措施。

（一）保险公司兼并的监管

我国保险公司收购兼并活动的监管主体是中国银行保险监督管理委员会。《保险公司收购合并管理办法》（保监发〔2014〕26号）第二十二条规定，中国银行保险监督管理委员会在审核保险公司收购兼并申请时，主要考虑以下因素：

①考察存续保险公司或新设保险公司的偿付能力状况、财务状况、管理能力；②考察兼并对于保险市场公平竞争、保险行业竞争能力、保险公司风险处置的影响；③考察对保险消费者合法权益、国家金融安全和社会公共利益的影响。

（二）保险公司解散的监管

保险公司解散的常见事由如下：①保险公司分立。保险公司分立应成立两个或者两个以上的新的保险公司，分立前的保险公司解散；②保险公司合并。两个或者两个以上的保险公司合并为一个新的保险公司，合并前的保险公司解散；③公司章程规定。公司章程可以规定保险公司解散的事由，一旦发生，保险公司解散。

若解散未经保险监管部门的批准而由保险公司自行决定，将会影响保险市场的健康发展，损害被保险人的合法权益。因此，保险公司解散需要经过监管当局的批准。当保险公司解散事由出现时，保险公司应向保险监管部门提出申请，经批准后，保险公司方可解散。

保险公司经批准解散后，应按规定成立清算组。清算组需要清楚已解散保险公司的债权债务。在保险公司清算期间，行使包括清理公司财产、通知或者公告债权人或利害关系人、处理公司清偿债务后的剩余财产等在内的一系列职权。

（三）保险公司破产的监管

保险公司无法支付到期债务，是指保险公司面对已经到清偿期限的债务，经债权人请求但却由于缺乏清偿能力、客观上无法支付的情形。若保险公司连续一段时间停止支付到期债务，将会被认定为无法清偿到期债务，在经保险监管部门同意后，可以由法院宣告该保险公司破产。《保险法》第九十条规定，保险公司有《中华人民共和国企业破产法》第二条规定情形的，经国务院保险监督管理机构同意，保险公司或者其债权人可以依法向人民法院申请重整、和解或者破产清算；国务院保险监督管理机构也可以依法向人民法院申请对该保险公司进行重整或者破产清算。

保险公司的破产程序始于当事人申请。保险公司的债权人和债务人都有向法院申请保险公司破产的权利。破产人提出破产申请时，必须提交有关材料，说明已经具备破产条件。破产案件一般由保险公司所在地法院审理。

法院受理破产申请后，经过审理确定具备下列条件者，可以宣告保险公司破产：①申请人确实具有破产申请权；②保险公司具备法定的破产原因；③债务人与债权人不能依法达成和解。

法院宣告保险公司破产后应发布公告。过期不申报债权者，视为自动放弃债权。所申报的债权被确认为破产债权后，有权参加财产的分配。破产财产分配完毕后，未能清偿的债务宣告豁免，债务人不再承担清偿责任，破产程序结束。其中破产财产是指保险公司在破产宣告时所拥有的全部财产、在破产宣告后至破产程序终止前所获取的财产，以及一些保险公司可以行使的财产权利。《保险法》第九十一条规定，破产财产按如下顺序处理：①破产费用；②所欠工资和劳动保险费用；③赔偿或给付保险金；④所欠税款；⑤普通公司债务。若破产财产不足以清偿同一顺序清偿要求的，按照比例分配。

（四）保险资产管理公司退出监管

《保险资产管理公司管理暂行规定》第二十六条规定，保险资产管理公司依法解散、被依法撤销或者被宣告破产而终止，其受托管理的保险资金不属于清算财产。保险资产管理公司依法解散的，应当成立清算组。清算工作由中国银保监会监督指导，保险资产管理公司被依法撤销的，由中国银保监会及时组织股东、有关部门及有关专业人士成立清算组，保险资产管理公司被依法宣告破产的，由人民法院依法组织清算组。

《保险资产管理公司管理暂行规定》第二十七条规定，清算组应当自成立之日起10日内通知债权人，并于60日内在中国银保监会指定的报纸上至少公告3次。公告内容应当经中国银保监会核准。清算组应当委托资信良好的会计师事务所等专业中介机构，对公司债权债务和资产进行评估。保险资产管理公司依法解散、被撤销或者被宣告破产的，其财产清算与债权、债务处理，按有关法律、法规的规定执行。

第四节　新兴金融业态的监管

本节关注的新兴金融业态包括移动支付、数字货币和区块链、互联网融资平台、高频交易、云计算五部分。新兴金融业态的发展有效地降低了传统金融业的成本，提升了效率，但同时也增加了监管的难度。我国金融监管当局做好对新兴金融业态的监管对于提升我国金融业的科技化程度和效率具有重要意义。

一、移动支付的监管

我国在移动支付领域的监管体系经历了多次的改进，目前以中国人民银行为主导，跨行业监管机构相互合作、协同监管。随着移动支付的普及，移动支付行业的风险也在逐渐显现，因此需要配套有相关的监管文件，主要包括《关于规范支付创新业务的通知》（银发〔2017〕281号）、《中国人民银行支付结算司关于开展违规"聚合支付"服务清理整治工作的通知》（银支付〔2017〕14号）以及《条码支付业务规范（试行）》（银发〔2017〕296号）等相关法规。

（一）监管程度加深

根据《关于规范支付创新业务的通知》，中国人民银行对支付创新业务提出了以下几点要求：①开展支付创新业务应事前报告，各银行业金融机构、非银行支付机构提供支付创新产品或者服务、与境外机构合作开展跨境支付业务、与其他机构开展重大业务合作的，应当对相关业务的合规性和安全性进行全面评估，并于业务开展前30日书面报告中国人民银行及其分支机构。②维护支付服务市场公平竞争秩序。③加强收单业务受理终端管理，收单机构应当建立并完善受理终端管理制度，自主完成受理终端采购、主密钥生成和管理，对终端密钥及相关参数实行专人管理。④规范小微商户收单业务管理。⑤加强代收业务管理。⑥加强支付业务系统接口管理，各银行、支付机构、清算机构应当建立支付业务系统接口统一管理制度。⑦严格遵守跨行清算政策要求，必须通过中国人民银行跨行清算系统或者具备合法资质的清算机构处理。⑧强化监督管理，中国人民银行分支机构应当切实履行属地监管职责，将本通知执行情况纳入业务检查重点，加大对违规行为的处罚力度。

（二）监管覆盖面变广

监管机构在对移动支付行业的监管程度不断加深的同时，监管的覆盖面也越来越广。中国人民银行于2017年1月发布《中国人民银行支付结算司关于开展违规"聚合支付"服务清理整治工作的通知》（银支付〔2017〕14号），要求各个省份彻查其辖区内提供聚合支付的服务商，保证其业务发展。人民银行于2017年12月27日发布的《条码支付业务规范（试行）》（银发〔2017〕296号）也对非银支付机构提出了限制，要求非银支付机构提供条码付款服务时应当取得网络支付业务许可，并对个人客户条码支付做出限额处理。

二、数字货币和区块链的监管

基于区块链技术的数字货币是区别于实物货币的一个概念，主要通过数据交易发挥交易媒介、记账单位和价值储藏等功能。数字货币中最为著名的是2008年中本聪提出的比特币。比特币的问世引起各界的争议。比特币致力于构建一个新的去中心化的体系，后来却被炒币者狂热追逐，掀起炒币的热潮，导致数字货币的概念甚嚣尘上，明显违背其发行初衷。为防止数字货币成为炒作、洗钱的工具，需要对数字货币和区块链采取相应的监管措施。

（一）关于数字货币的监管

中国人民银行等五部委在2013年12月5日联合发布的《关于防范比特币风险的通知》（银发〔2013〕289号）明确禁止各金融机构和支付机构开展与比特币相关的业务，代表着中国对数字货币进行监管的开端。此后，为了防范数字货币风险，中国对数字货币一直采取强监管的态度，主要体现在以下两个方面。

1. 禁止代币发行融资活动

由于发行方常常利用发行代币从事非法集资、金融诈骗等非法金融活动，代币发行融资活动一直处于被严格监管的状态。2017年9月4日，中国人民银行联合工业和信息化部、工商总局、中央网信办、银保监会、证监会共同发布的《关于防范代币发行融资风险的公告》指出代币发行融资是指融资主体通过代币的违规发售、流通，向投资者筹集比特币、以太币等所谓"虚拟货币"，本质上是一种未经批准的非法公开融资的行为。文件要求，在公告发布之日起，禁止首次币发行（Initial Coin Offering，ICO）新上项目，且存量项目要限时清退。文件表示应加强代币融资交易平台的管理，要求任何组织和个人不得非法从事代币发行融资活动、各金融机构和非银行支付机构不得开展与代币发行融资交易相关的业务。此后，北京、广州、深圳等多地立即展开对首次币发行（ICO）平台的风险提示及清理整治。

2. 限制加密货币交易

2017年9月8日，中国第三方交易平台国交网发布公告，宣布禁止中国境内所有虚拟货币场内交易。2018年1月17日由人民银行下发的《关于开展为非法虚拟货币交易提供支付服务自查整改工作的通知》（银管支付〔2018〕11号）规定，辖区内各法人支付机构即日起立即在本单位及分支机构开展自查整改工作，严禁为虚拟货币交易提供服务，并采取有效措施，防止支付通道用于虚拟货币交易。由于虚拟货币的投机倾向明显，在中国境内限制加密货币交易主要基于对风险的防控。

总之，上述监管机构的各种措施均反映了中国政府对于虚拟货币的强监管态度，其通过不断向虚拟货币的交易行为施压来降低市场风险。

（二）我国关于区块链的监管政策

区块链作为数字货币的底层技术，还可广泛应用于零售、物流等各个行业，因此对于数字货币的严监管并不意味着限制区块链的发展。相反，我国正在积极探索将区块链应用于更广泛的场景。虽然我国区块链的发展历程较短，但是从区块链的监管框架和推行的法律法规可以看出我国对区块链的监管十分重视。

1. 区块链的监管框架

我国的区块链目前是复合监管体系。中央网信办、公安部、工信部、人民银行和银保监等根据现有的政府职能分工，分别在相应的主管领域内履行对区块链的监管职责。中央网信办负责区块链信息的管理工作；公安部负责监督管理计算机信息系统的安全保护；工信部负责推动区块链技术标准的研究和应用推广，承担通信网络安全及信息安全管理的责任；金融监管机构负责区块链在具体金融业务场景下的监管。

2. 区块链监管的法律法规

（1）认可区块链技术在信息存储和证明领域的应用。由于区块链具有无法篡改、可追溯等特点，所以区块链技术在信息存储和证明领域可以发挥很大的作用。《最高人民法院关于互联网法院审理案件若干问题的规定》（法释〔2018〕16号）第11条规定：当事人提交的电子数据，如通过电子签名、可信时间戳、哈希值校验、区块链等证据收集、固定和防篡改的技术手段或者通过电子取证存证平台认证，能够证明其真实性的，互联网法院应当确认。

（2）严格禁止区块链技术违规应用。从现行监管要求来看，严格禁止以区块链技术开展代币融资活动，否认代币的货币属性，禁止数字货币的交易。2017年发布的《关于防范代币发行融资风险的公告》指出虚拟货币本质上是一种未经批准非法公开融资的行为。代币发行融资与交易存在多重风险，包括虚假资产风险、经营失败风险、投资炒作风险等，投资者须自行承担投资风险。公告要求停止各类代币发行融资活动，已完成代币发行融资的组织和个人应当做出清退等安排。

（3）加强区块链网络信息安全监管。监管机构逐渐强化监管力度，从政策制定、技术应对等多方面强化区块链网络信息安全。2019年网信办发布《区块链信息服务管理规定》（国家互联网信息办公室令〔2019〕第3号），明确了网信办作为区块链信息服务的监管执法主体，承担加强区块链信息服务管理职能。规定要求区块链信息服务提供者履行备案手续，建立健全信息安全管理制度和技术保障措施，制定并公开管理规则和平台公约，落实真实身份信息认证制度。服务提供者和服务使用者不得利用区块链信息服务从事法律、行政法规禁止的活动或者制作、复制、发布、传播法律和行政法规禁止的信息内容，对违反法律、行政法规和服务协议的区块链信息服务提供者和使用者，应当依法依约采取处置措施；构成犯罪的，依法追究刑事责任。

三、互联网融资平台的监管

存贷款业务是金融行业发展的重要环节，其良性开展对金融体系的稳定建设有重要的意义。互联网银行、P2P 平台等金融机构是对传统银行存贷业务的补充，可以满足传统存贷业务无法涉及的长尾客户的需求。中国监管部门针对互联网银行、P2P 平台等机构也出台了相应的监管政策，以保证存贷款业务的良性发展。

（一）互联网银行的监管政策

目前尚未制定完善的专门针对互联网银行的监管体系，但现有的相关法律法规和监管政策可在一定程度上适用于互联网银行监管，具体可分为三个方面：①针对传统商业银行的监管法律法规。互联网银行属于民营商业银行，其部分业务类型和风险管理内容可与传统银行适用同样的监管标准。②针对银行网络化制定的法律法规。在互联网金融的发展和银行网络化的过程中，中国出台了电子银行方面的法律法规。这些法律法规可适用于互联网银行，如《网上银行业务管理暂行办法》（中国人民银行令〔2001〕第 6 号）、《电子银行业务管理办法》（银监会令〔2006〕第 5 号）等。③针对互联网银行特点制定的政策。目前，监管机构主要在互联网银行设立条件、监管重点等方面制定了专门针对互联网银行的政策。如《关于促进民营银行发展的指导意见》（国办发〔2015〕49 号）、《关于民营银行监管的指导意见》（银监发〔2016〕57 号）等。

对于互联网银行，监管机构采取了一系列政策促进其发展。2015 年 1 月中旬人民银行发布《关于银行业金融机构远程开立人民币银行账户的指导意见》（征求意见稿），允许互联网银行采用互联网远程开户技术开立账户、线上开展银行业务。2015 年，国务院办公厅转发了《关于促进民营银行发展的指导意见》（国办发〔2015〕49 号），提出积极推动具备条件的民间资本发起设立中小型银行等金融机构，进一步解禁和放宽民营银行准入。2015 年 7 月 4 日，国务院发布《关于积极推进"互联网+"行动的指导意见》（国发〔2015〕40 号），鼓励互联网与银行、证券、保险、基金的融合创新，更好地满足不同层次实体经济的投融资需求。上述政策的实施有助于为尚未成熟的互联网银行提供一个良好的发展环境。

同时，监管机构也出台了相关措施来防控风险。2017 年 6 月 29 日，原银保监会下发《民营银行互联网贷款管理暂行办法（征求意见稿）》。文件指出，民营银行需向监管机构提交申请并获得核准后方可经营互联网贷款，并对民营银行从事联合贷款业务做出限制。具体而言，要求从事联合贷款的民营银行具备 1

年以上互联网贷款的运营管理经验,同时规定只有银保监会颁发牌照的金融机构才有资格参与联合贷款。该政策可以实现对于互联网银行放贷规模的有效管控,从而防范金融风险。

(二)股权众筹的监管政策

中国对股权众筹一直持较为谨慎的态度,基于众筹的监管立法进展缓慢。2014年12月,中国证券业协会就《私募股权众筹融资管理办法(试行)(征求意见稿)》(中证协发〔2014〕236号)向社会公开征求意见。该文件强调了政策层面对股权众筹的支持,对融资者和投资者的要求却比较严格,规定参与众筹的个人需要满足金融资产不低于300万元,或最近三年个人年收入不低于50万。2015年3月2日国务院办公厅印发了《关于发展众创空间推进大众创新创业的指导意见》(国办发〔2015〕9号),鼓励地方政府开展互联网股权众筹融资试点,增强众筹对大众创新创业的服务能力。2015年7月18日,中国人民银行等十部委联合发布《关于促进互联网金融健康发展的指导意见》(银发〔2015〕221号),明确股权众筹融资业务由证监会负责监管。该文件指出众筹项目发起方应为小型或微型企业,同时要求该类企业需要在众筹中介平台上按照规定对企业的经营模式、商业管理、财务报告及资金流动等情况进行披露。

证监会在2018年度的立法工作计划中表示将会制定《股权众筹试点管理办法》,有条件地放开公开股权众筹。2019年1月24日,《中共中央、国务院关于支持河北雄安新区全面深化改革和扩大开放的指导意见》指出筹建雄安股权交易所,支持股权众筹融资等创新业务先行先试。2019年3月15日,证监会在2019年度立法工作计划中再次指出,力争年内公开发布《股权众筹试点管理办法》。这一消息为股权众筹行业注入了新的活力。

(三)P2P行业的监管政策

为了整顿P2P行业乱象,中国监管机构开始制定针对P2P行业的监管政策。人民银行等十部门于2015年7月18日联合出台的《关于促进互联网金融健康发展的指导意见》(银发〔2015〕221号)明确P2P行业由银保监会监管,要求从业机构应当选择符合条件的银行业金融机构作为资金存管机构,从而保障客户资金安全。自2016年起,P2P行业进入强监管时期。2016年8月,原银监会联合工信部、公安部、网信办等四部委发布《网络借贷信息中介机构业务活动管理暂行办法》(银监会令〔2016〕第1号),从备案管理、业务准入、信息披露、消费者保护等几个方面对网络借贷提出了具体的要求,明确了网络借贷金额应以小额为主,规定了自然人和法人的借贷金额上限。随后,关于存管、备案、信息披露三大主要配套政策陆续落地，网贷行业"1+3"（一个办法三个指引）监管制度体系基本形成。

P2P 网贷风险专项整治工作领导小组于 2017 年 12 月发布了《关于做好 P2P 网络借贷风险专项整治整改验收工作的通知》（网贷整治办函〔2017〕57 号），从此 P2P 行业开启"备案元年"。但由于 P2P 行业仍需化解存量风险、消除风险隐患，备案制的实施一再延期。自 2018 年 6 月起，P2P 行业分化加剧，多地开始清理 P2P 平台，而监管机构也于 2019 年 1 月发布《关于做好网贷机构分类处置和风险防范工作的意见》（整治办函〔2018〕175 号），指出要坚决清理违法违规业务，不留风险隐患，还指出应积极引导部分机构转型为网络小贷公司、助贷机构或为持牌资产管理机构等，这有助于为优质的网贷机构提供可转型的方向选择。

四、高频交易的监管

科技的进步深刻改变了金融市场。高频交易（High Frequency Trading，HFT）是近期最受关注的"技术冲击"产物之一。根据美国商品期货交易委员会（The US Commodity Futures Trading Commission，CFTC）的定义：高频交易是指一种高速度、高频次的交易方式，其通过预设的计算机算法实现，指令间隔通常小于 5 毫秒（甚至可达微秒、纳秒级）。近年来国内外证券市场中出现了一系列与高频交易相关的事件，其中最广为人知的便是发生在美国市场的"闪崩"事件。纽约股票市场于 2010 年 5 月 6 日在极短的时间内出现了剧烈的下跌，随后又迅速恢复。事后美国监管当局启动了调查并最终认为此次"闪崩"事件中虽然最初大量空单源于一家名为 Waddell & Reed 的公司，但高频交易者被认为"迅速放大了空头对市场的影响"。此次事件及事后调查报告都引发了全球的广泛关注与讨论。类似的事件还有骑士资本事件、伊士顿公司操纵市场事件等，基于以上事件的影响，对高频交易进行监管的呼声逐渐强烈。

（一）高频交易的准入监管

目前中国对程序交易进行备案管理的规定，分布在各交易所制定的行业规范中。如大连商品交易所于 2010 年 11 月 2 日发布的《关于申报程序化交易应用情况的通知》，要求会员填写《程序化交易应用情况登记表》，内容包括软件名称、开发厂商、软件提供者（会员提供或客户自用）、数据来源和软件的基本功能等信息。上海期货交易所在 2011 年发布过《关于程序化报备上申报的通知》，要求各会员统一通过程序化报备网上申报系统进行报备。

（二）高频交易的行为监管

2015年10月9日，中国证监会为规范程序化交易行为，稳定证券期货市场秩序，保障市场健康发展，组织拟定了《证券期货市场程序化交易管理办法（征求意见稿）》，管理办法中的很多规定均对高频交易提出了要求。

《证券期货市场程序化交易管理办法（征求意见稿）》第三条规定：程序化交易者应当合理进行程序化交易，遵守国家法律法规、中国证监会有关规定以及证券期货交易所的业务规则，对程序化交易指令负有审慎管理义务。程序化交易者应当只用一个账户从事程序化交易，中国证监会另有规定的除外。证券公司、期货公司应当对程序化交易客户制定专门的业务管理及风险管理制度。证券期货交易所依法对会员、程序化交易者履行自律监管职责，及时采取自律监管措施，防范程序化交易对市场正常交易秩序的冲击。

《证券期货市场程序化交易管理办法（征求意见稿）》第十八条规定，程序化交易者参与证券期货交易，不得有下列影响交易价格或交易量的行为：①在属于同一主体或处于同一控制下或涉嫌关联的账户之间发生同一证券的交易；②在同一账户或同一客户实际控制的账户组间，进行期货合约的自买自卖；③频繁申报并频繁撤销申报，且成交委托比明显低于正常水平；④在收盘阶段利用程序进行大量且连续交易，影响收盘价；⑤进行申报价格持续偏离申报时的市场成交价格的大额申报，误导其他投资者决策，同时进行小额多笔反向申报并成交；⑥连续以高于最近成交价申报买入或连续以低于最近成交价申报卖出，引发价格快速上涨或下跌，引导、强化价格趋势后进行大量反向申报并成交；⑦其他违反《证券法》《期货交易管理条例》等法律法规，影响证券期货市场正常交易秩序的程序化交易。

（三）高频交易的风险监管

《证券期货市场程序化交易管理办法（征求意见稿）》第六条规定：程序化交易者使用的程序化交易系统应当具备验资、验券、持仓验证、异常检测和错误处理等风控功能，使用前应当进行充分测试，保留测试记录，并按照审慎原则使用。

《证券期货市场程序化交易管理办法（征求意见稿）》第二十一条规定，证券期货交易所应当加强对程序化交易的实时监控。证券期货交易所发现会员、租用证券公司交易单元的基金管理公司未有效履行程序化交易指令审核义务的，通报行业协会进行自律处分；情节严重的，及时报告中国证监会。证券期货交易所发现程序化交易者违反本办法第十八条规定的，可以依法采取警示、限制账户交易、提高保证金、限制持仓、强制平仓等自律监管措施；情节严重、涉嫌市场操纵的，及时报告中国证监会调查处理。

近年来，监管层又基于分析和调研，针对高频交易或程序化交易产生市场影响的诸多因素出台了相关监管对策。在证券市场信息技术基础设施方面，证监会于2016年推出了《资本市场交易结算系统核心技术指标》（JR/T 0145—2016）（证监发〔2016〕14号），从订单和成交的延时、吞吐速率、处理容量，以及结算处理能力等多个角度规范了证券市场各项信息技术指标，并制定了较为详细的测试方案。证监会又于2018年发布了《证券基金经营机构信息技术管理办法》，规定了机构投资者在内部信息技术治理以及信息合规和风险管理层面的责任。

五、云计算的监管

中国对于云计算服务的监管经历了持续改进不断完善的过程。2014年5月22日，中国政府公布实施网络安全审查制度，云计算服务安全审查制度也包含在其中。同年9月，《信息安全技术 云计算服务安全指南》（GB/T 31167—2014）（以下简称《指南》）和《信息安全技术 云计算服务安全能力要求》（GB/T 31168—2014）两个文件相继出台（以下简称《要求》），确立了云计算安全审查工作的技术标准。

（一）云计算服务运行监管框架

云计算服务运行监管框架（见图4-1）是根据《指南》和《要求》提出的。其中，云服务商（Cloud Service Provider, CSP）持续监控云计算平台中安全控制、变更管理、应急响应策略、计划、规程及措施的实施，并且实时记录相关信息和实施情况；运行监管方（Operation Supervision Organization）对云服务商提交的交付件进行分析审核、评估验证等监管活动，形成评估结果，必要时应根据评估结果给出合理的意见和建议；云服务客户（Cloud Service Customer）租用云服务商提供的云计算服务，向持续监管方提供部署在云计算服务平台上的业务、数据和安全相关备案信息，通过对CSP的持续监管掌握云计算的服务水平和安全性能，并通过对自身的安全监管，保障云计算服务平台上部署的业务和数据的安全稳定。

（二）对云计算服务的监管要求

我国关于云服务的监管要求涉及资质管理、企业合作、资源使用、企业管理责任等方面。

在云服务的资质管理方面，《电信业务经营许可管理办法》（工业和信息化

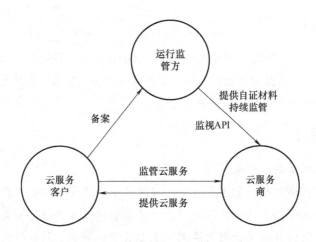

图 4-1 云计算服务运行监管框架
资料来源：课题组整理

部令 第 42 号），规定，经营电信业务应当依法取得电信管理机构颁发的经营许可证。云服务商的经营者如果申请增值电信业务许可证，其业务范围需要跨地区即两个以上的省、自治区、直辖市的，需要工信部审批。如果只在一个省、自治区、直辖市内从事电信业务的，可以由各省、自治区、直辖市的通信管理局直接进行审批。

在企业合作方面，云服务商与有关单位展开合作，不得存在以下行为[一]：以任何形式向合作者变相租借、转让电信业务经营许可证，以及为合作者非法运营提供场地、设施等条件；由合作者直接与用户签订合同；仅适用合作者的商标或品牌向用户提供服务；违法向合作者提供用户个人信息和网络数据。

在资源使用方面，云服务商要做到资源来源合法，资源去向合法以及资源使用合法。例如，云服务商用于开展经营活动的服务器与境外联网时，应通过工业和信息化部批准的互联网国际通信业务出入口进行连接，不得通过专线、虚拟专业网络（VPN）等其他方式自行建立或使用其他信道进行国际联网[二]。

在企业管理责任方面，云服务商不仅要做到自己守法合规经营，同时还要求对介入网站依法履行备案手续。如果有些企业存在超范围经营等涉及非法经营的，云服务商不应再为他们提供相应的资源和云服务设施。

[一] 《关于规范云服务市场，促进产业健康发展的通知》第 3 条。
[二] 《关于规范云服务市场，促进产业健康发展的通知》第 6 条。

【关键词】

商业银行　保险公司　保险代理机构　保险经纪人　保险资产管理公司　证券公司　准入监管　经营监管　退出监管　高频交易　区块链　云计算　数字货币　互联网融资平台

【思考题】

1. 简述我国金融监管体系的发展历程。
2. 简述我国商业银行的准入要求、经营监管内容及退出监管内容。
3. 简述我国保险公司的准入要求、经营监管内容及退出监管内容。
4. 简述我国证券公司的准入要求、经营监管内容及退出监管内容。

【案例分析】

外汇损失、流动性缺口与次贷危机

1974年6月28日，赫斯塔特银行（Bankhaus Herstatt）危机事件爆发，赫斯塔特银行遭到价值4.5亿美元的外汇和其他损失，给该银行造成重创，被联邦德国金融监管当局关闭。该事件带来了三方面的恶劣影响：①债权人无法收回借贷，损失惨重；②联邦德国国内引发信任危机，银行被挤兑，大量小型银行破产；③外汇现货交易业务的清算机制陷入混乱，造成了国际同业市场混乱的局面。

1984年，大陆伊利诺斯国民银行（Continental Illinois National Bank）发生挤兑风潮。社会上风传该银行即将倒闭的消息，引发民众恐慌，挤兑带来的巨大的流动性缺口使其处于破产的边缘。最后美国联邦存款保险公司承诺保障大陆伊利诺斯国民银行所有存款人和债权人的资金安全，才得以解决危机。此次挤兑风潮不仅严重打击了美国的银行体系，甚至打击了许多总部不在美国的跨国银行，造成了全球性的负面影响。

2008年，在次级抵押贷款市场危机爆发的局势下，雷曼兄弟申请破产保护，世界金融市场信心崩溃，剧烈动荡。雷曼事件的一个重要启示就是金融机构之间的竞争既促进了金融市场的发展，但也带来了金融市场高度的波动性，甚至可能会带来系统性金融风险，不利于世界经济稳定发展。

分析与讨论：

赫斯塔特银行危机事件、大陆伊利诺斯国民银行挤兑风潮、雷曼兄弟破产事件对于金融监管具有怎样的启示？

【选择题】

1. 改革开放 40 年，我国形成的金融监管新格局为（　　）。
   A. "一委一行两会" B. "一行三会"
   C. "一行两会" D. "一委一行一会"

2. 《商业银行风险监管核心指标（试行）》中，关于资本充足率这项指标的描述正确的是（　　）。
   A. 核心一级资本充足率不得高于 8%
   B. 资本充足率不得高于 8%
   C. 资本充足率不得低于 10%
   D. 一级资本充足率不得低于 6%

【选择题答案】

1. A；
2. D。

第五章
国际金融监管的实践

【本章要点】

1. 掌握国际金融监管的组织架构；
2. 了解国际金融监管的改革方向；
3. 了解巴塞尔协议的演变过程；
4. 掌握巴塞尔协议Ⅲ的主要内容；
5. 熟悉巴塞尔协议Ⅲ的实施进程。

【导入案例】

美国次贷危机的全球传导与治理

2007年在美国率先爆发的次贷危机不仅深刻影响了美国的金融体系和经济发展，更在短时间内就蔓延到了全世界，继而形成了全球性的金融危机。

2007年2月13日，美国次级抵押贷款风险开始小规模暴露，并在接下来的几个月内引发了New Century Financial（全美第二大次贷机构）和American Home Mortgage（大型房地产投资信托）等数家大型金融机构申请破产保护。与此同时伴随着美股大跌、房市成交量骤降、银行坏账拨备猛增、信贷市场全面收缩等一系列连锁反应。

8月9日，法国最大银行巴黎银行宣布卷入美国次贷危机，标志着次贷危机正式开始席卷欧洲市场，而在此之前，欧洲股市已经全线暴跌；9月，英国银行陷入"现金荒"；10月，欧洲规模最大的瑞士银行宣布，次贷相关业务的亏损使其第三季度出现罕见的巨额亏损；2008年2月，向来以稳健著称的德国也宣布其州立银行陷入次贷危机。在亚太地区，与国际金融体系融合度最高的日本率先受到冲击。2007年10月，日本最大的券商野村证券宣布季度亏损6.2亿美元；2008年初，日本瑞穗金融集团预估瑞穗证券2007会计年度次级抵押贷款相关的交易损失达4000亿日元。随着全球范围的股指大幅震荡下挫，大宗商品、期货以及房地产等市场均不同程度受到了冲击。而银行作为全球金融体系的核心机构，更是深陷其中，危机频频。

面对全球化金融危机的冲击，2008年10月，欧美各大央行同时行动，对金融市场的动荡做出明确的回应，接连宣布降息，并同时多次向陷入危机的机构注资。美联储宣布降息50个基点至1.5%，欧洲央行、英国央行和瑞士央行等也纷纷降息；随后，澳大利亚、以色列、韩国、日本、印度尼西亚等国及我国香港、台湾地区，也纷纷采取措施放松货币政策，向银行注资，以期缓解金融危机对自身金融体系的冲击。

2008年，次贷危机彻底演变为全球性金融危机，开始大规模集中爆发。同年11月15日，年度G20峰会在巴西召开，该次会议的重点议题就是应对这次的次贷危机，全球各主要经济体开始共同反思金融危机的应对方案和国际监管体系的建设与改革。尤其在银行业监管方面，对金融危机的反思直接推动了巴塞尔协议的改革，两年后，巴塞尔协议Ⅲ出台，后危机时代的国际金融监管正式拉开帷幕。

分析与讨论：

美国的次贷危机为什么能够最终引发大规模的全球性金融危机？它揭示出当下国际金融市场怎样的特点？

第一节 全球金融监管体系及变革

2008年全球金融危机爆发后，世界各主要经济体及国际组织均意识到当前金融监管体系存在的问题。在此背景下，二十国集团（Group of Twenty，以下简称G20）联合金融稳定理事会、巴塞尔银行监管委员会以及国际证券监督管理委员会等国际金融组织联合发布了一系列国际金融监管新规，共同构建了全球金融监管体系新框架。

一、国际金融监管组织架构

后危机时代，G20成了国际金融监管改革的主导者和推动者，领导国际金融体系重塑监管规则、整合相关金融机构并协调各自立场。设立G20的想法最初由美国、英国、德国、法国、日本等八个国家的财政部长于1999年6月在德国科隆提出，并在同年9月正式成立。其目的是针对国际经济、政策等问题举行非正式对话,商讨对策,从而有利于国际金融和货币体系的稳定。参加会议的代表就防止经济危机的途径、国际社会在危机防范中发挥的作用等方面进行商讨和交换意见,通过沟通与合作来促进世界经济的长久稳定和持续增长。

与此同时,国际金融组织对维护国际金融体系稳定也起着举足轻重的作用。各个国际金融组织在跨国金融监管中能有效协调各国金融监管政策,从而也成了国际金融监管体系的重要组成部分。

（一）国际货币基金组织

国际货币基金组织（International Monetary Fund，IMF）是根据《国际货币基金组织协定》所设立的国际金融组织,于1945年正式成立,总部设于美国华盛顿。该组织的宗旨是：促进国际货币合作,为国际货币问题的磋商和协作提供方法；通过国际贸易的扩大和平衡发展,把促进和保持成员国的就业、生产资源的发展、实际收入的高低水平作为经济政策的首要目标；稳定国际汇率,在成员国之间保持有秩序的汇率安排,避免竞争性贬值；协助成员国建立经常性交易的多边支付制度,消除妨碍世界贸易的外汇管制；在有适当保证的条件下,基金组织可向成员国临时提供普通资金等。

国际货币基金组织于1997年将银行业纳入自身的金融监管安排,并明确提出了银行业监管的任务：为发展国际统一的标准做出了贡献,并保证这一标准适用于发展中国家；帮助传播这些标准；协助监测各国在适应和遵循这些标准中取得的进展；帮助重组银行业和金融体系等。针对金融风险的跨国传播,国际货币基金组织建立了金融危机预警系统,并要求成员国定期披露经济指标。

（二）世界银行

世界银行（World Bank）又名国际复兴开发银行,是1945年布雷顿森林会议之后,根据《国际复兴开发银行协定》成立的国际金融组织,并于1947年成为联合国的专门机构,总部设于美国华盛顿,至今已有189个成员方。一般来讲,人们通称的"世界银行"实际上是指一个世界银行集团,由五个部分组成,分别是：国际复兴开发银行（IBRD）、国际开发协会（IDA）、国际金融公司（IFA）、多边投资担保机构（MIGA）和国际投资争端解决中心（ICSID）。

世界银行的宗旨是通过对生产事业的投资,协助成员国经济的复兴与建设,鼓励不发达国家对资源的开发。通过担保或参加私人贷款及其他私人投资的方式,促进私人对外投资。当成员国不能在合理条件下获得私人资本时,可运用该行自有资本或筹集的资金来补充私人投资的不足。鼓励国际投资,协助成员国提高生产能力,促进成员国国际贸易的平衡发展和国际收支状况的改善等。

作为主要面向发展中国家的世界最大的资金来源之一,世界银行的使命被总结为:消除极端贫困、促进共享繁荣及可持续发展。

世界银行在致力于经济发展的同时注重维持国际金融体系的稳定,不仅督促各国完善金融监管体制,为各国金融监管政策协调和金融监管体系合作提供交流平台,同时也对各国贷款项目进行监督,对贷款对象提出审批要求。在特殊时期,世界银行将对发生金融危机的国家提供援助。

(三)国际清算银行

国际清算银行(Bank for International Settlements,BIS)是办理中央银行业务的国际金融组织,成立于1930年,总部设于瑞士巴塞尔,目前由占全球95% GDP比例的60个主要经济体的央行所共有。

国际清算银行的宗旨是促进各国央行之间的沟通与合作;为国际金融活动提供更多便利;为货币与金融稳定的相关问题提供理论和政策研究支持;在国际金融清算中充当受托人或代理人;通过中央银行向国际金融体系提供专业化服务,办理多种国际清算业务等。

国际清算银行的宗旨决定了其能够成为各国央行交流合作的桥梁。它可以协助各国金融监管机构实现信息沟通,并帮助各国协调监管政策及协同监管行动,同时还负责对各国国际清算进行监管,当一国国际清算出现异常现象时,BIS将监督异常资金的来源与去向。

1975年,国际清算银行设立监督机构——巴塞尔银行监管委员会(The Basel Committee on Banking Supervision,BCBS),该委员会成为国际银行业监管的重要组织,并于1988年起草和通过了巴塞尔协议。至今,该协议经过从巴塞尔Ⅰ到巴塞尔Ⅲ逾30年的发展、完善和修订,已经建立起一套较为成熟的、可以有效降低银行业和整个金融体系风险的监管规则,并成为迄今为止对国际银行业乃至国际金融监管的发展和改革影响最为广泛深远的国际标准之一。

(四)金融稳定理事会

金融稳定理事会(Financial Stability Board,FSB)的前身是七国集团一致提议在国际清算银行内部成立的金融稳定论坛(Financial Stability Forum,FSF),在金融危机爆发后的2009年正式更名为金融稳定理事会,同时将成员扩展至包括中国、巴西、印度尼西亚等国家在内的所有G20成员国。金融稳定理事会主要由秘书处、主席、指导委员会和全体会议构成。其中,全体会议任命主席和秘书处,并发挥决策作用,同时构建指导委员会的组成部分。

金融稳定理事会直接向G20报告工作,其成员机构包括20多个国家的央行、财政部和监管机构以及主要国际金融机构和专业委员会。中国财政部、中国人民银行、中国银保监会以及中国香港金融管理局均为该委员会的成员机构。

金融稳定理事会的宗旨是协调各国金融监管当局的行动，改善国际金融信息流动，主要负责评估影响全球金融稳定的问题，研究以及监察为解决这些问题需要采取的行动。

（五）国际证券监督管理委员会

国际证券监督管理委员会（International Organization of Securities Commissions，IOSCO，又称国际证监会）于1983年成立，总部设于西班牙马德里，其前身是证监会美洲协会。国际证券监督管理委员会是由各国证券与期货监管机构组成的专业性组织，是国际证券业监管者合作的中心。国际证券监督管理委员会的宗旨是通过交流信息，促进全球证券市场的健康发展；组织各成员协同制定共同的准则，建立国际证券业的有效监管机制，以保证证券市场的公正有效；遏止跨国不法交易，促进交易安全等。自成立以来，国际证券监督管理委员会致力于制定双边和多边证券监管合作协议，在抑制和惩治证券业欺诈活动中发挥了重要作用。

（六）国际证券交易所联合会

国际证券交易所联合会（World Federation of Exchanges，WFE[⊖]）是一个国际性的交易所和清算所的行业组织。该联合会于1961年在英国伦敦成立，其前身是欧洲证券交易所协会。国际证券交易所联合会致力于创造公平、有序、透明的市场，并降低系统性风险。具体而言，其目标是通过监管促进资本市场的有效运转和平稳发展，并加强市场稳定性，以使得其成员的监管实践和监管规则尽可能达到最优化。该组织会对会员的市场规模、法制化建设等诸多方面提出较高要求。因此，取得WFE的会员资格也被各国证券监管机构及交易所、清算所等市场主体视为其证券市场达到国际认可标准的证明。

国际证券交易所联合会通过组织专题讨论会和研究项目的形式明确国际证券市场监管的必要性，并探讨自身和会员证券交易所在国际证券业监管中应发挥的作用。除此之外，WFE还致力于加强会员交易所在制定国际证券发行、交易和清算准则方面的合作，以提高会员交易所在国内和国际市场上行为自律的标准。1990年，IOSCO宣布与WFE达成合作伙伴关系，通过彼此间的直接协商

[⊖] 国际证券交易所联合会本采用法语名称（La Federation Internationale des Bourses de Valeurs，FIBV），2001年才正式确定英文名称并沿用至今。

将双方合作制度化。

(七) 国际保险监管者协会

国际保险监管者协会 (International Association of Insurance Supervisors, IAIS) 是协调各国保险监管的国际组织,于1994年成立。国际保险监管者协会的宗旨是:通过合作改善一国国内乃至国际层次上的保险监管,促进保险市场的效率、公平、安全和稳定,并最终保护投保人的利益。

自成立以来,国际保险监管者协会在制定全球保险监管标准、改善跨行业监管、推动保险监管国际规则的执行等方面取得了明显成效,具体包括:研究制定偿付能力与会计核算标准;加强监管信息交流,在国际论坛发挥积极作用;推动并监控保险监管国际规则的执行;加强与其他国际金融和监管机构的联系和交流等。

二、国际金融监管的改革

国际金融危机爆发后,在G20领导下,金融稳定理事会具体负责组织各标准制定机构对全球金融体系进行一系列重大改革,积极制定和完善相关标准与准则,以改进全球金融监管体系。FSB、BCBS及其他国际机构在金融监管方面的实践,既体现了全球金融监管当局对国际金融危机的反思,也是对全球金融监管实践的总结和提炼,更是各国监管体系的重要标杆。金融危机后,国际金融监管的改革主要体现在以下六个方面:

(一) 更高的风险抵御能力

金融危机后,在G20推动下,巴塞尔银行监管委员会修订了国际银行业监管标准并发布了巴塞尔协议Ⅲ,以资本和流动性监管改革为核心,从提高金融机构风险抵御能力的角度出发,构建了更加完善的金融监管体系。具体来说,巴塞尔Ⅲ对于银行监管规则的改进主要包括四个部分:一是进一步严格资本定义,扩大监管资本风险覆盖范围,提高最低资本要求,提升资本吸收损失的能力;二是建立国际统一的流动性监管框架,以更好地管理流动性风险,增强银行体系应对全球流动性压力的能力;三是通过设立逆周期资本缓冲、杠杆率监管标准等手段,抑制银行体系的顺周期性;四是从宏观审慎角度提出大额风险敞口限制和系统重要性银行额外资本要求等,防范系统性风险。

(二) 宏观审慎监管政策

2008年金融危机使国际社会深刻认识到原有的金融监管体系主要关注单个金融机构的稳健运营,未能从系统性、逆周期的视角防范风险的积累和传播。

2010年，G20首尔峰会要求相关国际组织研究宏观审慎工具，并撰写"总结宏观审慎最佳实践工作的进展报告，为将来出台宏观审慎政策框架设计和实施方面的国际原则或指导性文件提供基础"。为响应峰会要求，相关国际组织积极开展研究工作，同时主要经济体相继改革国内金融监管体制，加强宏观审慎管理。

宏观审慎监管是以防范系统性风险为根本目标，将金融业视作一个有机整体，既防范金融体系内容相互关联可能导致的风险传递，又关注金融体系在跨经济周期中的稳健状况[1]。它是一种自上而下的监管模式，主要是为了防止金融系统对经济体系的负面影响，维护金融体系的稳定。宏观审慎监管与微观审慎监管的区别主要表现在各自的目的上：宏观审慎监管是为了防范系统性风险，维护金融稳定；而微观审慎监管是为了控制个体金融机构的潜在风险，保护投资者利益。良好的宏微观审慎监管可以相辅相成，彼此促进，增强监管成效。

宏观审慎政策主要使用审慎性工具来限制时间维度和跨部门维度（或结构性）的系统性风险累积。在宏观审慎政策的组织结构安排方面，目前公认应该将宏观审慎职能明确赋予某一决策机构，确定其政策目标和权力。当前国际公认的宏观审慎工具主要包括逆周期资本缓冲、动态贷款损失准备、流动性覆盖率等。其中：逆周期资本缓冲，是指在最低资本充足率的基础上，在经济繁荣时期增加超额资本充足要求来应对经济衰退时资本充足率下滑。这一工具可以平滑经济周期对信用增长的影响，在经济萧条期释放资本要求，帮助银行吸收损失，避免信用条件过度恶化。动态贷款损失准备，指在经济景气时期应积累的逆周期贷款损失准备，用以应对萧条时期可能发生的损失。流动性覆盖率，是银行持有的优质流动性资产与未来三十日净现金流出的比值，关注流动性覆盖率有利于提高银行对流动性风险的短期应对能力，通过增加优质流动性资产或减少短期负债，可以降低短期流动性风险。

（三）"大而不能倒"问题

全球金融危机期间，系统重要性金融机构（Systemically Important Financial Institutions, SIFIs）"大而不能倒"的问题引起了国际社会的广泛关注。由于规模庞大、结构复杂、关联度和不可替代性高，这些系统重要性金融机构如果出现经营失败，将会给金融体系稳定性带来严重冲击，但如果政府出手救助，又会增加道德风险。"大而不能倒"问题同样是引发系统性风险的重要诱因，单家系统重要性金融机构的倒闭将对整个金融体系产生不可估量的后果，所以加强

---

[1] 《2010年中国金融稳定报告》，中国人民银行，2010年9月17日。

系统重要性金融机构监管也被纳入宏观审慎政策安排的框架中。

2009年4月，G20伦敦峰会首次提出要加强对SIFIs的监管，同时由金融稳定理事会来牵头SIFIs监管框架的构建。FSB协同其他国际机构根据G20的要求针对SIFIs的评估方法和监管政策发布了一系列规范性文件（包括FSB于2010年11月发布的《SIFIs监管强度与有效性的建议》以及BCBS在2011年11月发布的《损失吸收能力要求》等），逐步形成了较为完整的监管框架。

在针对SIFIs的监管政策制定过程中，首先由巴塞尔银行监管委员会与国际保险监管者协会等机构考虑行业的特殊性，制定并发布针对全球系统重要性银行（G-SIBs）或全球系统重要性保险公司（G-SIIs）的监管政策；随后，各国再基于本国国情，构建国内系统重要性金融机构（D-SIFIs）监管框架。

针对SIFIs的相关监管政策大致可以分为三种类型：①事前规避型，通过引导SIFIs降低其系统重要性，比如限制商业银行从事自营业务，激励保险机构分离非传统非保险业务等，使其逐渐退出SIFIs名单，从源头上解决SIFIs带来的系统风险问题。②事中防范型，即不干涉SIFIs现有的规模和业务状态，通过强化监管、提高其损失吸收能力来尽可能维持SIFIs的稳健经营，比如对SIFIs实施附加资本要求、更高的流动性覆盖率要求等。③事后补救型，主要是为SIFIs制订恢复及处置计划，当SIFIs出现经营困难时，可以触发恢复计划，通过业务拆分、债务重组等措施进行恢复。

在此基础上，为进一步解决全球系统重要性银行（G-SIBs）"大而不能倒"的问题。2015年11月G20安塔利亚峰会通过了总损失吸收能力（Total Lost Absorb Capability，TLAC）要求，在不削弱巴塞尔Ⅲ相关资本要求前提下，进一步增强G-SIBs损失吸收能力，要求其拥有充足的资本和合格债务工具，在经营困难时有能力实行"自救"。TLAC是指G-SIBs在进入处置程序时，能够通过减记或转股方式吸收银行损失的各类资本或债务工具的总和。TLAC的监管指标较为严格，且范围较广。如相关机构TLAC与风险加权资产的比率截至2019年不低于16%，2022年不低于18%；TLAC与杠杆率分母的比率（即TLAC/银行资产负债表内外资产余额总和）截至2019年不低于6%，2022年不低于6.75%。

（四）公司治理和薪酬

金融危机暴露出金融机构高管薪酬过高、激励机制不合理的问题。一方面金融机构的高管在企业内部对于薪酬方案的制订拥有很高的话语权，另一方面高管同时还享有来自所在企业的多项非现金福利，如股权激励、退休后的"金色降落伞"等。此外，在制定薪酬方案过程中过高的话语权以及复杂的薪酬支付形式使得高管的薪酬几乎不受业绩的影响，亦即他们不会因为公司业绩下滑而遭受个人薪酬的损失，反倒会因公司的绩效提升而获得奖金。本质上讲，这就从激励机制上诱发了严重的代理问题，使得高管有动力去做更高风险的决策，甚至为了扩大业务规模而不计代价。同时，这样的事实也暴露出关于高管薪酬约束的相关法律并不健全，董事会对高管薪酬监督作用不足，传统期权薪酬的激励结构并不科学等问题。于是，G20集团于2009年在伦敦峰会提出要制定新的原则规范银行高管人员的薪金奖酬，以抑制金融机构高管过度冒险的行为，防止金融市场再次崩盘。同年，金融稳定委员会出台了《稳健薪酬实践原则》（Principles for Sound Compensation Practices）和《稳健薪酬实践执行标准》（Implementation Standards for the FSB Principles for Sound Compensation Practices），旨在将推动稳健薪酬机制的行动纳入到广泛的全球金融监管改革中，与资本和流动性管理框架相结合，共同构成公司治理与风险控制的坚实基础。

2011年5月，BCBS发布《薪酬制度与风险、业绩挂钩的方法》（Range of Methodologies for Risk and Performance Alignment of Remuneration），其中薪酬制度的调整涉及绩效考核政策、事前风险调整、递延与事后调整、薪酬支付流程等内容。该文件规定，机构所采用的基于风险和业绩的调整方法必须既与其长期风险偏好相一致，又与其风险管理框架和公司治理结构相协调。7月，BCBS又发布了《第三支柱薪酬信息披露要求》（Pillar 3 Disclosure Requirements for Remuneration），要求银行将薪酬信息纳入第三支柱信息披露的范围之中，并明确规定了新要求的应用范围，薪酬结构的设计、执行和审查频率，薪酬信息的披露方法和频率，风险及合规工作人员的薪酬独立情况，以及定性、定量披露的关键事项等内容。总体来看，对薪酬制度的国际监管主要有四个方面：第一是公司治理方面，董事会须对薪酬制度的制定和运行负责；第二是薪酬设计方面，要求薪酬与风险相匹配；第三是管理方面，明确风险、内控部门的责任；第四是监督方面，鼓励利益相关者有效监督和积极参与。

（五）影子银行

影子银行的概念最早在2007年由太平洋投资管理董事长Pull McCully提出，但是目前最为广泛接受的定义是由金融稳定理事会提出的"影子银行是指游离于银行监管之外，可能引发监管套利和系统性风险等问题的信用中介体系"。由于影子银行的债权结构呈现债务短期、债权长期的特点，使得银行的流动性从强转弱，信用期限结构改变从而出现期限错配，面临潜在的流动性风险和坏账风险。此外，影子银行还有着十分复杂的信用衍生关系，面临潜在的信用风险，而衍生产品本身具有高杠杆特性，很容易与影子银行的表外业务相结合，成为系统性风险的来源和金融不稳定的诱因。

FSB 于 2010 年 12 月成立了影子银行体系工作组,专门研究对影子银行体系加强监管的问题。2011 年,FSB 影子银行体系工作组先后发布了《影子银行体系:范围问题》《影子银行体系:进展和下一步措施》和《影子银行体系:强化观测和监管》三份报告,对影子银行体系的监管提出了总体思路:一是对影子银行体系的监管应着眼于其业务活动所产生的系统性风险及其外部性,即影子银行体系崩溃对金融稳定和社会经济造成的冲击和产生的社会成本。二是对影子银行体系的监管措施应灵活多样,在市场准入、资本要求、流动性、业务范围等方面都应制定相应的监管标准。三是对影子银行体系的监管措施应进行整体设计,监管措施应具有前瞻性,致力于发现和预防潜在的系统性风险。四是对影子银行体系的监管应持续进行,监管当局应定期进行监管后的总结和评估,不断完善监管措施。

(六)衍生产品

无序的场外衍生品交易是 2008 年全球金融危机的诱因之一。当时许多衍生品如抵押担保债券、信用违约互换等没有相应的监管法规,盲目发展,而衍生品本身的高杠杆特性又将系统性风险迅速放大并传播至全世界,最终对全球经济造成严重的负面冲击。因此,G20 明确要求加强场外衍生品市场监管。G20 在危机后的几次峰会中都要求各国监管机构加快采取行动减少信贷违约互换(Credit Default Swap,CDS)和场外衍生品交易的系统风险,增加市场透明度。2009 年,G20 明确提出几点要求:一是在 2012 年底之前,所有标准化场外衍生品合约均应在交易所或电子交易平台交易,并通过中央交易对手结算;二是场外衍生品合约应当报告给交易资料库;三是对非中央结算的合约应当提出更高的资本要求;四是要求 FSB 及其成员应定期评估实施情况及其是否足以提高衍生品市场透明度,减少系统风险,防止市场滥用行为。

根据 G20 提出的要求,金融稳定理事会(FSB)与国际清算银行(BIS)、国际货币基金组织(IMF)、国际证监会组织(IOSCO)、国际掉期与衍生工具协会(International Swaps and Derivatives Association,ISDA)、国际保险监管者协会(IAIS)等多个国际组织,对衍生品监管提出了一些新的工具和手段,主要内容有:推动中央对手方结算机制、标准化 CDS 合约、强化 CCPs(Central Counterparties,中央对手方清算制度)标准、增强 CDS 市场的透明度并加大监管力度、修订对场外衍生品交易的资本要求以便充分反映衍生品的风险。此外,国际机构也积极推动衍生品市场规则发展,比如支付清算体系委员会(Committee on Payment and Settlement Systems,CPSS)和国际证监会组织于 2011 年 3 月发布了关于协调一致的金融市场基础设施原则的报告,涉及支付体系、中央证券存管机构、证券结算体系和中央交易对手,还包括关于交易资料库的指引。

第二节 巴塞尔协议及其演变

20世纪70年代以来,随着全球经济一体化趋势的增强,跨国银行在金融市场上扮演着越来越重要的角色。然而,由于跨国银行在多个国家设置分支机构,母国和东道国均不能对其实施全面有效的监管,加之国际上也尚未形成统一的监管规则,因此给金融监管带来了新的挑战。同时,由于跨国银行的业务不断扩张,银行业危机的传染性和对经济的破坏性都明显增强。1974年底,十国集团(G10)在瑞士巴塞尔成立巴塞尔银行监管委员会(Basel Committee on Banking Supervision,以下简称"巴塞尔委员会"),就国际金融监管事宜制定了一系列协议。

一、巴塞尔Ⅰ的主要内容

巴塞尔Ⅰ主要由《关于统一国际银行资本衡量和资本标准的协议》(International Convergence of Capital Measurement and Capital Standards,1988年7月公布)和《资本协议市场风险补充规定》(Amendment to the Capital Accord to Incorporate Market Risks,1996年1月公布)两份文件组成,其监管框架覆盖了信用风险和市场风险,确立了国际统一的银行监管标准,提出了最低资本充足率这一监管指标,有力地提高了商业银行的风险管理水平,进而增加了整个银行体系的稳定性。

(一)巴塞尔协议的雏形与巴塞尔Ⅰ的诞生

1975年9月,巴塞尔委员会通过了《对银行国外机构的监管报告》(Report on the Supervision of Banks' Foreign Establishments,又称《库克协议》),旨在解决跨国银行的监管主体缺位问题。该协议建立了各国监管当局对银行国外机构进行监管合作的若干准则,并开创了国际银行业监管组织对国际银行进行监管的先例。作为对1975年协议的补充,1978年10月,巴塞尔委员会又发布了《综合资产负债表原则》(Consolidation of Banks' Balance Sheets: Aggregation of Risk-bearing Assets as a Method of Supervising Bank Solvency),提出要基于银行或银行集团在各地从事的全部业务,全面考察风险暴露程度(包括风险集中度和资产质量)、资本充足率、流动性、清偿能力、外汇业务与头寸。然而,由于各国的监管标准存在差异,母国和东道国常常对监管责任的划分产生分歧。因此,1983年5月,巴塞尔委员会公布了《对银行国外机构的监管原则》(Principles for the Supervision of Banks' Foreign Establishments），以解决监管实践中各国标准不同、责任不清的问题。协议规定银行的任何海外机构都不得逃避监管，并要求对跨国银行进行充分监管。

20 世纪 80 年代，在拉美债务危机的影响下，传统的以资产大小为银行实力象征的观念受到挑战，同时，各国不同的资本要求引发的不平等竞争问题亟待解决。面对这一局面，巴塞尔委员会着手制定多边协议以解决相关问题，巴塞尔协议由此诞生。1988 年 7 月，巴塞尔委员会公布了《关于统一国际银行资本衡量和资本标准的协议》（International Convergence of Capital Measurement and Capital Standards），即巴塞尔协议（以下简称"巴塞尔Ⅰ"）。巴塞尔Ⅰ是国际金融监管领域的开创性文件，它建立了一套完整的、国际通用的、以加权方式衡量表内与表外风险的资本充足率标准，有助于银行进行全面管理风险，也有助于保护存款人的利益和维护公众对银行的信心。在当时的经济环境下，受债务危机影响，银行普遍注重对信用风险（Credit Risk）的防范和管理，因此该协议主要强调信用风险。然而，随着金融创新的发展，新的风险不断涌现，巴塞尔Ⅰ也因此面临更新需求。1996 年 1 月，巴塞尔委员会公布了《资本协议市场风险补充规定》（Amendment to the Capital Accord to Incorporate Market Risks），市场风险（Market Risk）被纳入监管框架。1997 年，在东南亚金融危机的影响下，全面风险管理模式引起了人们的重视，巴塞尔委员会于当年推出的《有效银行监管的核心原则》集中体现了这一领域的进展。

（二）《关于统一国际银行资本衡量和资本标准的协议》

《关于统一国际银行资本衡量和资本标准的协议》是巴塞尔Ⅰ的主要组成部分，该协议从资本标准和资产风险两方面对银行提出了明确要求，确立了以资本充足率（Capital Adequacy Ratio，CAR）为核心的资本监管框架。资本充足率反映了商业银行在存款人和债权人的资产遭到损失之前，该银行能以自有资本承担损失的程度。该协议将资本充足率定义为资本金占加权风险资产总额的比例，其计算方法和计算标准涉及以下四部分内容：

一是资本构成。协议将商业银行的资本分为核心资本和附属资本，其中核心资本也称为一级资本，是银行资本中最重要的组成部分，主要包括实收资本（或普通股）和公开储备（股票发行溢价、资本公积、盈余公积、留存利润）；附属资本也称二级资本，主要包括未公开储备、重估储备（物业和股票的重估增值，计入资本时要打折扣）、普通呆账准备金、混合债务工具以及长期次级债券。

二是在计算表内风险加权资产时，按照资产类别、性质及债务主体的不同，将表内资产划分为0、20%、50%和100%四个风险权重档次,再把资产的账面价值与对应的风险权重相乘,进而得出经风险加权后的资产数额。

三是对于表外资产,先通过信用转换系数将表外授信业务转化到表内,再视作相应的表内业务进行风险加权。将表内风险加权资产与表外风险加权资产相加便可以得到风险加权资产总额。

四是对商业银行设定了最低资本要求,规定商业银行的总资本充足率((核心资本+附属资本)/风险加权总资产)不得低于8%,核心资本充足率(核心资本/风险加权总资产)不得低于4%。此外,附属资本中长期次级债务最多不能超过核心资本的50%,附属资本中普通贷款损失准备金最多不能超过风险加权资产的1.25%(特殊或临时情况下可达2%)。但是,该协议只要求商业银行针对信用风险进行资本计提。

考虑到世界经济和金融体系的迅速发展,巴塞尔委员会在1991—1997年间对协议做了四处较大改动:①允许将一般准备金计入附属资本当中(1991年11月修订);②关于经合组织风险权重系数使用范围的界定(1994年7月修订);③将一些表外科目和以经合组织非中央政府公共部门机构所发行的证券当作可抵押的债权(1995年4月修订);④删除了过渡期与实施安排方面的内容。

(三)《资本协议市场风险补充规定》

在银行满足最低资本充足率要求的情况下,以金融衍生品为主的市场交易风险频发,使得国际银行业中大型银行倒闭或亏损的事件层出不穷。1995年巴林银行(Barings Bank)的倒闭促使人们意识到既有监管体系的缺陷。于是在1996年,巴塞尔委员会公布了《资本协议市场风险补充规定》,要求针对市场风险计提相应的资本准备金,以补充巴塞尔 I 的风险覆盖范围。该规定主要由风险测量框架和资本要求两部分构成:

在风险测量框架方面,《资本协议市场风险补充规定》要求商业银行必须以量化模型准确计量自己承受的市场风险。巴塞尔委员会将市场风险界定为因市场价格波动而导致表内外头寸损失的风险,既包括银行从事交易性债券、股票和相关表外科目业务时承受的价格变动风险,也包括银行的外汇买卖和商品(如贵金属交易)风险。具体的量化模型包括标准测量法和内部模型法。

在资本要求方面,《资本协议市场风险补充规定》在原协议规定的一级资本与二级资本金以外,引入了三级资本金。三级资本金为原始期限不得少于两年的次级债务,只能用于补偿市场风险,使用金额上限为用于补偿市场风险的一级资本的250%。在计算资本充足率时,分母为将市场风险预测值乘以12.5,再与原有的信用风险加权资产相加而得到的加权风险资产总额,分子则是一级资本、二级资本与三级资本的总和。

《资本协议市场风险补充规定》重申了资本充足率不能低于8%的要求,并对巴塞尔Ⅰ做出进一步延伸。由于该规定同时考虑了信用风险和市场风险,因此对商业银行的最低资本金要求实际上增加了。

(四)巴塞尔Ⅰ的实施及影响

由于巴塞尔委员会成员国代表了世界上的主要经济体,且巴塞尔Ⅰ的监管理念和监管工具展现出较高的科学性和合理性,因此,虽然该协议不具备法律效力,但也依然被世界各国监管当局广泛实施。

1. 巴塞尔Ⅰ在主要经济体的实施情况

(1)英国。由于英国银行资本比率相对充足,巴塞尔Ⅰ在英国具备较为充分的实施条件。英格兰银行于1988年1月即推出了新的监管条例,该条例的某些规定(如呆账准备金不列入资本计算)甚至比巴塞尔协议更为严格,同时监管对象也不仅仅局限于银行,而是包括所有的金融机构。

(2)日本。在巴塞尔Ⅰ开始实施时,日本银行业的资本充足率平均只有3%,为了减少巴塞尔Ⅰ对银行业务的冲击,日本各大银行通过将表外资产45%的潜在资本收益计入二级资本来提高资本充足率,但这种方法是不可持续的。此后,由于股市不振,各家银行不得不依赖增加资本、压缩资产负债规模的方式来提高资本充足率,甚至导致部分银行的总资产规模在1996年出现了负增长。

(3)中国。1994年,中国人民银行印发了《商业银行资产负债比例管理考核暂行办法》,提出了我国商业银行资本充足率指标的计算方法和考核要求;1995年颁布的《商业银行法》规定商业银行资本充足率不得低于8%;1996年,中国人民银行又制定了《商业银行资产负债比例管理监控、监测指标和考核办法》,以巴塞尔Ⅰ为基础对资本充足率的计算提出了具体要求。在巴塞尔Ⅰ的影响下,我国银行业开始建立科学的风险管理体系,但不良率过高、资本充足率较低的问题随之凸显,最终政府采取对银行注资以及大幅剥离不良资产的方式以提高资本充足率。

2. 巴塞尔Ⅰ的影响

巴塞尔Ⅰ自公布以来,便成为世界各国监管机构对商业银行实施监管的国际准则,对国际银行业监管体系产生了重要影响。它强调了商业银行资本监管的重要性,考虑了银行资产的不同风险程度。通过设置资本充足率指标,协议引导商业银行扩充资本金,限制资产的大规模、无节制扩张,并使得商业银行注重调整资产结构,从而有效提高了商业银行的抗风险能力。

(五)巴塞尔Ⅰ的评价

巴塞尔Ⅰ在银行监管发展历程中位于核心地位。一方面,它提供了统一的国际银行监管标准,为国际银行间的竞争创造了一个公平的环境。另一方面,它提倡基于风险的资本管理体系,强化了商业银行的风险管理能力。

1. 建立了统一的监管标准

巴塞尔Ⅰ创立了全球统一的银行风险监管框架,倡议各国监管当局重视资本金在防范银行风险中发挥的重要作用。在巴塞尔Ⅰ公布前,由于各国监管标准宽严不一,导致监管严格与监管松散的商业银行在国际业务中存在不平等竞争。巴塞尔Ⅰ通过就银行的资本与风险资产的比率制定国际统一的计算方法和计算标准,减少了各国针对银行资本数量规定的差异,从而促进了国际银行业开展公平竞争。同时,由于巴塞尔Ⅰ简单易行,它也受到了很多非成员国的青睐。这使得巴塞尔Ⅰ成为被世界多个国家和地区广泛承认并实施的监管准则。

2. 开创了基于风险的资本监管先河

巴塞尔Ⅰ开启了基于风险的资本监管的新方向。该协议的核心指标是资本充足率,在计算过程中需采用不同的风险权重对资产进行加权,与之前的资本资产比例、资本存款比例等监管指标相比,这种方法对风险的考量更为精确。并且,通过设置最低资本充足率要求,协议在一定程度上增加了存款人和债权人的信心。数据显示,自巴塞尔Ⅰ实施以来,十国集团的大银行的资本充足率从1988年的9.3%上升到1996年的11.2%,这体现了巴塞尔协议在实践中取得的良好成果。

3. 实现了以风险为导向的监管

巴塞尔Ⅰ将监管重心从银行的资产负债状况转移到了银行的风险资产,实现了以风险为导向的监管。协议强调了风险计量在资本管理过程中的重要性。通过对不同资产设置不同的风险权重,协议可以在一定程度上反映银行信贷投资组合的风险轮廓,为衡量商业银行的真实风险水平和提升商业银行的风险管理能力提供科学的标准和途径。

(六)巴塞尔Ⅰ的局限性

尽管开创了国际银行监管的新局面,巴塞尔Ⅰ在具体实施过程中还是暴露出了一定的局限性,主要有以下几点:

1. 需结合各国实际情况差异化实施

巴塞尔Ⅰ虽然建立起了国际统一的监管标准,但由于不同国家间的会计准则和融资成本存在差异,相同的监管标准反而可能导致国际银行间的不公平竞争。因此,各个国家需考虑辖区内银行的经营特点和发展情况,进行差异化实施。具体而言,各国可以在协议指导意见的基础上,根据国情安排过渡期与实施计划,也可以根据国内金融机构的发展状况对监管标准进行合理调整,如适当提高资本充足率标准。如对于资本实力相对较强、国际业务较广的倡议国银行与资本实力较弱或是较少涉及跨国业务的非倡议国银行,巴塞尔协议可以允许二者采取不同的实施计划。此外,对于一国国内银行来说,监管标准的实施成本在经营规模与业务模式不同的银行间存在差异,如相对于大银行,小银行实施成本较高。因此统一的监管标准不利于小银行的健康发展,这也显示了差异化实施的重要性。

2. 对于风险的考量仍需改进

(1) 风险覆盖不全面。协议仅仅将信用风险和市场风险纳入监管框架,并没有考虑操作风险(Operational Risk)、声誉风险(Reputational Risk)、流动性风险(Liquidity Risk)等。即便银行达到资本充足率要求,也仅反映其具有良好的抵御信用风险和市场风险的能力,一旦其他风险积累到一定程度,银行依然会陷入经营困境。随着利率管制的放松、银行业务自动化程度的提高和银行经营范围的扩大,操作风险的破坏力与日俱增。这些新情况给巴塞尔Ⅰ提出了新的要求。

(2) 风险度量方法滞后于复杂多变的金融市场。风险计量方式落后于日趋复杂的金融业务,导致资本与银行风险的挂钩不够紧密,从而降低了监管的有效性。

(3) 风险敏感性较低。巴塞尔Ⅰ对资产风险权重档次的划分较为粗糙,只是按照风险属性粗略划分为四类,没有考虑同类资产不同信用等级的差异。例如,所有企业借款人的风险权重均定为100%,忽略了不同企业个体之间存在的差异。同时,巴塞尔Ⅰ在国家信用的风险权重处理方面也存在缺陷,如规定经合组织(Organization for Economic Co-operation and Development,OECD)成员国主权风险权重为0,非经合组织成员国主权风险权重为20%,将信用标准扭曲为国别标准。上述情况导致风险权重不能准确反映资产的真实风险状况,降低了风险权重对于风险程度的敏感性。

因此,即使巴塞尔Ⅰ赋予风险资产不同的风险权重,以促使银行为满足资本充足率要求而选择经营风险较低的资产,但由于风险权重的敏感性较低,在同一风险权重下的资产并非具有完全相同的风险属性，导致银行倾向于经营特定权重下风险相对较高的资产，显然与监管初衷背道而驰。

3. 金融创新引发监管套利

20世纪90年代以来，随着金融创新的发展，已有的监管约束推动了国际银行界的资本套利现象，表现为商业银行利用一系列工具和手段增加实际风险而无须配置资本，从而使得原有资本充足率标准在实际风险加大的同时仍旧得到满足。监管资本套利现象主要包括：银行通过将低质量的信贷资产证券化来降低原有资产的风险权重、采用控股公司的形式来逃避资本金约束。该类手段虽帮助银行逃避监管，降低经营成本，但导致银行体系的风险加大，削弱了巴塞尔Ⅰ的有效性。

二、巴塞尔Ⅱ的主要内容

巴塞尔Ⅱ延续和发展了巴塞尔Ⅰ以资本充足率为核心的监管思路，构建了以最低资本金要求、外部监管和市场约束为三大支柱的监管框架，鼓励银行发展更为精细的风险评估体系，促进了银行风险管理水平的提高。

（一）从巴塞尔Ⅰ到巴塞尔Ⅱ

巴塞尔Ⅰ作为国际银行业的监管准则，对于防范金融风险具有重要意义。但随着银行经营复杂程度的增加，巴塞尔Ⅰ越来越滞后于实际风险监管的需要。从1988年起，结合新的风险管理技术和计量手段，巴塞尔委员会开始对巴塞尔Ⅰ进行全面修订。1999年6月，巴塞尔委员会第一次公布了修订1988年巴塞尔协议的征求意见稿；此后，又分别于2001年6月和2003年4月推出第二稿、第三稿；最终在2004年6月，十国集团央行行长一致通过《资本计量和资本标准的国际协议：修订框架》（International Convergence of Capital Measurement and Capital Standards: A Revised Framework），我们称之为巴塞尔新资本协议（以下简称"巴塞尔Ⅱ"）。

巴塞尔Ⅱ延续了巴塞尔Ⅰ以资本监管为核心的风险监管思路，在此基础上增加了外部监管和市场约束两大支柱。在巴塞尔委员会成立之初，相关协议主要围绕跨境银行的监管协作而制定，之后由于国际金融环境的复杂多变，委员会对巴塞尔协议进行多次修订，巴塞尔协议的适用范围不断扩大。从巴塞尔Ⅰ到巴塞尔Ⅱ，一系列主要文件的发布（见表5-1）使得监管规则不断完善。巴塞尔Ⅱ以其更加全面、更为复杂的监管标准为商业银行提供了内部风险管理的参考依据，也为各国监管当局提供了有力的监管工具。

表5-1 巴塞尔Ⅰ与巴塞尔Ⅱ的主要演变历程

发布日期	系列核心文件	
	中文名称	英文名称
1975.09	对银行国外机构的监管报告	Report on the Supervision of Banks' Foreign Establishments
1978.10	综合资产负债表原则	Consolidation of Banks' Balance Sheets: Aggregation of Risk-bearing Assets as a Method of Supervising Bank Solvency
1983.05	对银行国外机构的监管原则	Principles for the Supervision of Banks' Foreign Establishments
1988.07	关于统一国际银行资本衡量和资本标准的协议	International Convergence of Capital Measurement and Capital Standards
1996.01	资本协议市场风险补充规定	Amendment to the Capital Accord to Incorporate Market Risks
2004.06	资本计量和资本标准的国际协议：修订框架	International Convergence of Capital Measurement and Capital Standards: A Revised Framework

资料来源：巴塞尔委员会官方网站。

（二）巴塞尔Ⅱ的主要改进

20世纪90年代以来，新技术的应用为开发复杂的金融产品提供了支持，银行通过开展表外业务规避监管的现象越来越普遍，这暴露了巴塞尔Ⅰ风险管理技术的落后。因此，巴塞尔委员会着手对巴塞尔Ⅰ进行全面修订，经过长达五年的讨论和修改，巴塞尔Ⅱ才正式定稿。相比于巴塞尔Ⅰ，它的主要改进体现在下面几个方面：

1. 新监管框架更加完善与科学

在最低资本要求的基本原则基础上，巴塞尔Ⅱ增加了外部监管和市场约束来对银行风险进行监管，从而构建起以资本充足率、外部监管和市场约束作为三大支柱的监管框架。

（1）坚持以最低资本充足要求为核心。巴塞尔委员会将最低资本充足要求视为最重要的支柱。巴塞尔Ⅱ依然保持8%的最低资本充足率要求，但覆盖的风险种类更为全面。它要求为操作风险配备单独的资本，从而把操作风险纳入资本充足率⊖的计算中。在风险的计量方面，巴塞尔Ⅱ提出了更全面、更精确地评

⊖ 改进后，资本充足率=（核心资本+附属资本+三级资本）/（信用风险加权资产+12.5×市场风险资本要求+12.5×操作风险资本要求）

估信用风险的方法,即内部评级法(Internal Rating Based Approach,IRB)。另外,在对交易账户和银行账户利率风险的处理上,由于国际活跃银行的银行账簿下利率风险的特征具有很大差异,需各国监管当局对利率风险的度量体系进行重点检查,因此巴塞尔Ⅱ将银行账户的利率风险放在第二支柱下处理。对于交易账户的利率风险,协议仍将其放置在第一大支柱下。

(2)引入外部监管。巴塞尔Ⅱ希望通过引入外部监管以减少银行利用信息不对称而做出的违规行为。由于巴塞尔委员会注意到不同国家的具体金融环境存在差异,因此协议明确要求各国监管当局应根据各国银行业实际风险进行灵活监管。例如,各国监管当局可以根据各国的具体情况自主确定不低于8%的最低资本充足要求。同时,许多风险衡量指标与方法也需要各国根据自身实际情况确定,如各国可以选择采用标准法或内部评级法对信用风险进行衡量,并根据辖区内银行的规模和复杂程度采取不同的风险计量方法。因此,通过给予各国监管当局一定的自由裁量权,各国监管当局可以根据本国金融发展水平以及辖区内不同银行的特点进行差异化实施。

为了实现更为有效的监管,巴塞尔委员会制定了四项监管原则:①监管当局应当根据银行的风险状况和外部经营环境,全面判断银行的资本充足率是否达到要求。②银行应参照承担风险的大小,建立起严格的内部评估体系,使其资本水平与风险度相匹配,并制定维持资本充足水平的战略。③监管当局应及时对银行的内部评价程序与资本战略、资本充足状况进行检查和评价,以确保每家银行有合理的内部评级程序。④在银行资本充足率未达要求时,监管当局要及时对银行实施有效干预,并可要求银行持有超过最低比率的资本。监管当局可以采用非现场稽核、现场检查或与银行管理部门座谈的方式来对银行进行评估。同时,为了实现向内部评级法的转换,商业银行应向监管当局报送内部风险评估制度安排、资产分类制度安排等。该协议下,监管当局更加重视银行内部风险评估体系的建设。

(3)引入市场约束。巴塞尔Ⅱ引入市场约束机制,认为市场约束可以迫使银行合理分配资金、有效控制风险。这一运作机制依赖于利益相关者的利益驱动,存款人、债权人、股东等人出于对自身利益的考虑,会密切关注银行的经营状况,并对一些信息做出反应。因此,风险较低的银行可以凭借较为宽松的条件获得资金,而风险较高的银行则会被要求支付更高的风险溢价,存款人和债权人会要求他们提供更高的利息,交易对手会要求提供额外的抵押物等。因此,市场可以通过自身的奖惩机制影响银行的经营成本和竞争能力,从而促使银行保持充足的资本水平。

市场约束机制有效实施的前提是银行信息披露水平的提高。巴塞尔Ⅱ提出了全面信息披露的理念，要求银行及时提供准确全面的信息，以供市场参与者据此做出判断。具体的信息披露要求主要包括：①商业银行应在应用范围、资本构成、风险评估、管理过程及资本充足性等方面进行信息披露，不仅包括定性信息，而且包括定量的信息。②强调有关风险和资本关系的综合信息披露，监管机构要对银行的信息披露体系进行评估。③信息披露应是全面的，不仅要披露核心信息，而且要披露附加信息。④这些信息至少应体现在每年的财务报表中，最好每半年一次，并且巴塞尔委员会希望有任何重大事项或变化发生时都应立即披露。

2. 扩大风险资本要求范围

巴塞尔Ⅱ对风险的认识更为全面，其要求商业银行为操作风险配备相应的资本，扩大了资本对风险的覆盖范围。巴塞尔Ⅱ对操作风险进行明确界定：操作风险是指由不完善或有问题的内部程序、人员及系统或外部事件所造成损失的风险。同时指出，该风险包括法律风险，但不包括策略风险和声誉风险（Strategic and Reputational Risk）。为了帮助商业银行更好地衡量操作风险，巴塞尔Ⅱ提供了多种可供选择的方法，包括基本指数法、标准法和内部评级法。这三种方法的复杂性和风险敏感度逐渐提升，银行可以根据自身情况选择合适的方法。

这一规定对商业银行的风险管理提出了新的要求，体现了商业银行从单一风险管理向全面风险管理理念的转变。

3. 更具敏感性的信用风险衡量方法

巴塞尔Ⅱ在信用风险衡量方法上取得了重大突破。其一方面调整了原有的标准法，另一方面提出了内部评级法。

首先，在标准法方面，协议增加了50%和150%两个风险权重等级。在风险权重的确定上，对于政府债权，银行可以根据外部评级结果确定；对于银行债权，可以在所在国政府债务的风险权重的基础上提高一个档次，或直接以银行自身评级结果为依据；对于企业债权，新框架建议一般为100%，但高信用等级的企业（AA以上）的权重可以降低，信用等级特别低的企业的风险权重可以达到150%。

其次，内部评级法（Internal Rating Based Approach，IRB）的提出是巴塞尔Ⅱ的一大创新之处。由于标准法是通过外部评级机构来确定商业银行各项资产的风险权重，虽简便易行，但随着金融环境复杂程度的提高，标准法无法准确衡量银行资产的风险状况。内部评级法的推出提高了监管资本对风险的敏感度。

在 IRB 法的结构下，银行首先将资产进行风险暴露分类，再根据各类资产风险特征估计风险因素，将估计结果输入相应风险权重函数，结合违约风险暴露从而测定风险加权资产，根据相应资本水平，算出银行的资本充足率。具体来看，首先，在风险暴露类别方面，银行需按其账户的信用风险特征，将其资产分为公司、主权、银行、零售和股权五大类。其次，风险因素度量是 IRB 法的关键，它包括四个基本要素：①违约概率（Probability of Default，PD），指特定时间段内借款人违约的可能性。②违约损失率（Loss Given Default，LGD），指预期违约发生后损失占风险暴露的比重，一般包括本金、利息及相关处置成本。③违约风险暴露（Exposure At Default，EAD），指对某项贷款承诺而言，发生违约时可能被提取的贷款额。④有效期限（Maturity，M），指某一风险暴露的剩余经济到期日。再次，巴塞尔 II 为每类风险暴露都提供了相应的风险权重函数，由 PD、LGD、M 等输入推导而得。最后，协议说明了对 IRB 法的准入要求。内部评级法分为初级法和高级法，选择初级法的银行只需计算违约概率，其余要素按照监管机构的参数设定即可。若银行选择高级法，则这四个要素均由银行自身确定。监管机构鼓励具有较高风险管理水平和充分数据的银行选择高级的内部评级法，但也允许风险管理能力较低的银行继续使用标准法。此外，由于高级法赋予了银行较大的自主性，压缩了外部监管机构的监管空间，只有在获得监管机构的认可后，商业银行才可以使用高级法。

内部评级法使得银行可以根据内部资料采取更有针对性的风险管理措施，有效提高了计提资本的精确度和敏感度。此外，内部评级法更为灵活，有利于银行间相互吸收借鉴风险管理经验。

4. 抑制监管套利行为

巴塞尔 II 扩大了资本约束范围，从而在一定程度上抑制了监管套利行为。首先，由于资产证券化可使银行在符合巴塞尔 I 要求的情况下避免持有与所在风险相适应的资本，导致资本套利行为。因此，巴塞尔 II 对证券化的处理方法做出了明确规定，形成了以三大支柱为核心的资产证券化监管框架。在第一支柱下，协议明确了资产证券化的概念与实质、规定了风险转移过程中的操作要求、设置了银行对证券化风险暴露应配置的最低资本要求，并提出采用标准法与内部评级法对资产证券化风险暴露进行计量。在第二支柱下，协议加强了监管当局对资产证券化业务的监督检查。在第三支柱下，协议明确了参与证券化操作的银行在标准法和内部评级法下定量披露和定性披露的责任。

其次，由于巴塞尔 I 并未对控股公司的资本充足率做出要求，导致许多银行采用控股公司的形式逃避监管。因此，在巴塞尔Ⅱ中，以商业银行业务为主导的控股公司开始受到资本充足比率的约束。巴塞尔Ⅱ资本监管框架强调了控股公司下不同机构的并表监管，并在次级并表和全面并表的基础上，将资本充足率的监管范围扩大到银行集团内部不同层次的商业银行和银行集团的持股公司。

（三）巴塞尔Ⅱ的实施及影响

自2004年巴塞尔Ⅱ公布以来，各个国家和地区的监管机构和银行在不同程度上推进巴塞尔Ⅱ的实施。巴塞尔Ⅱ对银行的风险管理能力提出了更高的要求，对银行的风险管理体系产生了巨大影响。

1. 巴塞尔Ⅱ在主要经济体的实施情况

2004年，巴塞尔Ⅱ正式颁布后，为使得各国能够按照巴塞尔Ⅱ的要求建设风险管理体系，协议给世界各国安排了缓冲期。按照巴塞尔Ⅱ确定的实施时间表，十国集团等发达国家应于2007年1月1日起开始实施新协议，风险评估法中的高级法则从2008年年初开始实施。对于各新兴市场国家，协议的时间限制则相对宽松，各国可以依照自身情况制定实施协议的时间表。

（1）欧盟。2005年10月，欧盟委员会通过了《资本要求指令》（Capital Requirements Directive，CRD），明确规定欧洲国家将实施巴塞尔Ⅱ视为一项法定义务。根据CRD，商业银行、信贷机构以及其他吸收存款的金融机构都将实施巴塞尔Ⅱ。为了确保欧洲各国在实施巴塞尔Ⅱ第二支柱上的一致性，欧洲银行监管委员会在银行内部资本评估过程、监管当局检查评估及银行与监管当局之间的对话机制等方面出台了一系列文件。欧盟计划在2006年底达到巴塞尔Ⅱ的标准法和IRB法基础版本的要求，到2007年年底达到IRB法高级版本的要求。

（2）美国。相比于欧盟，美国推行巴塞尔Ⅱ的进展较为缓慢，2005年10月，美国发布了BASEL 1A（ANPR），明确规定将巴塞尔Ⅱ推迟到2008年执行。ANPR把风险权重的种类增至9个，包括了35%、75%、150%、350%，允许使用外部评级，并扩展了抵押品的种类[⊖]。

在风险衡量方面，美国对于不同银行提出了不同的监管要求。2008年7月，美国监管当局要求美国资产规模超过2500亿美元或境外风险暴露超过100亿美元的银行强制实施新协议规定的信用风险的高级内部评级法和操作风险的高级

⊖ 巴曙松，牛播坤，向坤.《巴塞尔新资本协议实施路径的国际差异比较及其发展趋势》[J]. 国际金融研究，2006（4）.

计量法；允许10家左右大银行自主选择使用高级方法；允许8000多家社区银行或从事传统业务的一般性银行在巴塞尔Ⅰ与巴塞尔Ⅱ之间进行自主选择。

（3）中国。在2004年，中国监管当局提出了"两步走、双轨制"的实施巴塞尔新资本协议的总体战略，同年银保监会发布《商业银行资本充足率管理办法》，标志着巴塞尔Ⅱ本土化探索的开端。2006年5月，银保监会会同国内大型银行成立"巴塞尔新资本协议研究和规划项目组"，正式启动巴塞尔Ⅱ的实施准备工作。2007年2月，银保监会发布《中国银行业实施新资本协议指导意见》，标志着巴塞尔Ⅱ的实施工作在中国正式启动。2009年银保监会对第一批6家银行[1]实施巴塞尔Ⅱ的进展情况进行预评估，并于2010年9月对情况进行了总结。

2. 巴塞尔Ⅱ的影响

巴塞尔Ⅱ对银行的制度、设备、数据和人才等各个方面都提出了严格要求。为了达到这些要求，发达国家和地区的国际化大银行大都投入了巨额成本。对于包括中国在内的新兴市场国家来说，由于自身的风险管理能力较为薄弱，更需投入巨大的人力和财力以达到巴塞尔Ⅱ的监管要求。

但是，国外大型银行的实践表明，巴塞尔Ⅱ为商业银行带来了很多积极变化，包括：①促进银行建立统一强大的数据管理体系。②促进银行开发风险计量模型。③促进银行改造风险管理政策和流程。④高级计量法可以为银行带来资本节约，有助于大型银行进一步开拓市场空间。因此，与后期获得的收益相比，前期投入的成本是值得的。

（四）巴塞尔Ⅱ的评价

巴塞尔Ⅱ对银行监管提出了更高的要求，提高了银行的风险管理能力，指明了现代银行风险管理的发展方向，在监管理念、监管手段、监管角度上都有很大进步。

1. 监管理念不断创新

首先，从信用风险监管转向全面风险监管。1988年颁布的巴塞尔Ⅰ仅注重对信用风险进行监管，但从20世纪90年代起，各国监管当局开始重视场外衍生品及其风险，1996年颁布的《补充协定》要求对市场风险计提资本。而后，2004年颁布的巴塞尔Ⅱ将操作风险纳入监管框架，巴塞尔协议涵盖的风险范围不断扩大，这标志着银行监管从单一风险管理向全面风险管理的转变。全面风险监管的要求最终体现在最低资本要求上。通过改进最低资本充足率的计算方

---

[1] 包括中国工商银行、中国农业银行、中国银行、中国建设银行、交通银行、招商银行。

式，银行需为多种风险配置相应的资本，从而促进了国际银行体系的稳健。

其次，更加强调主动风险管理。巴塞尔Ⅰ对所有银行采用统一的外部监管标准，银行在进行风险管理时较为被动。巴塞尔Ⅱ提供了不同难度的风险衡量方式，并赋予了银行自主选择的权利，因此银行可以根据自身的业务复杂程度和风险管理水平灵活选取风险管理方法。比如，满足条件的银行可以采用内部评级法。

最后，更加强调激励相容。激励相容是指符合而不是违背投资者和银行利润最大化目标的监管，其可以促使银行出于自身利益与监管者合作。这一理念在巴塞尔Ⅱ中得到了很好的体现，比如选择高级法进行风险管理的银行所需配置的资本金较少，监管机构可以根据金融机构的不同特点设置不同的监管要求等。这不仅提升了银行的风险管理水平，也促使银行在金融市场的竞争中更为主动，从而协调了监管机构的监管目标和商业银行的经营目标。

2. 监管手段更加全面

（1）从单一支柱转向三大支柱的监管框架。与巴塞尔Ⅰ单一的最低资本充足率相比，巴塞尔Ⅱ由最低资本要求、外部监管、市场约束三大支柱组成。新的框架下三大支柱互为支撑，强调监管当局的监督检查和银行的信息披露，提高了银行的风险管理水平。

（2）从强调定量指标转向定量和定性指标相结合。在定量方法的使用方面，第一支柱下衡量信用风险和操作风险的高级方法体现了更为精细的制度标准和技术标准；在定性方法的使用方面，第二支柱下对资本充足的监管关注的是银行内部风险计量和管理过程，第三支柱下的市场约束关注的是风险和资本信息的披露。

（3）进一步强调国际合作监管。金融业的全球化推动国际监管合作的形成和发展，促使不同国家的监管机构通过合作将一家国际性银行的境内外机构、境内外业务进行并表监管。2003年8月，巴塞尔委员会发布了《跨境实施巴塞尔新资本协议的高级原则》，进一步强调母国和东道国监管当局之间的合作与协调。2004年5月，巴塞尔委员会重申监管当局紧密合作的重要性，并关注母国和东道国在高级方法上的合作。委员会还强调两国监管当局要就监管的目标、原则、标准、内容、方法以及实际监管中发现的问题进行协商和交流。

3. 监管角度更加多元

（1）从合规监管转向注重银行内部风险监管。巴塞尔Ⅰ衡量资本充足率是否符合量化的统一标准，是一种合规的监管。巴塞尔Ⅱ的监管重点则从原来单一的最低资本充足水平转向银行内部风险评估体系的建设状况。它关注的不再是银行的业务和风险水平是否符合事先规定的量化标准,而是银行如何度量和管理风险。

(2)从对银行的监管转向注重对金融集团的监管。巴塞尔Ⅰ的主要监管对象是银行,但随着金融服务集团化趋势的增强,对金融集团进行有效监管成为保证银行体系稳健性的重要内容,因此巴塞尔Ⅱ转向注重对金融集团的监管。巴塞尔Ⅱ强调了对金融集团进行并表监管,集团控股或控制的银行、证券公司和其他金融企业通常应包含在并表范围内;至于集团对银行、证券公司和其他金融企业的大额少数股权投资,则应依据各国的会计和监管要求,按照持股比例并表或从资本中扣除。在巴塞尔Ⅱ的框架下,资本充足率监管要求不仅适用于金融集团的持股公司,也适用于持股公司下属的各独立金融机构,从而突出了对金融集团的监管。

(五)巴塞尔Ⅱ的局限性

巴塞尔Ⅱ在实施过程中存在局限性,主要有以下几点:

1. 监管框架的顺周期性

顺周期性(Procyclicality)是指监管当局对监管资本的要求客观上会通过影响银行体系的信贷行为而放大宏观经济周期,加剧经济波动。顺周期效应源于巴塞尔Ⅰ,但巴塞尔Ⅱ资本监管框架的顺周期性更为严重,究其原因大致存在于以下两方面:

(1)资本充足管理带来的顺周期性。资本计提会随经济周期波动,具体而言,在经济上行阶段,银行的资产质量会得到改善,对资本的要求放松,同时融资成本较低,银行有更大规模的资金用于新增贷款投放,从而刺激经济增长;在经济下行阶段,银行资产质量有所下降,这要求银行提高资本金准备,挤压银行新增贷款规模,导致实体经济进一步萎缩。因此,资本充足管理加剧经济周期性波动。

(2)内部评级法加剧了顺周期性。内部评级法通过影响监管资本而间接产生顺周期性。具体而言,当经济繁荣时,由于债务人信用状况良好,银行对违约概率等风险参数的估值较低,从而使得风险权重较小,导致基于内部评级的监管资本要求较低,刺激银行进一步放贷,放大经济繁荣效应。反之则相反。因此,内部评级法在改进资本对风险的敏感度的同时放大了经济的周期性波动,导致银行体系的风险被进一步放大。

2. 银行激励约束机制的有效性有待商榷

激励约束机制指通过制定相关规则,提供监管资本奖励,引导并激励被监管机构推行更优的风险管理实践,支持监管目标的实现。巴塞尔Ⅱ相信风险敏感度更高的内部评级法可以降低银行的监管资本要求,从而激励银行向内部评级法过渡，但银行的短期趋利行为可能导致该激励机制失效，甚至加剧顺周期效应。因为虽就增量角度而言，由于内部评级法下资本要求对风险更敏感，银行会在新增资产中选择持有低风险资产以降低监管资本要求。但从存量角度而言，当银行持有大部分高风险资产，又无法在短期内将高风险资产置换为低风险资产时，使用内部评级法会增加银行的监管资本要求，从而导致银行采用内部评级法的主动性降低。

3. 缺乏对非正态分布等复杂风险的有效测量和监管

虽然巴塞尔Ⅱ中的风险计量方法具有较高的风险敏感度，但其仍存在不足之处，主要表现为不能合理有效地对以操作风险为代表的非正态风险进行测量。这类损失概率曲线具有显著的"厚尾"特征，与对损失分布"正态分布"的常规假设相冲突，导致 VaR 模型估计风险的准确度下降。理论上讲，非正态风险一般可分为高频低损事件和低频高损事件，尤其当对低频高损事件进行估计时，由于历史数据较少等原因，定量分析的难度更大。这反映了资本监管规则对模型及统计分布过度依赖的弊端，也使得银行测度此类风险的准确度降低，从而导致资本不能覆盖潜在损失。

4. 资本监管中仍存在大量套利行为

虽然巴塞尔Ⅱ采取一系列措施以减少监管套利行为，但在金融创新与监管的博弈中，由监管套利引发的风险仍难以避免。一方面，巴塞尔Ⅱ强调证券化过程中风险在商业银行的真实转移，但没有从维护整个金融体系的角度对资产证券化链条的各个参与者进行有效监控。另一方面，面对金融混业的发展趋势，虽然巴塞尔Ⅱ将以商业银行业务为主导的控股公司包含在内，但依旧不能对类银行金融机构和场外金融产品实施有效监管，使得监管套利在金融创新的影响下持续存在，从而导致风险的积累与蔓延。

三、巴塞尔Ⅲ的主要内容

（一）从巴塞尔Ⅱ到巴塞尔Ⅲ

1. 巴塞尔Ⅲ的产生背景

2008 年，美国次贷危机爆发引发全球性金融危机。危机发生后，由于金融系统内部交易复杂性带来的金融风险形成、积累、扩散，以及对金融风险的失准计量和不当处置导致金融市场的流动性几近断裂。由于本次金融危机波及金融机构众多、影响巨大，对部分国家实体经济产生巨大冲击，甚至导致部分欧洲国家发生主权债务危机。本次金融危机中表现出"商业银行体系资本计提不当、监管介入滞后以及忽视系统性风险"的监管现状，因此巴塞尔协议暴露出的"宏观审慎监管不足、顺周期效应考虑不足、杠杆率尚未一致监管"等缺陷亟待改良。在此背景下，巴塞尔委员会试图通过修订巴塞尔协议Ⅲ以形成一个风险覆盖相对全面的、更具风险敏感性和监管有效性的、全球一致可比的国际金融监管新框架。

2. 巴塞尔Ⅲ的形成过程

"巴塞尔Ⅲ"这一概念最早出现于一篇研究文献《From Basel Ⅱ to Basel Ⅲ》之中。但因其时巴塞尔Ⅱ刚刚推出，金融系统风险积累不明显、全球性金融危机尚未爆发，学界主要围绕金融监管措施的改进与完善提出建议，与后来巴塞尔委员会提出的巴塞尔协议Ⅲ差异相对较大。

目前，学界和业界研究与讨论的巴塞尔Ⅲ及相关内容，成形于2009年以来巴塞尔委员会发布的一系列监管要求及报告文件（见表5-2）。2009年7月及12月，巴塞尔委员会发布了一系列监管指引，其中主要包括《巴塞尔Ⅱ框架的改进》（Enhancements to Basel Ⅱ Framework）、《增强银行业抗风险能力（征求意见稿）》（Strengthening the Resilience of Banking Sector-Consultative Document）和《流动性风险计算方法、标准和监控的国际框架（征求意见稿）》（International Framework For Liquidity Risk Measurement, Standards and Monitoring-Consultative Document）。在上述文件中，巴塞尔委员会正式提出了"关于提升银行体系资本数量和质量要求、扩大风险种类及覆盖范围、增设杠杆率监管、完善新的流动性监管标准"等创新性改革措施。经过近一年的全球范围内的广泛沟通和意见反馈，2010年7月及9月，巴塞尔委员会中的监督机构中央银行行长及监管当局负责人理事会对上述作为巴塞尔Ⅲ重要内容的改革措施进行了正式确认并审核通过。2010年11月，在G20首尔峰会上各国元首对巴塞尔委员会提出的国际金融监管改革措施明确表示肯定，并于当年12月正式发布了《巴塞尔Ⅲ：一个更稳健的银行及银行体系的全球监管框架》（Basel Ⅲ: A Global Regulatory Framework for More Resilient Banks and Banking Systems）和《巴塞尔Ⅲ：流动性风险计量、标准和监测的国际框架》（Basel Ⅲ: International Framework for Liquidity Risk Measurement, Standards and Monitoring）。巴塞尔Ⅲ的初步框架正式形成。

其后七年间，巴塞尔委员会先后发布了大量文件和指引，在秉承一致性和可比性原则的基础上对巴塞尔Ⅲ进行不断改进和修订，主要包括对流动性指标的大幅修订、对杠杆率风险暴露计算和披露方法的进一步细化、对系统重要性金融机构评估方法的明确、对中央交易对手概念的提出、对交易对手信用风险的计量、对资产证券化风险暴露计量标准的设置、对账户利率风险框架的改进、对操作风险的计量以及对介入风险的关注等各个方面进行完善。

第五章 国际金融监管的实践

表 5-2 与巴塞尔Ⅲ形成相关的核心文件

发布日期	系列核心文件	
	中文名称	英文名称
2006.06	巴塞尔Ⅱ：资本测算和标准的国际整合：修改框架（综合版）	Basel Ⅱ: International Convergence of Capital Measurement and Capital Standards: A Revised Framework-Comprehensive Version
2008.09	有效的流动性风险管理和监管准则	Principles for Sound Liquidity Risk Management and Supervision
2009.07	巴塞尔Ⅱ框架的增强	Enhancements to Basel Ⅱ framework
2009.09	对全球银行业危机的综合回应	Comprehensive response to the global banking crisis
2009.12	流动性风险计算方法、标准和监控的国际框架（征求意见稿）	International framework for liquidity risk measurement, standards and monitoring-consultative Document
2009.12	增强银行业抗风险能力（征求意见稿）	Strengthening the resilience of banking sector-consultative document
2010.05	巴塞尔Ⅱ和资本要求的修订	Basel Ⅱ and Revision to the capital Requirements Directive
2010.06	巴塞尔委员会和制度改革	The Basel Committee and Regulatory Reform
2010.07	逆周期资本缓冲的提案（征求意见稿）	Countercyclical capital buffer proposal-consultative document
2010.08	实施更高资本和流动性要求对宏观经济影响的评估	Assessment of the macroeconomic impact of stronger capital and liquidity requirements
2010.08	巴塞尔委员会关于确保在无法持续经营时监管资本损失吸收率的建议	Basel Committee proposal to ensure the loss absorbency of regulatory capital at the point of non-viability
2010.09	根本上增强银行监管框架	Fundamentally strengthening the regulatory framework for banks
2010.09	监管理事会宣布更高的全球最低资本标准	Group of Governors and Heads of Supervision announces higher global minimum capital standards
2010.10	巴塞尔委员会对金融危机的应对：给 G20 的报告	The Basel Committee's response to the financial crisis: report to the G20

(续)

发布日期	系列核心文件	
	中文名称	英文名称
2010.10	校准监管的最低资本要求和资本缓冲：一个自上而下的方法	Calibrating regulatory minimum capital requirements and capital buffers: a top-down standards
2010.12	各主权国家实施逆周期资本缓冲的指引	Guidance for national authorities operating the counter-cyclical capital buffer
2010.12	巴塞尔Ⅲ：流动性风险计量、标准和检测的国际框架	Basel Ⅲ: International framework for liquidity risk measurement, standards and monitoring
2010.12	巴塞尔Ⅲ：一个更稳健的银行及银行体系的全球监管框架	Basel Ⅲ: A global regulatory framework for more resilient banks and banking systems
2011.02	巴塞尔Ⅱ市场风险框架的修订	Revisions to the Basel Ⅱ market risk framework
2012.05	宏观审慎分析的模型和工具	Models and tools for macroprudential analysis
2012.07	日间流动性管理的监控指标（征求意见稿）	Monitoring indicators for intraday liquidity management-consultative document
2012.07	非集中清算衍生品的保证金要求（征求意见稿）	Margin requirements for non-centrally-cleared derivatives-consultative document
2012.10	国内系统重要性银行的监管框架	A frame work for dealing with domestic systemically important banks
2013.01	巴塞尔Ⅲ：流动性覆盖率和流动性监管工具	Basel Ⅲ: The Liquidity Coverage Ratio and liquidity risk monitoring tools
2013.07	全球系统重要性银行：最新的评估方法和额外损失吸收要求	Global systemically important banks: updated assessment methodology and the additional loss absorbency requirement
2014.01	巴塞尔Ⅲ：净稳定资金比例（征求意见稿）	Basel Ⅲ: The Net Stable Funding Ratio-consultative document
2014.01	巴塞尔Ⅲ：杠杆率框架及其披露要求	Basel Ⅲ: leverage ratio framework and disclosure requirement
2014.01	流动性覆盖率披露标准（最终稿）	Liquidity coverage ratio framework and disclosure requirements

（续）

发布日期	系列核心文件	
	中文名称	英文名称
2014.04	银行对中央交易对手风险暴露的资本要求（最终版标准）	Capital requirement for bank exposures to central counterparties-final standard
2014.04	计量和控制大额风险暴露的监管框架（最终版标准）	Supervisory framework for measuring and controlling large exposures-final standard
2014.04	保险、银行、证券业销售披露要求（最终稿）	Point of sale disclosure in the insurance, banking and securities sectors-final report
2014.06	对不稳健银行进行识别和处理的监管指引（征求意见报告）	Supervisory guidelines for identifying and dealing with weak banks-consultative report
2014.08	计量交易对手信用风险暴露的标准法的基础	Foundations of the standardized approach for measuring counterparty credit risk exposures
2014.10	操作风险的有效监管原则	Review of the Principles for Sound Management of Operational Risk
2014.10	操作风险简单方法的修订（征求意见稿）	Operational risk-Revisions to the simpler approaches
2014.10	修订的银行公司治理原则（征求意见稿）	Revised corporate governance principles for banks-consultation paper
2014.10	巴塞尔Ⅲ：净稳定资金比例	Basel Ⅲ: the net stable funding ratio
2014.11	全球系统重要性银行的评估方法（分数计算规则）	The G-SIB assessment methodology-score calculation
2014.12	资产证券化框架的修订	Revisions to the securitization framework
2014.12	交易账户的基础评估报告（征求意见稿）	Fundamental review of trading book: outstanding issues-consultative document
2014.12	净稳定资金比例的披露要求	Net Stable Funding Ratio disclosure standards
2014.12	以标准法作为资本监管底线的征求意见稿	Capital floors: the design of framework based on standardised approaches-consultative document
2014.12	对信用风险标准法的修订（征求意见稿）	Revisions to the Standardised Approach for credit risk-consultative document

(续)

发布日期	系列核心文件	
	中文名称	英文名称
2015.01	修正的第三支柱披露要求	Revised Pillar 3 disclosure requirements
2016.01	市场风险的最低资本要求	Minimum capital requirements for market risk
2017.12	巴塞尔Ⅲ：累计定量影响研究的监管报告	Basel Ⅲ: Monitoring Report-Results of the cumulative quantitative impact study
2017.12	巴塞尔Ⅲ：后危机改革的最终方案	Basel Ⅲ: Finalizing Post-Crisis Reforms
2018.03	对市场风险最低资本要求的修订	Revisions to the minimum capital requirements for market risk
2018.07	全球系统重要性银行：修订评估方法和更高的损失吸收要求	Global systemically important banks: revised assessment methodology and the higher loss absorbency requirement
2018.08	第三支柱披露要求：会计条款的监管规定	Pillar 3 disclosure requirements-regulatory treatment of accounting provisions
2018.10	客户清算衍生品的杠杆率处理	Leverage ratio treatment of client cleared derivatives
2018.12	第三支柱披露要求：更新框架	Pillar 3 disclosure requirements-updated framework
2019.01	市场风险的最低资本要求	Minimum capital requirements for market risk
2019.06	对杠杆率披露要求的修订	Revisions to leverage ratio disclosure requirements
2019.07	非集中清算衍生工具的保证金要求	Margin requirements for non-centrally cleared derivatives

资料来源：巴塞尔委员会官方网站。

2017年12月，巴塞尔委员会发布《巴塞尔Ⅲ：后危机改革的最终方案》(Basel Ⅲ: Finalizing Post-Crisis Reforms)。它是巴塞尔委员会对本轮全球金融危机后金融监管理念和规则的最终整理和完善，既体现了各国监管当局在国际监管规则制定中的多重博弈，又展示出巴塞尔委员会历经多轮自我反思和平衡后的折中选择。

3. 巴塞尔Ⅲ的改进内容

巴塞尔Ⅰ统一了国际银行监管标准，巴塞尔Ⅱ建立起涵盖"三大支柱"的监管框架，巴塞尔Ⅲ在其基础上对原有监管要求进行优化完善并新增了必要的监管内容，但仍然实行三大支柱体系框架。

(1) 第一支柱。巴塞尔协议第一支柱指最低资本充足率要求。巴塞尔委员会关于第一支柱改革的目标是"提高资本的质量、一致性和透明度以及加强资本框架的风险覆盖能力"。为实现上述目标，巴塞尔Ⅲ在第一支柱改革过程中的主要改进内容涵盖"提升监管资本数量和质量要求、设置资本底线、扩大风险覆盖范围、设置逆周期资本缓冲、增设杠杆率要求、引入宏观审慎工具等"。具体而言，包括：①对银行资本进行重定义和重分类。②设置新的、永久性的资本底线取代原有监管要求，新指标的风险覆盖更全面、风险敏感度更高，更加稳健。③提高杠杆率要求以预防低风险加权资产推高财务杠杆、低风险加权资产存在未逾期大额损失和风险加权资产缺乏市场信心的问题。④优化信用风险计算方法、限制内部评级法的使用范围，修订并完善资产证券化风险、交易对手信用风险、市场风险和操作风险的计量框架，新增介入风险的识别与管理，更全面的风险覆盖对资本质量和数量提出了更高的要求。⑤设定逆周期资本监管、实施逆周期资本缓冲工具、前瞻性动态拨备制度以及差别存款准备金率制度等。

(2) 第二支柱。巴塞尔协议第二支柱指监督检查。巴塞尔委员会关于第二支柱改革的目标是"建立起合理有效的内部评估程序"。为实现上述目标，巴塞尔Ⅲ在第二支柱改革过程中的主要改进内容涵盖"基于银行自身视角的内部资本充足评估程序（Internal Capital Adequacy Assessment Program, ICAAP）和基于监管机构视角的监管复核与评估机制（Supervisory Review and Evaluation Process, SREP）"，其中内部资本充足评估程序 ICAAP 是第二支柱的核心。具体而言，包括：①内部资本充足评估程序（ICAAP）分别对商业银行治理结构、风险评估、资本规划、银行自身检测与报告和一般性规定等进行完整的要求与阐述，在全面风险管理理念和健全商业银行治理结构和流程下强调综合性压力测试，确保在正常和压力环境下商业银行能保持与自身偏好、管理能力相适应的资本充足水平。②监管复核与评估机制（SERP）则建立了银行和监管机构的对话与反馈机制，以便监管机构进行及时的监管干预并要求银行进行资本追加。③强化银行账簿利率风险的识别、度量，对应风险资本的计提以及信息披露要求，完善第二支柱建设。在巴塞尔Ⅲ的修订过程中，第一支柱与第二支柱的内容相关性增强，界限逐渐模糊。

(3) 第三支柱。巴塞尔协议第三支柱指市场约束，其核心是通过信息披露监管，督促银行向市场参与者提供自身风险管理信息，降低银行与市场参与者之间的信息不对称，进而借助市场力量约束银行的经营行为。2008 年金融危机期间，银行表现出"信息披露范围窄、精细度较低、透明度较低、可比性较差"的信息披露现状。巴塞尔委员会关于第三支柱改革的目标是"建立一套独立于财务报告、全球统一的监管信息披露体系"。为实现上述目标，巴塞尔委员会进行了信息披露框架的三个阶段审查，并分别于2015年1月、2017年3月和2018年2月发布相应文件对后危机时代的银行信息披露提出新要求。具体而言，包括：①提出信息披露应当遵循"清晰明确、综合全面、对信息使用者有意义、跨期信息一致性以及横向信息可比性"等原则。②提出信息披露应当遵循"适用范围和实施日期、发布形式、披露频率和时间、可靠性以及专有和机密信息披露的处理"等基本要求。③提出信息披露应当涵盖"风险管理、关键审慎指标和风险加权资产，财务报告和监管风险敞口相关性，资本构成和总损失吸收能力，宏观审慎监管规则，杠杆率，流动性风险、信用风险、交易对手信用风险、信用估值调整风险、资产证券化风险、市场风险、操作风险、银行账簿利率风险，薪酬以及资产抵押、资本分配约束和基准值"等具体内容。

总体而言，巴塞尔Ⅲ在微观审慎和宏观审慎两个层面均做出了创新性改进。在微观审慎层面，提升了资本质量和有效资本数量，提高了资本充足率监管标准、设置资本底线并增加杠杆率作为补充，引入流动性监管，提高了风险加权资产的计算要求。在宏观审慎层面，设置逆周期资本缓冲、储备资本缓冲，建立总损失吸收能力新方案，对系统重要性银行提出附加资本要求。此外，巴塞尔Ⅲ在完善信息披露的同时强化了市场约束，有利于优化国际金融监管效果。

（二）巴塞尔Ⅲ的资本监管

巴塞尔Ⅲ的发布标志着后危机时期巴塞尔委员会对国际银行业资本监管的改革最终尘埃落定，对资本充足率监管中"合格资本工具、风险加权资产计量方法和资本充足率"三个基本要素的监管要求改革全部完成。

1. 资本的重定义与重分类

金融危机爆发后，巴塞尔Ⅱ实行的三级资本分类受到各方质疑。过度的金融创新带来的资本结构的复杂化和多样化造成了资本监管的漏洞，同时，资本定义不一致的缺陷也逐渐暴露。因此巴塞尔Ⅲ设定了全球统一的、更加细化的资本分类，同时提高了资本质量，确保全球银行系统持有足够的高质量资本以吸收损失。

2009年12月，巴塞尔委员会针对资本定义和构成提出一揽子改革方案，将监管资本分为一级资本和二级资本两大类，并建立起普通股充足率的监管标准，从而形成新的商业银行资本充足率和资本结构的监管体系。具体而言，巴塞尔Ⅲ提高了一级资本尤其是核心一级资本的监管要求，将一级资本划分为核心一级资本（普通股和留存收益）和其他一级资本（优先股和其他无限期的损失吸收工具）。其中，普通股和留存收益是一级资本的主要构成部分，核心一级资本具有最强的损失吸收能力。此外，巴塞尔Ⅲ剔除了附属二级资本、取消三级资本设置，对其他资本工具也做出更严格、更准确的规定。总体而言，新的监管资本结构更加简化，强化了银行一级资本无条件吸收损失的能力，且限制了一级资本、二级资本可包含的不同资本工具的范围和标准。

2. 资本充足率⊖

2010年9月12日，由27个国家的银行业监管部门和中央银行高级代表组成的巴塞尔银行监管委员会宣布，世界主要经济体银行监管部门代表当日就《巴塞尔协议Ⅲ》达成一致。根据巴塞尔Ⅲ规定，全球各商业银行的一级资本充足率下限将从4%上调至6%。其中，核心一级资本占银行风险资产的下限将从现行的2%提高至4.5%。此外，各银行还需增设"资本防护缓冲资金"，总额不得低于银行风险资产的2.5%。商业银行的核心一级资本充足率、一级资本充足率和总资本充足率将由此被提高至7%、8.5%和10.5%。同时，对系统重要性银行设置附加资本充足率，以满足其总损失吸收能力要求。

3. 资本底线

资本底线（Capital Floors）的要求最早见于巴塞尔Ⅱ，它是为了应对风险度量方法变动而伴生设置的一种过渡性安排。但是随着时间和环境的变化，巴塞尔Ⅱ资本底线存在着"监管要求缺乏普适性、资本定义范围扩大、资本底线滞后于标准法修订"等缺陷，因而其可操作性逐渐降低。基于上述背景，为了实现"防止银行在风险模型实施中过度乐观、缓解由于模型设定等因素带来的模型风险、提升标准法和内部模型法计算的风险资产可比性"等目标，巴塞尔委员会在巴塞尔Ⅲ中对原有资本底线要求进行了一系列修订，并将于2022年1月1日至2027年1月1日期间逐步实现，其要求商业银行使用内部风险计量模型计算出的风险加权资产不低于标准法下风险加权资产的一定比例，最终的资本底线要求为72.5%。同时，巴塞尔Ⅲ对资本底线的信息披露做出了严格规定。

4. 风险加权资产计量

巴塞尔Ⅲ致力于提升银行业风险加权资产计量框架的可信度，实现风险加权资产可比性、简单性和风险敏感性三者之间的平衡，其完成了对信用风险、

⊖ 巴塞尔Ⅲ中，资本充足率=（一级资本－资本扣减项）/风险加权资产。

市场风险和操作风险三大风险⊖标准法的全面修订。

（1）信用风险监管。信用风险作为全球银行业面临的首要风险，其计量的改革与修订受到广泛关注。信用风险计量方法包括标准法和内部评级法。

1）巴塞尔Ⅲ对信用风险标准法计量中的资产风险敞口类型、风险权重进行了更为详细的划分，特别对无外部评级资产和房地产等相关资产风险敞口设置了细化的标准，从而提升信用风险资本计量的敏感度；同时还强调商业银行尽职调查与风险管理，强化外部评级使用的评估过程，激励商业银行降低对外部评级的过度依赖。

2）巴塞尔Ⅱ允许商业银行采用内部风险计量模型⊖，其中信用风险内部评级法规定银行在满足规定的最低条件和披露要求并经监管部门批准后，可以采用自身开发的内部评级体系确定自身的风险权重并以此计算资本充足率。但在2008年国际金融危机中，内部评级法暴露出存在过于复杂、风险低估、可比性差、稳健性不足等问题。因此，巴塞尔Ⅲ对内部评级法进行了修正和约束，主要措施包括限制适用内部评级法的主体范围、限制内部评级法适用的资产组合范围以及设置资本底线。

（2）市场风险监管。1993年，巴塞尔委员会发布《市场风险监管措施》，将市场风险明确定义为可能由于市场价格波动导致银行资产负债表内和表外头寸出现亏损的风险。市场风险涵盖商业银行交易账簿中受利率影响的各类工具及股票所涉及的风险，以及整个银行的外汇风险和商品风险。市场风险的来源通常包括利率、汇率、股票、商品和金融衍生品等诸多方面。巴塞尔Ⅲ对市场风险进行了三轮主要的修订。

1）2016年1月，巴塞尔委员会发布《市场风险最低资本要求》，修订了市场风险内部模型法（Internal Model Approach，IMA），修订了市场风险标准化方法（Standardized Approach，SA），从风险价值模型（Value at Risk，VaR）向预期风险损失模型（Expected Shortfall，ES）转变，合并了市场流动性不足风险。

2）2017年6月，巴塞尔委员会发布《市场风险资本要求标准法的简化替代法》，对敏感性分析做出调整，取消Vega和Curvature风险的资本要求，简化基础风险计算以及减少分析因素的观测时间间隔及相关场景在关联计算中

⊖ 巴塞尔委员会监管一致性评估项目——关于银行信用风险加权资产的分析（BCBS，2013）的研究报告显示，在全球大型银行风险加权总资产中，信用风险加权资产占比约为77%，市场风险加权资产占比约为11%，操作风险加权资产占比约为9%。

⊖ 内部风险计量模型包括信用风险内部评级法、市场风险内部模型法和操作风险高级计量法。

的应用。

3) 2018年3月,巴塞尔委员会发布《市场风险最低资本要求的修订》,改变标准法的计量以提高其风险敏感度,重新校准一般利率风险、股票风险和外汇风险在标准法下的风险权重,修订评估流程以确定银行内部风险管理模型是否能有效反映个别交易柜台风险,说明符合内部模型的风险要素识别要求,说明受市场风险资本要求影响的风险敞口范围。

(3) 操作风险监管。国际上,各类金融机构对操作风险有着不同定义。本书沿用巴塞尔Ⅱ的定义即"由不完善或有问题的内部程序、人员及系统或外部事件所造成损失的风险"。巴塞尔委员会对操作风险设置了两大分类标准:一是根据损失事件分类详表划分的7类一级科目,即①内部欺诈;②外部欺诈;③就业政策和工作场所安全性;④客户、产品和业务操作;⑤实体资产损坏;⑥业务中断和系统失败;⑦执行、交割及流程管理。二是根据公司业务条线划分的8类业务类型,即①公司金融;②交易与销售;③零售银行;④商业银行;⑤支付清算;⑥代理服务;⑦资产管理;⑧零售经纪。操作风险具有以内生风险为主、覆盖范围广泛和难以度量等特征。

巴塞尔Ⅲ对操作风险的改革体现出"去模型""去复杂化"的改革理念。新框架将原有的三种计量方法(基本指标法、标准法、高级计量法)做了统一,针对操作风险的计量制定了单一的、有风险敏感性的新标准化计量方法(Standardised Measurement Approach,SMA),增强了银行间的可比性。新标准法(SMA)提供了一种基于非模型的度量操作风险资本的方法,其核心思想是使用业务规模(Business Indicator,BI)替代原框架中的总收入规模,采用单一模型法进行资本计量,从而实现资本计量的简单性、可比性。

(4) 资产证券化风险监管。资产证券化产生于20世纪70年代,由于其具有规避资本监管、拓宽融资渠道和降低融资成本等优势,资产证券化业务发展迅猛。资产证券化运作流程相对复杂、参与主体众多,因而银行在资产证券化过程中面临着包含信用风险、道德风险、投资风险、承销风险等在内的多重风险。银行承担的资产证券化风险具备风险敞口不确定、风险来源多样、风险破坏性强等特点。

巴塞尔Ⅲ的资产证券化修订期自2009年开始。2009年7月,巴塞尔委员会开始以资产证券化为线索,分别对三大支柱下关于资产证券化的监管内容进行完善,其中在第一支柱修订中从再证券化风险权重、标准法下风险权重、自身担保评级使用、信用风险的操作要求、标准法和内部评级法下的流动性便利、市场混乱情况下流动性便利的资本处理等七个方面进行完善;在第二支柱修订中，主要对企业全局风险监管的风险管理水平进行完善；在第三支柱修订中，主要对交易账簿的证券化暴露、证券化发起人、证券化度量模型、再证券化估值、证券化估值、证券化过程中管道和仓储风险、解释说明定量报告等方面要求加强相应的信用披露。2012年12月和2013年1月，巴塞尔委员会引入更多风险影响因子，提出监管公式法和修订的评级法两种解决方案，两者均把集中度比率法（Backstop Concentration Ratio Approach）作为直接应用1250%风险权重前的备用方法。2013年12月，巴塞尔委员会在调整监管公式法的基础上对内部评级法进行了标准化，允许符合要求的部分地区使用外部评级法度量证券化暴露档次；同时将基准风险权重由20%下调至15%。2014年12月，巴塞尔委员会降低了模型结构的复杂性及度量方法的数量。2016年7月，巴塞尔Ⅲ在原有的三种方法上新增了内部评估法，并不同限度地下调了外部评级法下长期评级中5年期的风险权重。对于优质档次来说，级别越高其下调比例越大，对非优质档次而言基本维持10%的下调比例。关于资产证券化风险的度量，巴塞尔Ⅲ最终形成了内部评级法（Securitisation Internal Ratings-Based Approach，SEC-IRBA）、外部评级法（Securitisation External Ratings-Based Approach，SEC-ERBA）、内部评估法（Internal Assessment Approach，IAA）以及直接应用1250%风险权重等四种方法。

（5）交易对手信用风险监管。在巴塞尔Ⅰ推出时，巴塞尔委员会就已经开始关注表外活动面临的信用风险，但是直至巴塞尔Ⅱ推出前都未正式提出交易对手信用风险概念。巴塞尔Ⅱ及相关文件将交易对手信用风险定义为"交易对手在交易现金流结算前的违约风险"，并将其适用范围拓展至场外衍生品、回购市场和交易账簿中的信用风险。交易对手信用风险具备双向性、风险敞口不确定性及风险影响多样性的特征。2014年3月，巴塞尔委员会发布《度量交易对手信用风险敞口的标准法》，以此替代之前发布的非内部模型法、现期暴露法和标准法，并成为与内部模型法并行的交易对手信用风险度量模型。

信用估值调整（Credit Valuation Adjustments，CVA）反映了交易对手潜在违约所引起的衍生工具和证券融资交易价值的调整，交易对手信用利差和市场风险因子的变化会引起CVA价值的变化，CVA风险则是CVA价值变化所导致的损失风险。2017年发布的巴塞尔Ⅲ最终方案，公布了计提CVA风险资本的规则，提出了基本法（Basic Approach for CVA，BA-CVA）和标准法（Standardised Approach for CVA，SA-CVA）两种计算CVA风险资本的方法，规定所有开展担保交易的银行都必须计算CVA风险，并且规定除非获得监管当局的许可，否则银行只能采用基本法计算 CVA 风险资本要求。此外，巴塞尔委员会也提供了一系列允许银行使用标准法（SA-CVA）的最低要求。

(6) 介入风险监管。根据巴塞尔委员会定义，介入风险是指在没有或超过任何合同义务的情况下，银行决定为面临资金压力的未合并企业提供财务支持。巴塞尔Ⅲ首次正式提出介入风险概念，对介入风险的识别、度量与披露做出了详细规定：①巴塞尔Ⅲ规定介入风险的审查评估范围涵盖未合并企业、应接受识别和评估的企业以及与银行有重要联系的企业。②巴塞尔Ⅲ根据银行对企业的支持程度、银行流动性压力、银行信息披露、风险指标及其他指标监控等方面对介入风险进行识别。③巴塞尔Ⅲ对介入风险审查的频率、报告的范式以及不同监管当局之间的合作与信息交流也做出了相应安排。

（三）巴塞尔Ⅲ的流动性监管

银行的流动性是指能够随时满足客户提取存款及正常贷款需求的能力。商业银行借短贷长的期限转换功能和高杠杆率的经营特点从本质上决定了流动性风险防范在商业银行经营中的重要性。美国次贷危机前，国际金融市场流动性相对充足，巴塞尔Ⅱ的资本监管框架主要覆盖了商业银行面临的信用风险、市场风险和操作风险，对商业银行流动性风险没有给予足够的重视。然而，2008年金融危机带来的流动性压力使得巴塞尔委员会对流动性风险重视起来。同时与其他风险相比，流动性风险具备"与其他风险密切相关、银行的顺周期性在流动性风险度量中集中体现、传染性和系统性强、破坏性强"等特点使得对银行系统流动性风险的监督变得更加重要。

巴塞尔Ⅲ流动性监管主要依赖合同期限错配、融资集中度、可用的无变现障碍资产、以其他重要货币计算的流动性覆盖率和与市场有关的监测工具等五种手段，对商业银行的两个流动性指标即流动性覆盖率（Liquidity Coverage Ratio, LCR，短期指标）⊖和净稳定资金比例（Net Stable Funding Ratio, NSFR，长期指标）⊖进行度量和监管。

（四）巴塞尔Ⅲ的宏观审慎监管

1. 巴塞尔Ⅲ监管框架下的杠杆率

2013 年 6 月，巴塞尔委员会发布《巴塞尔Ⅲ杠杆率修订框架及风险暴露征求意见稿》，经广泛征求意见后于 2014 年 1 月发布《巴塞尔Ⅲ杠杆率框架及披

⊖ 流动性覆盖率＝优质流动性资产/未来 30 天内的资金净流出量，要求流动性覆盖率不低于 100%。
⊖ 净稳定资金比例＝可用的稳定资金/业务所需的稳定资金，要求净稳定资金比例高于 100%。

露要求》，正式提出杠杆率（Leverage Ratio）监管框架和细则，定义杠杆率=（一级资本-资本扣减项）/表内外风险暴露总额。由杠杆率和资本充足率的计算公式可知，杠杆率等于一级资本充足率与平均风险权重之积。又因巴塞尔委员会对商业银行业务的平均风险权重设置为50%，因此在一级资本充足率不低于6%的前提下，杠杆率要求不低于3%。杠杆率监管要求中表内外风险暴露的计算并不需要对表内外各项业务分别进行风险加权求和，因而杠杆率呈现风险中性，与资本充足率监管和资本底线监管形成补充。

（1）杠杆率监管与资本充足率监管互补。资本充足率监管使得商业银行高风险资产业务受到监管，而杠杆率监管使得商业银行的负债业务规模受限，两者迫使商业银行保持合理的风险水平。

（2）杠杆率监管与资本底线监管互补。资本底线监管主要解决风险加权资产存在不一致性及分散性、内部模型法低估风险加权资产和银行间风险加权资本要求不平等的问题。杠杆率监管主要解决低风险加权资产推高财务杠杆、低风险加权资产组合中未预期的大额损失及风险加权资产市场信心缺少的问题，两者共同增强风险加权资本框架及其市场信心。

2. 巴塞尔Ⅲ大额风险敞口监管

1991年巴塞尔委员在《大额信用风险敞口的测度与控制》中提出，大额风险敞口关注的是集中度风险。根据国际清算银行（BIS）和欧洲银行监督管理委员会（CEBS）的定义，集中度风险指在整个金融集团的不同风险范畴或跨范畴之间所产生的风险集聚，且此类风险集聚具备足够大以至于威胁金融机构持续健康运作以及引发金融机构资产质量迅速恶化迫使金融机构大量补充资本的特征。2014年巴塞尔委员会在《大额风险敞口的测度与控制监管框架》（以下简称大额风险敞口新框架）最终文件中将大额风险敞口定义为银行在遭受单一对手或关联交易对手非预期违约时所造成的最大损失，是银行账簿和交易账簿风险敞口总额。

具体而言，巴塞尔Ⅲ对交易对手方的识别、合格资本的定义、风险敞口的定义与测度以及大额风险敞口的监管要求等做出了严格的规定。首先，对于交易对手方的识别：（广义的）交易对手包括但不限于银行，市场基础设施如中央交易对手方，非银行金融公司，集合投资、资产证券化等投资交易对手，以及非金融公司等。其次，对于合格资本的定义：在大额风险敞口新框架中，合格资本（Eligible Capital）定义为巴塞尔Ⅲ框架下的一级资本，并以此作为新的监管资本总额的定义。最后，对于风险暴露的定义与测度：大额风险敞口新框架中规定风险敞口的范围应包含所有在资本充足率监管下需要消耗银行资本的风险敞口,且应将银行账簿与交易账簿下的风险敞口一并纳入监管范围。

巴塞尔Ⅲ规定,在大额风险敞口监管框架中,超过银行合格资本10%的风险敞口定义为大额风险敞口具体的监管门槛,将银行合格资本25%的风险敞口设定为大额风险敞口的监管上限。

3. 逆周期监管工具

巴塞尔Ⅱ和内部评级法的提出,虽然是对巴塞尔Ⅰ相关规定的改进,但同时也一定程度上加剧了银行顺周期性(即在经济周期的交替中,金融体系的风险在经济政策的相互作用中被放大)。这一问题在2008年全球金融危机中全面爆发。在此背景下巴塞尔委员会引入了逆周期监管工具作为宏观审慎监管的重要组成部分。

2010年9月,巴塞尔Ⅲ最初框架开始关注商业银行信贷顺周期性并引入逆周期资本缓冲机制;同年12月,巴塞尔委员会将宏观审慎理念引入监管框架,监管当局对银行系统的监管从单一微观审慎过渡到宏观微观审慎并重。巴塞尔Ⅲ主要通过以下方式综合实现逆周期监管:①调整资本计提模型参数即参数的逆周期化以及引入风险曲线;②设置逆周期资本缓冲工具即实行0~2.5%的逆周期资本要求;③引入前瞻性动态拨备制度;④实行差别存款准备金率等。

4. 全球系统重要性金融机构的评估及监管

根据金融稳定理事会(FSB)的定义,系统重要性金融机构是指"具有一定规模、市场重要性和全球相互关联程度的机构,他们的困境或倒闭将在国际金融体系内引起严重的混乱,并给许多国家造成负面的经济后果"。系统重要性金融机构对任何经济体和金融体系而言都处于核心地位,其稳定运营和平衡发展对全球金融市场都具有重要意义。因此,针对系统重要性金融机构的评估及监管也构成了巴塞尔Ⅲ审慎监管的重要部分。

金融稳定理事会在巴塞尔Ⅲ的基础上,先后公布了一系列文件提出系统重要性金融机构的识别方法及处置方式;随后7年间,出台多项文件优化评估策略及处理方案,并且每三年对框架的适用性做出复检。巴塞尔Ⅲ对系统重要性金融机构的指标法评估中的指标选取、样本确定、界限分数及分组门槛确定,以及监管判断做出规定。同时根据得到的系统重要性分组提出不同的附加资本要求。巴塞尔Ⅲ的附加杠杆率监管要求分为A、B、C、D、E五档,对应的附加杠杆率要求分别为0.50%、0.75%、1.00%、1.25%和1.75%。

(五)巴塞尔Ⅲ的影响

巴塞尔Ⅲ是后危机时代全球金融监管十年重构的重要成果,其在强化资本监管的基础上，补充了杠杆率监管、流动性风险监管、宏观审慎监管等一系列量化监管要求，形成了综合的多重约束框架，也实现了微观审慎与宏观审慎监管的结合。巴塞尔Ⅲ对全球银行业监管、国际金融监管乃至全球经济发展均有重要意义。

1. 提升了银行业资本质量和稳健性

巴塞尔Ⅲ对资本进行重定义和重分类。资本范围缩小、质量提高将有助于解决银行系统一级资本虚高的现状，同时风险加权资产计提的增加进一步提升了对合格资本的要求。商业银行在拓展资本补充模式之外应当更加注意风险收益的匹配能力以及向精细化经营管理转型。

2. 对风险的计量更为全面、准确

巴塞尔Ⅲ充分识别和度量了各类风险，尤其是流动性风险、市场风险、操作风险和大额敞口风险暴露，加强了对各类风险的识别和管理。同时巴塞尔Ⅲ对标准法的广泛应用，对内部计量模型方法的使用限制和参数调整，均有助于增强银行系统的风险评估准确性以及减少监管套利现象，有助于抑制因盲目逐利和风险低估引发的金融风险。

3. 增强了抵御系统性风险的能力

因存在"合成谬误"，故金融机构一致性的微观审慎行为或导致宏观不审慎的结果。巴塞尔Ⅲ在原有微观审慎的基础上加强了宏观审慎管理，强化了对大额风险敞口的管理、增设了杠杆率指标、逆周期资本缓冲工具，严格了对系统重要性金融机构的识别和附加资本约束，弥补了自上而下监管不足的缺陷，抑制了金融系统脆弱性，增强了银行体系抵抗系统性冲击的能力。当然，微观审慎与宏观审慎并重的框架以及多重约束条件的实施，也带来了监管规则的复杂性及实施效果的不确定性。各个国家或地区的监管实践中因受本国法律环境、监管条件等因素制约，对监管规则的落实以及与现有监管规则的契合结果仍有待观察。

第三节　巴塞尔协议的全球实施

一、巴塞尔Ⅲ的实施时间

巴塞尔委员会对各成员国（或地区）落实巴塞尔协议监管要求的进展时间做出了明确规定。由于巴塞尔Ⅲ的框架复杂、涉及面广，且巴塞尔Ⅲ资本协议自提出到最终确定历时多年，因此为便于新框架和标准有序落实，巴塞尔Ⅲ对不同监管科目分别设置了后危机改革的实施时间安排（见表5-3）。

表 5-3 巴塞尔Ⅲ各项监管要求的实施时间要求

巴塞尔Ⅲ监管要求			最迟实施时间
资本监管要求	逆周期资本缓冲		2016年1月
	非集中清算衍生品的保证金要求		2016年9月
	中央交易对手的资本要求		2017年1月
	基金股权投资的资本要求		2017年1月
	交易对手信用风险标准模型（SA-CCR）		2017年1月
	资产证券化框架		2018年1月
	总损失吸收能力（TLAC holdings）		2019年1月
	修订的信用风险标准化方法		2022年1月
	修订的信用风险内部评级法		2022年1月
	修订的信用估值调整框架（CVA）		2022年1月
	修订的市场风险最低资本要求		2022年1月
	修订的操作风险框架		2022年1月
	资本底线	50%	2022年1月
		55%	2023年1月
		60%	2024年1月
		65%	2025年1月
		70%	2026年1月
		72.5%	2027年1月
杠杆率监管要求	现行的杠杆率风险敞口规定（2014年版）		2018年1月
	修订的杠杆率风险敞口规定（2017年版）		2022年1月
系统重要性银行监管要求	全球系统重要性银行监管要求		2016年1月
	国内系统重要性银行监管要求		2016年1月
	系统重要性银行附加资本充足率		2022年1月
银行账簿利率风险监管要求	银行账簿利率风险监管要求		2018年1月
流动性风险监管要求	日内流动性监管工具		2015年1月
	流动性覆盖率	80%	2017年1月
		90%	2018年1月
		100%	2019年1月
	净稳定资金比例	100%	2018年1月
大额风险敞口监管要求	大额风险敞口监测与管理框架		2019年1月

(续)

巴塞尔Ⅲ监管要求		最迟实施时间
信息披露监管要求	修订的第三支柱监管要求（2015年版）	2016年12月
	逆周期资本缓冲、流动性、薪酬和杠杆率的信息披露要求（修订版）	2017年12月
	核心指标、银行账簿利率风险和净稳定资金比例的信息披露要求	2018年1月
	资本构成、风险加权资产概况、审慎评估调整和系统重要性银行指标的信息披露要求	2018年12月
	总损失吸收能力（TLAC）的信息披露要求	2019年1月
	市场风险的信息披露要求	2022年1月

资料来源：根据巴塞尔委员会公开资料整理。

二、巴塞尔Ⅲ的实施现状

随着2010年以来巴塞尔Ⅲ相关规则的陆续发布，各国以巴塞尔Ⅲ为基础，结合本国国内经济环境，陆续出台了一系列监管规则以推进巴塞尔Ⅲ的实施。

（1）欧盟。虽然欧盟较早实施了巴塞尔Ⅰ与巴塞尔Ⅱ，但其在巴塞尔Ⅲ的实施上并未居于国际前列。2012年5月出台的两部征求意见稿——《对信用机构和投资公司的审慎性要求》（Capital Requirements Regulation，CRR）与《有关信用机构行为准入以及对信用机构和投资公司的审慎性监管的指引》（Capital Requirements Directive Ⅲ，CRD Ⅲ）——奠定了欧盟版巴塞尔Ⅲ的实施基调。2013年6月，欧盟正式颁布了CRR和《资本要求指引Ⅳ》（Capital Requirements Directive Ⅳ，CRD Ⅳ）。

从文件的规则制定方面来看，欧盟版巴塞尔Ⅲ的整体水平低于国际标准，具体体现为欧盟针对小型机构放松了资本定义和资本缓冲要求；修订了风险加权资产的计算标准和信息披露要求；扩大了信用风险标准法的适用范围；允许各成员国充分发挥自由裁量权；未能全面展开杠杆率和流动性风险的监管工作；宏观审慎监管效果有限。

（2）美国。2013年7月2日，美国货币监理署、联邦储备委员会以及联邦存款保险公司联合公布了国内巴塞尔Ⅲ的实施规定。该规定在当时发布的巴塞尔Ⅲ的基础上结合美国国情做出了部分修订。新规主要由三份文件构成：《巴塞尔Ⅲ规定》(《监管资本规则:监管资本、巴塞尔Ⅲ的实施、最低资本监管比率、资本充足以及过渡条款》)、《标准法立法规定》(《监管资本规则:风险加权资本计算的标准法、市场约束以及信息披露要求》) 和《高级法和市场风险规定》(《监管资本规则:风险资本计量的高级法和市场风险资本规则》),分别针对资本和杠杆率监管、风险加权资产计算与市场风险资本计提做出了规定。

在文件的规则制定方面,美国巴塞尔Ⅲ规定与巴塞尔Ⅲ国际规定基本保持一致,其中差异主要包括杠杆率监管采用多重监管标准,但整体监管水平仍低于巴塞尔Ⅲ国际水平。新规在巴塞尔Ⅲ的基础上增设过渡期股利支付限制以保证储备资本缓冲过渡期标准的顺利实现,并且继续沿用及时矫正制度,以确保监管指标的有效落实。

(3) 日本。2012年3月30日,日本公布了其国内巴塞尔Ⅲ的最终实施方案,并明确表示该方案自2013年3月底正式实施。方案有助于改善日本的金融监管体系,并有利于防范系统性风险从而促进金融稳定。日本巴塞尔Ⅲ的实施规则主要适用于其国内16家国际活跃银行,对于其他的银行则采用较低的资本充足率标准。在规则制定方面,除了在资本定义、适用范围、信用风险、市场风险等方面与巴塞尔Ⅲ国际规则存在有限的非实质性差异外,日本的国内规则与国际规则基本一致。

三、巴塞尔Ⅲ实施面临的挑战

巴塞尔协议作为国际范围内通行的金融监管标准,其实施过程中各国监管标准的一致性和指标的可比性都直接影响了其提升全球银行系统抵御风险能力的效果。然而现实中,各国金融市场发展状况和金融监管实践的差异都使得完全采用同一套监管标准缺乏现实性,甚至会导致监管标准带来的一系列不公平(尤其是对发展中国家金融体系的负面影响)。因此,在各国监管实践差异背景下,实施过程中的一致性问题以及监管公平性问题是巴塞尔Ⅲ面临的最大挑战。

(一)监管标准的一致性和公平性问题

1. 一致性问题

由于各国监管当局的工作安排、立法程序不同或存在其他考量,是否能按时、按质完成巴塞尔Ⅲ的实施即各国实际实施进展情况存在一定差异。2013—2016年,巴塞尔委员先后对27个成员方(或地区)实施资本监管的实施一致性状况进行评估,结果显示欧盟评估结果为"大体不符合";美国、韩国和印度尼西亚评估结果为"大体符合"。

巴塞尔Ⅲ国际监管框架中包含一系列的自由裁量权,允许不同国家结合其金融体系结构和发展特征，行使自由裁量权，采用符合各国情况的差异化的监管标准和方法。同时在巴塞尔Ⅲ资本监管框架中，各国银行还可以选择不同的方法评估其资产的风险水平和表外资产风险敞口，包括基于风险权重的方法（如信用风险标准法）或者基于银行自身内部风险评估的方法（如内部评级法）等。

因此在巴塞尔Ⅲ国际标准的推进实施中，即使各国制定的具体监管规则满足一致性，但因各国监管实践中自由裁量权的使用、实施审慎评估要求和监管中资本定义的差异、银行风险模型的差异和计算风险权重时内部模型的选择，以及监管实践中使用的其他监管和参数的差异等，都可能导致监管结果的差异，从而缺乏可比性和公平性。

从资本充足率的角度来看，资本与风险加权资产都可能存在一定不一致性。其中，分子资本在计算中产生不一致的原因主要包括：评估实践中的差异；实施审慎评估要求和监管中资本定义的差异；在监管中关于准备金提取和资产减值的差异等。分母风险加权资产在计算中产生不一致的原因主要包括：风险模型差异和计算风险权重时对内部模型的依赖；监管实践中使用的其他监管和参数的差异；评估实践的差异等。相比较分子而言，风险加权资产不一致性的可能性较高、因素较为复杂、产生的影响也较大，因此不一致性主要体现在风险加权资产中。

从交易账户的风险加权资产来看，在巴塞尔委员会在2013年1月和12月先后发布的关于《监管规则一致性评估项目——风险加权资产的市场风险分析》两份报告中，巴塞尔委员会基于国际活跃银行业务经营报告和相关问卷调查数据进行了分析，样本银行交易账户风险加权资产的计算结果之间存在相当大的差异。报告认为主要原因有两个方面：一是银行的模型选择差异；二是各国监管中自由裁量权使用而导致监管规则的差异。

从银行账户的风险加权资产来看，在2013年7月巴塞尔委员会发布的《监管规则一致性评估项目——银行账户风险加权资产的信用风险分析》报告中，巴塞尔委员会认为造成银行账户风险加权资产差异的原因是风险和实践两方面因素。其中，风险因素源于潜在的风险暴露或投资组合的差异；实践因素包含银行在实践中的差异（如风险管理和度量的方法），以及监管环境的差异（如监管实践，包含国家自由裁量权的法律法规实施、会计准则等）。

2. 公平性问题

随着全球金融一体化，跨境金融机构业务的全球化，发达国家巴塞尔Ⅲ中资本监管要求及相关结构性改革措施的实施，除了会对其国内银行产生较大影响外,也必将会影响其国内银行的国外附属子公司或分支机构的业务经营。同时许多发展中国家的银行体系也较大程度上依赖于国际活跃银行,因此巴塞尔Ⅲ在发达国家的实施也为发展中国家的金融体系产生较大的溢出效应。

巴塞尔Ⅲ中强化了的资本要求尽管增加了发达国家商业银行交易账户在面临资产损失时的弹性,但也给发展中国家带来了两个问题:一是当跨境银行并表时,在东道国当地附属子公司或分支机构的信用风险大小(东道国主权债务)将转换为母行的外国主权债务风险敞口。这一定程度上将影响跨境银行在东道国的业务经营,为东道国(发展中国家)经济金融发展形成一定负面影响。二是当采用国际信用评级机构如穆迪、标普评级时,发展中国家信用评级普遍较低。这增加了跨境银行在发展中国家的当地子公司持有的东道国主权债务所需的一级核心资本要求,在发展中国家的子公司可能会被要求进行更多的资本准备,从而影响了跨境银行子公司在东道国采用高利差的形式以抵消评级较低带来的高成本。

同时,巴塞尔Ⅲ中杠杆率的引入,旨在降低发达国家金融系统业务经营中的高杠杆。该指标及其配套监管措施的推出,导致发达国家金融机构逐步去杠杆化。这不仅导致了发达国家自身流动性环境的恶化,其去杠杆化过程中产生的溢出效应也通过流动性的传染影响了发展中国家的资本市场和银行体系,加剧了发展中国家金融市场的动荡。

另外,巴塞尔Ⅲ中强化的流动性监管要求,要求跨境母行必须在其集团层面持有流动储备,但这些储备资本对其东道国子公司和分支机构的作用及作用方式都是不清晰的。一般情形下,母国监管当局可能要求跨境银行母行优先解决其国家的流动性危机,而东道国子公司放在母行的储备资本首先用来自救。这样的操作不仅有可能弱化跨境母行的所有权结构和集团层面的流动性和资本管理能力,同时也不能及时有效地解决东道国子公司和分支机构的流动性危机。

(二)各国监管实践的差异

各国监管标准和金融业发展现状的不一致性会导致监管指标的不可比和公平性问题,主要体现在资本充足率、交易账户的风险加权资产、银行账户的风险加权资产三个方面。

针对各国监管结果的不一致性,巴塞尔委员会提出通过模型选择和计算标准等相关政策以及更完善的信息披露规则两个方面工作来降低差异。针对巴塞尔Ⅲ实施中各国自由裁量权的使用,总体来看,各国在推进巴塞尔Ⅲ国际标准在本国的落地实施中都采用了自由裁量权,都对其国内规则从多方面进行了调整实施。因此,巴塞尔委员会也考虑通过限制巴塞尔框架中自由裁量权的选择,以增加监管的一致性和可比性。

对于发展中国家而言，巴塞尔Ⅲ的相关要求可能在这些国家更加缺乏适应性，并对发展中国家产生溢出效应和潜在负面影响。其主要体现在新的资本要求、流动性监管要求、场外衍生品市场改革、全球系统重要性金融机构的监管规则以及相关结构性改革措施等方面。

四、中国实施巴塞尔Ⅲ的现状与挑战

（一）中国实施巴塞尔Ⅲ的现状

我国银行业的监管理念无论在内容上还是逻辑上都与巴塞尔监管框架具有内在一致性。早在2004年，巴塞尔Ⅰ的国际监管准则就已经在中国实现了本土化。2011年，原银监会发布了中国银行业实施新监管标准的指导意见，标志着中国巴塞尔Ⅱ和巴塞尔Ⅲ领先于国际社会率先开始落地。自2012年6月《商业银行资本管理办法（试行）》（即所谓"中国版巴塞尔协议Ⅲ"）正式发布以来，原银监会已经陆续制定了包括《中国银监会关于做好《商业银行资本管理办法（试行）》实施工作的指导意见》在内的十二个关于实施巴塞尔Ⅲ的指导文件。

此后，中国银保监会始终密切关注巴塞尔协议的相关进展，当前已陆续发布《商业银行流动性风险管理办法》《商业银行杠杆率管理办法》《商业银行大额风险暴露管理办法》等参考巴塞尔Ⅲ制定的国内规则，同时也将根据2017年底发布的巴塞尔Ⅲ最终方案的相关内容对市场风险、资本充足率等监管要求进行不断地更新和完善。

中国版巴塞尔Ⅲ的落地实施，标志着符合国际标准、体现中国国情的商业银行资本监管制度建设取得了历史性进展。目前我国多年实施的巴塞尔协议本土化银行监管已经卓见成效，四大国有银行在全球的规模和重要性地位均稳步提升，金融业务和产品的创新也被逐步纳入监管，银行风险和金融系统性风险始终保持在可控范围内，可以说我国银行监管实践为巴塞尔协议的本土化实施提供了成功范本和强有力的支持。此外，在借鉴银行监管成功经验的基础上，中国人民银行联合银保监会、证监会于2018年11月发布了《关于完善系统重要性金融机构监管的指导意见》，标志着我国的金融机构监管进一步向更加具有系统性、综合性的方向不断迈进。

（二）中国实施巴塞尔Ⅲ的挑战

中国版巴塞尔Ⅲ在实施过程中（尤其是落地初期）主要面临以下三个问题：

(1) 核心一级资本与一级资本趋同。此次金融危机中暴露出欧美银行在巴塞尔Ⅱ下资本定义中二级资本、三级资本的失效和一级资本的虚高。在欧美银行的资产负债结构中，含有较多的混合资本工具。危机爆发前，欧洲银行业的混合一级资本工具约占一级资本净额的18%，美国银行业则更高。对此，巴塞尔Ⅲ提出核心一级资本以缓解其他一级资本工具在一级资本中占比过高的情况。同时部分混合一级资本工具，尤其是累计优先股仍然可以作为其他一级资本，成为核心一级资本以外的重要补充。然而中国金融市场上尚不具备满足条件的其他一级资本工具，一级资本和核心一级资本严重趋同，导致核心一级资本充足率与一级资本充足率指标趋同。此外，巴塞尔Ⅲ中规定，合格的二级资本必须含有在特定情况下被强制转股或核销的条款。如果直接沿用此类条款，那么我国商业银行发行的可转债、次级债等都不再符合条件，可能会导致国内银行二级资本大幅减少。而对小银行来说，吸存能力和发行普通股融资的能力都低于大银行，受新资本监管要求的影响也更显著。

(2) 监管指标的叠加效应问题。资本充足率、杠杆率、流动性指标和贷款拨备指标这些监管工具客观上可以增强银行抵御风险的能力，同时也要求银行需保持较高的盈利和净利差水平。这在一定程度上可能会倒逼银行减少贷款投放，增加投资债券或其他表外业务来减少资本和拨备要求。此外，作为"静态资本充足率"的杠杆率和资本充足率的同向监管效果，会导致一级资本充足率指标的失效；而从风险偏好角度看，基于风险的资本充足率和风险中立的杠杆率之间又存在互斥的监管效果。考虑到指标间的关联性及叠加效应，可能会促使银行保持或进一步提高现有的利差水平，以覆盖较重的监管实施成本。这无疑会加快银行经营转型需求，但同时也会对整个利率市场化进程产生压力。

(3) 第二、三支柱监管标准不够全面。目前我国银行业在第一支柱实施方面较为规范和全面，但由于我国金融市场尚在发展中，部分处于发展初期的业务（如资产证券化）信息缺失相对比较严重，同时监管体系、法律体系、具体国情与国际社会均不尽相同，因此银行监管在第二、三支柱实施上较为薄弱，部分要求低于国际标准。第二支柱方面，在监管者评估违约的定义方面有所出入；第三支柱的信息披露要求方面，在有关信用质量数据披露方面有些缺失。但随着我国监管层对监管体系的逐步完善以及我国金融市场的发展和金融产品的不断丰富，针对第二、三支柱的监管正在逐渐与国际接轨。

与巴塞尔Ⅱ推进过程中数据基础的积累、内评法模型的建立、人才的培养并不冲突，巴塞尔Ⅲ乃至其最终方案在中国的落地只是在这些基本工作的基础上，对资本充足率指标进行细化，同时增加新的监管指标。近年来中国在监管方面引入巴塞尔协议为代表的监管框架使得银行监管的专业化水准提高很多。有效实施巴塞尔协议对提升银行业风险管理水平、完善资本监管制度大有裨益。

【关键词】

三大支柱　核心一级资本　资本补充工具　资本充足率　资本底线　风险加权资产计量　信用风险标准法　信用风险内部评级法　资产证券化风险　交易对手信用风险　市场风险　操作风险　介入风险　流动性风险　流动性覆盖率　净稳定资金比例　宏观审慎监管　杠杆率　大额风险暴露　逆周期监管工具　动态拨备制度　系统重要性银行附加资本充足率

【思考题】

1. 简述巴塞尔Ⅰ的主要内容。
2. 如何评价巴塞尔Ⅰ对国际银行业监管产生的影响？
3. 简述巴塞尔Ⅱ的改进内容。
4. 简述巴塞尔Ⅱ对于国际银行监管的意义及其局限性。
5. 简述巴塞尔Ⅲ在三大支柱方面的改进内容。
6. 简述巴塞尔Ⅲ的流动性监管。
7. 简述巴塞尔Ⅲ的宏观审慎监管。
8. 巴塞尔Ⅲ对于国际金融监管实践有何影响？

【案例分析】

巴塞尔Ⅲ在美国的实施

2012年8月30日，美国货币审计委员会（The Office of the Comptroller of the Currency）、联邦储备委员会（Board of Governors of the Federal Reserve System）以及联邦存款保险委员会（Federal Deposit Insurance Corporation）对于巴塞尔Ⅲ在美国的实施联合发布了三份立法草案，分别为《监管资本规则：监管资本、巴塞尔Ⅲ的实施、最低资本监管比率、资本充足以及过渡条款》《监管资本规则：风险加权资本计算的标准法、市场纪律以及信息披露要求》和《监管资本规则：风险资本计量的高级法和市场风险资本规则》。这三份文件分别针对资本和杠杆率监管、风险加权资产计算与市场风险资本计提拟定监管新规。草案在参考巴塞尔Ⅲ的同时，结合美国国情对部分条款作了修订。

然而，在美国银行业中，中小银行具有数量较多、规模较小且业务单一的特点，在大银行和中小银行间实施统一的监管标准会迫使中小银行在过高的运营成本下举步维艰。因此，该草案在推出后便遭到中小银行的强烈反对，其反对原因具体为如下四点：①大型银行一般是金融创新和衍生产品交易的实施主体，中小银行则多以住房抵押贷款为主要收入来源，很少涉及衍生品交易，因而中小银行并非金融危机的来源和传播者。若在各银行间实施无差异化的监管指标，将对中小银行的发展形成严重打击。②由于中小银行在人力、技术和设备上均处于弱势，草案列示的复杂监管规则会大幅提升中小银行成本。加之其经营风险相对单一，监管成本的增加将增大其反对意见。③草案规定超过核心资本10%以上的抵押贷款服务资产不再计入一级资本，并提高了住房贷款的风险权重，从而导致以住房抵押贷款为主营业务的中小银行遭遇困境，造成其业务量萎缩。④该草案对于资本工具监管内容的规定会进一步提高中小银行为满足资本充足率监管标准而持有的资本数量，从而进一步增大中小银行的资金压力。

由于上述反对意见的存在，美国监管机构无法按计划实施监管新规，并对上述三份草案做出修正。2013年7月，美国最终通过了巴塞尔Ⅲ实施草案，并宣布该草案自2014年起实施。

近年来，美国实施巴塞尔协议的情况有了新变化。美国财政部（US. Department of the Treasury）于2017年发布了《创造经济机遇的金融体系》文件[一]，对于银行与信用社、资本市场、资产管理及保险业的监管提出改革建议，体现了美国对其现行监管框架的重新评估。文件在一定程度上放宽了对部分金融机构的监管标准，如通过简化资本监管要求等措施对金融机构的发展形成支撑，但也增加了金融体系的风险。

分析与讨论：

巴塞尔Ⅲ在美国的实施情况对我国金融业监管有何启示？

[一] 美国财政部于2017年6月发布《创造经济机遇的金融体系——银行和信用社》（A Financial System that Creates Economic Opportunities—Banks and Credit Unions）；于2017年10月发布《创造经济机遇的金融体系——资本市场》（A Financial System that Creates Economic Opportunities-Capital Markets）；于2017年10月发布《创造经济机遇的金融体系——资产管理和保险业》（A Financial System that Creates Economic Opportunities-Asset Management and Insurance）。

📖 【选择题】

1. 巴塞尔银行监管委员会最初是由那个国际金融组织设立的？（   ）
   A. 国际清算银行　　　　　　　　B. 世界银行
   C. 国际货币基金组织　　　　　　D. 国际银行业监管委员会
2. 以下哪项不属于巴塞尔协议三大支柱之一？（   ）
   A. 资本充足率监管　　　　　　　B. 市场约束
   C. 风险控制　　　　　　　　　　D. 外部监管

🎓 【选择题答案】

1. A；
2. C。

第六章
监管科技

【本章要点】

1. 了解监管科技的概念；
2. 掌握监管科技的参与主体；
3. 掌握监管科技发展的三个阶段；
4. 了解监管科技的五大应用场景；
5. 了解全球监管科技应用实践；

【导入案例】

H 银行合规风险管理

近年来，为促进金融机构合规经营，各国监管机构推出了一系列法律法规约束金融机构的行为。然而，在强监管背景下，仍存在金融机构违反监管规定进行违规经营的情况。以 H 银行为例，近年来，H 银行多次因未满足相关监管要求、违规经营而受到巨额监管处罚。为此，H 银行旨在通过一系列措施降低其合规成本、提高合规效率、实现合规经营。

2012 年 7 月，美国参议院常设调查小组委员会指控 H 银行内部控制存在严重漏洞，具体包括：①反洗钱防范不到位；②存在高风险分支机构；③规避美国财政部海外资产控制办公室（The Office of Foreign Assets Control of the US Department of the Treasury，OFAC）禁令；④无视与恐怖分子的联系；⑤清除可疑散货旅行支票；⑥提供不记名股票账户；⑦允许反洗钱问题恶化。基于此，美国司法部在 2012 年 12 月 11 日宣布 H 银行违反《银行安全法》（Bank Secrecy Act，BSA）、《国际紧急经济权利法》（International Emergency Economic Powers Act，IEEPA）、《敌对贸易法》（Trading with the Enemy Act，TWEA），最终 H 银行为此支付了 12.56 亿美元罚金，其中美国司法部分得 8.81 亿美元，美国财政部海外资产控制办公室（OFAC）分得 3.75 亿美元；同时，H 银行支付了 6.65 亿美元的民事赔偿，分别是美国货币监理署（Office of the Comptroller of Currency, OCC）及美国金融犯罪执法局（FinCEN）5 亿美元，美联储 1.65 亿美元，共计 19.21 亿美元。除此之外，2014 年 11 月，H 银行因存在操纵全球外汇交易市场行为，被英国金融行为监管局和美国商品期货交易委员会共处以 6.18 亿美元的罚款。

面对如此巨额罚款，H 银行意识到自身存在的问题并承诺为降低合规成本、提高合规效率，未来将在合规风险管理方面做出重大改变。自 2015 年以来，为建立健全的合规风险防范机制、打击金融犯罪行为，H 银行便致力于改善其发现及防范金融犯罪的方式并不断探索能助力其合规经营的技术手段。H 银行不断投资金融科技公司并与其展开合作，以期通过新型技术发现和分析可能存在的金融犯罪，从而实现合规经营。H 银行的目标是利用自身的客户规模，以大数据、人工智能、区块链等新型技术为手段，改进其现有的金融风险管理方法。例如，近期 H 银行投资了某金融科技公司并与其深度合作，运用该公司的人工智能技术，如引入机器人来提高发现洗钱、欺诈以及恐怖主义融资的行为；还与人工智能专家 A 公司合作，将部分反洗钱调查进行自动化处理。通过采用人工智能技术，以技术代替人工，H 银行可以通过分析数十亿内外部数据记录来识别可能存在的洗钱活动，有效解决了金融犯罪问题，实现了 H 银行从被动遵从监管法规到主动降低合规风险的转变。

分析与讨论：

结合上述案例，谈谈人工智能等新型技术的使用对 H 银行实现合规经营有何影响？

第一节　监管科技概述

监管科技（Regulation Technology）最早由英格兰银行的首席经济学家安迪·哈尔登（Andy Haldane）于 2014 年在伯明翰大学的演讲中提出，主要是指以技术驱动监管的新型监管机制。实际上，在"监管科技"一词出现之前，应用科技手段推动金融监管及合规管理领域创新升级，已并非是一个全新的现象。

一、监管科技概念

"监管科技"一词出现的时间尚短，现阶段中外学界尚未形成公认的关于监管科技的严格定义。本章将从广义和狭义两个角度梳理学术界对于监管科技的已有概念论述,并根据本章的基本框架及内容界定本书所论述的监管科技范畴。

(一)广义监管科技

对于广义监管科技的定义,依据论述角度的不同,可以分为以下三类:

第一类,以监管目标划分,认为"监管科技"不仅是针对大数据、人工智能、物联网等金融科技3.0阶段的技术创新所引发的金融风险进行监管,也是对整个金融体系中的一切金融风险问题进行监管,其监管范围更加广泛。国际金融协会(Institute of International Finance,IIF)在《金融服务中的监管科技:合规及报告的技术解决方案》(2016)中将"监管科技"定义为"利用创新技术以更高效率、更好效果地满足监管及合规需要",将一切监管及合规需要纳入监管科技范围内。

第二类,以应用主体划分,认为除金融机构外,"监管科技"的应用主体还应包括金融监管机构等金融全行业参与者。因此,监管科技可划分为运用于监管机构监管端的监管科技与运用于金融机构合规端的合规科技。

第三类,以聚焦行业划分,认为"监管科技"不应仅局限于金融行业,还应覆盖其他行业的监管技术创新。西班牙对外银行(Banco Bilbao Vizcaya Argentaria)(2016)提出"监管科技是指一系列包含创新技术和法规要求的解决方案。这些方案可处理跨行业监管要求,如加强流程自动化程度,挖掘剖析报告关联性,提高数据质量,创建数据整体视图等"。美国监管科技实验室(Regtech Innovation Lab)(2016)也提出了非金融监管科技的概念,将监管科技的概念定义为"帮助企业处理监管合规逻辑问题的技术解决方案"。

(二)狭义监管科技

与广义监管科技的定义维度相对应,现阶段对于狭义监管科技的定义也可划分为以下三类。

第一类,以监管目标划分,将狭义的"监管科技"视作"金融科技3.0"的一个分支,主要针对金融科技3.0带来的新监管需求,强调对金融科技风险监测、识别、防控等领域的技术。

第二类,以应用主体划分,将狭义"监管科技"的应用主体限定在金融机构满足合规需求方面。美国金融业监管局(FINRA)在《基于技术创新的证券业监管合规》(2018)中将监管科技定义为"帮助市场参与者满足监管合规要求的创新性科技"。英国金融行为监管局(Financial Conduct Authority,FCA)在《支持监管科技发展和应用的征求意见稿》的反馈总结报告(2016)中将监管科技定义为"金融科技的子集,即帮助金融机构更有效、更高效地满足监管合规要求的信息技术"。

第三类,以聚焦行业划分,认为狭义"监管科技"仅针对金融行业。美国梅肯研究院(Milken Institute)在《监管科技:更高效监督及合规管理的机会》(2018)中将监管科技定义为"金融机构及监管部门运用新兴科技以更高效率、更好效果地应对合规及监管挑战"。

(三)本章讨论的监管科技范畴

本章主要以金融行业为研究视角,探讨科技创新对金融监管领域带来的变革与影响,故在监管科技的行业划分维度选取狭义范畴。同时,在现阶段,无论是金融行业从业者还是金融监管部门均大力推进监管科技研究与创新应用,可以说两者在监管科技领域的重要性都是不言而喻的。为了尽可能全面地介绍金融行业内监管科技的情况,本章的讨论框架将覆盖金融机构及金融监管部门,即在应用主体划分维度选取广义范畴。最后,从监管科技现阶段的实际运用来看,监管科技已不局限于针对金融科技3.0阶段涌现出的新风险问题,还拓展至更广泛的监管及合规应用领域,对于提高监管效率、降低合规成本有突出作用。基于此,在监管目标的划分维度上,本章选取广义范畴,即监管科技应覆盖整个金融体系中的全部金融风险问题。

二、监管科技的参与主体

金融科技正不断变革传统金融业态,监管科技的加速发展及应用也在持续革新金融监管系统。金融监管部门、金融机构及监管科技输出机构成为行业的重要参与者,以往的监管、合规模式也都在变革升级之中。

(一)金融监管部门

金融监管部门是监管科技的应用主体,也是推动监管科技落地应用的重要力量。从金融监管部门的角度看,发展监管科技能够满足金融科技发展的需要,有效地防范新型金融风险。科技的发展推动金融市场交易主体行为与交易运作模式发生变革,提高了金融交易的便捷性及有效性,借贷、支付、投资管理、融资等金融活动都发生了巨大变化。其使得传统以统计报表、现场检查等方式开展的金融监管模式不断暴露出实施成本高、获取信息的渠道受限,难以对不断更新的金融业态进行持续监督与管理等缺点。监管机构亟需采用科技手段赋能金融监管以应对金融的科技化趋势,接近实时地监管创新产品和复杂的交易、改善监管流程、提高监管效率。例如,监管科技的运用能够实现监管资料的数字化翻译,自动化监管及实时访问,消除监管机构及金融机构之间的信息孤岛,提高监管机构的监管能力。运用大数据技术,可以实现对金融业海量数据资源的精细化处理,从而对数据背后的风险进行预测与识别;运用人工智能技术,可以提高信息审核的准确度,从而提升反欺诈的效率。

在监管科技落地、快速发展的大背景下,金融监管部门正逐步向数字化、自动化、智能化、精细化及平台化方向转型,同时更注重预防风险和促进创新之间的平衡。在数字化方面,目前大数据已经开始在精准营销、风险控制、风险定价、量化投资等众多领域展开了具体应用,数据既是金融和科技的载体也是监管中必不可少的基础要素,监管部门将成为整个金融系统中最为庞大的数据枢纽,在建立数字化基础信息平台、数字化服务规范流程及数据标准统一方面发挥作用。在自动化方面,金融业务复杂性日渐提升,监管机构获取的数据规模不断提升,原有的标准化数据报送及窗口检查方式难以满足监管需求,推动运用大数据及机器学习等技术实现对于大规模非结构化数据的自动化采集、识别、处理、监控、反馈具有重要作用。在智能化方面,受技术快速更迭、金融创新快速发展和监管者激励约束等因素影响,金融市场的变化较之监管举措更为快速,而知识图谱、自然语言处理、数据挖掘等智能监测手段能够实现对金融市场的快速预警、分析及处理,满足实时监控一体化高效运作的智能化分析,能有效挖掘违法违规线索,准确甄别问题机构,预测相关金融风险。在精细化方面,监管科技的应用助力监管机构拆解业务流程,细化监管环节,能对特定业务类型进行差异化和专业化监管,并对相关数据的整理和收集都保留痕迹,将可能产生的风险和责任都落实细化到每一个主体。在平台化方面,数据分析和风险识别的最大障碍在于数据的分割和碎片化,而借助监管科技搭建平台可实现最大限度的风险识别。

(二)金融机构

从金融机构的角度看,发展合规科技主要包括以下三点优势:①降低合规成本,大数据、区块链、人工智能等新型技术的使用可实现合规路径数字化、智能化,实时把握监管动态,从而减少合规资源投入。②降低合规风险,合规科技能够促使金融机构实现监管规则的自动化追踪、数字化翻译以及合规管理的自动化进程,同时减少合规人员在合规管理中的人为干预,降低合规管理中故意或无意的人工失误概率,进而防范金融机构合规风险。③提高合规效率,合规科技可通过对监管规则的数字化翻译、解读、执行和监管数据的自动化采集,并自动形成监管报告,助力金融机构提高合规效率。因此,金融机构是监管科技创新运用的重要驱动力。随着金融科技的快速发展,互联网企业、IT企业、产业集团等各类机构都开始跨界涉足金融业务，金融机构日益多元化。

基于日趋严格的监管环境和不断完善的监管体系，金融机构的技术及业务模式创新须以风险防控和合规管理为前提条件。以往的监管架构更多地强调监管部门与从业机构间的博弈，而监管科技的引入，使得监管对产品市场的针对性更强，促使金融机构主动参与监管，形成良性的合作监管架构。

（三）监管科技输出机构

随着监管科技的不断发展，技术应用的复杂程度也在提高，而监管部门及金融机构由于人力资源、预算资金、时间安排、技术投入、行政编制等方面的硬性约束，有时很难独立推进新技术的研发及推广应用。在此背景下，市场化的监管科技输出机构的作用凸显出来。但由于金融行业相较于其他行业保密性要求更高，监管机构及金融机构对于第三方合作具有较强的保守性，这阻碍了金融机构与监管科技输出机构间的技术外包项目的发展。但随着监管科技的快速发展，英国FCA预测，监管科技输出机构与监管机构及金融机构间的合作将更加紧密，尤其是在实时系统嵌入式合规工具，以及优化原有IT系统的运营工具等方面，涉及但不限于信息管理、交易报告、法务报告、风险数据仓库以及法务缺口分析等。

监管科技输出机构兼具监管与被监管的双重特性，一方面服务于监管机构及金融机构，其业务与监管机构及金融机构的职责具有高度的一致性，是金融监管体系的重要组成部分；另一方面，监管科技输出机构是以盈利为目标的市场化经营主体，除了业务上的特殊性外，其与一般企业并无异同，因此必须接受监管机构、税务局和工商局等部门的共同监督。此外，限于其在业务上的特殊性，监管科技输出机构还必须遵守特殊的监管规定。

三、监管科技发展沿革及特征

虽然"监管科技"一词诞生于2014年，但应用科技手段推动金融监管、合规管理的创新升级最早可追溯到20世纪80年代，至今已有30余年的发展历程。

（一）监管科技1.0阶段——满足量化监管对于效率的需求

从世界范围来看，监管科技应用的萌芽阶段，时间跨度上大约是从20世纪80年代到20世纪末。20世纪80年代末，巴塞尔协议Ⅰ推出，欧美加强对银行资本及风险资产的监管，为应对更为复杂的量化监管要求，银行机构及监管部门开始从模拟人工操纵流程入手，利用计算机软硬件的高性能代替烦琐、易错的手工操作，从而大大缩短业务处理时间，提升准确性，解决手工效率低、成本高的问题。

在我国，20世纪90年代起计算机逐步代替手工操作。从监管机构的角度看，1991年中国人民银行专用卫星通信网与全国电子联行系统正式建立。1993年中国人民银行第一代会计核算系统正式建立，改变了手工账务核算的方式，其是通过科技手段提升金融监管工作效率的最初尝试，也是我国应用监管科技的雏形。1994年，中国人民银行组织实施国家金卡工程，建立了统一的银行卡业务规则和技术标准，完成了发卡银行间的资源共享和通存通兑。1996年，中国人民银行建成区域性金融数据网，将金融统计报表全科目上报系统、将中国人民银行会计核算系统推广到县级，并将经济案件信息管理系统及在华外资金融机构监控系统等推广到地市级。

从金融机构角度看，自20世纪90年代以来，以商业银行为代表的金融机构越发关注信息化在合规风控方面的作用，并纷纷加大信贷管理、授权管理、事后监督等领域的风险管理系统建设力度。随后又将合规科技的应用范围从单一的信贷风险管理拓展到市场风险管理、信用风险管理、流动性风险管理、操作风险管理、监管资本管理等领域，功能上也从单纯的手工替代向定量化、全面化等方向发展。如工商银行的非零售内部评级系统涵盖流动资金、贸易融资、项目贷款、房地产贷款、票据贴现、表外担保和承诺六类非零售表内外信贷产品，为银行信贷业务流程中的审批、监控环节提供了技术支持。

这一阶段的监管科技特征可以归纳为以下几方面：①主要目标是替代人工。此阶段的监管科技处于IT发展初期，金融监管部门及金融机构更多将其视为提升传统业务处理效率的辅助工具，主要为了解决更加严格的监管要求、日益增长的业务量与手工处理效率低、准确度差之间的矛盾。②IT技术已相对成熟。此阶段监管科技对于IT软硬件资源的性能要求较高，得益于全球IT技术发展至今已有几十年历程，从软硬件到系统开发设计都有了较为成熟的经验，能够支撑监管科技的成熟应用。③以算法设计为核心。此阶段的监管科技更多围绕如何更快、更好地对数据进行采集、存储、计算、输出等基本流程来设计。系统只能根据给定的数据操作要求，通过已确定的算法来实现复杂的计算和报表的生成。④主要针对事后监管。由于必须基于业务数据及已确定的算法，这一阶段的监管科技在事前预测方面存在短板，主要提升的是事后监管水平。⑤系统设计基于业务流程。程序设计语言以流程化设计为主，系统必须依赖于已有的成熟业务流程及明确的业务需求来设计。

（二）监管科技2.0阶段——满足全面数据分析监管需求

此阶段是在金融监管及合规业务流程自动化的基础上进一步提升信息的综

合分析利用水平，时间跨度上大约是从21世纪初到2008年前后。21世纪初，跨国金融集团通过组织扩张及并购大量崛起。由于金融组织更加全球化，业务范围涉及跨国、跨区域监管，此阶段的监管科技即基于小型计算机、宽带广域网、企业级数据库、消息中间件等信息基础设施的大规模应用，实现全球范围内跨区域的业务数据集中采集、存储、处理和综合分析。

在我国，此阶段完成了从"粗放式监管"向"精细化监管"的转变，从传统基于相对有限领域的数据分析向全口径、广关联、海量数据的深度挖掘转变。从监管机构的角度看，2001—2005年，中国人民银行相继建设了金融调查统计分析系统、大小额支付系统、中央银行会计核算系统、国库信息管理系统、个人及企业征信系统、反洗钱系统、银行卡交换系统等，涵盖了金融监管和服务的主要业务领域，实现了全国范围内的数据采集、存储、处理和分析，在提升信息处理的时效性和全面性方面有显著作用。

从金融机构的角度看，随着科技的持续发展及监管部门利用监管科技向"精细化监管"转变的倾向，金融机构更有动力和能力研发和应用更为复杂的信息化监管科技系统。基于此阶段监管科技跨区域、跨行业、跨系统的特性，金融机构与监管部门之间的关联和技术交流也愈加紧密，同步速度更快。在此阶段，也有大量的信息技术提供商、网络及机房基础设施服务商加入到向金融机构输出技术的队伍中来。

这一阶段的监管科技特征可以归纳为以下几方面：①全面数据的重要性凸显。数据仓库等技术的成熟助力此阶段的监管科技打破不同地域、不同业务间的数据孤岛问题，使得监管部门及金融机构能够从更全面的数据维度中提取有价值的信息。②数据采集的标准化。数据采集模板、系统接口等的标准化是实现跨地域、跨业务、跨系统数据采集分析的基础和先决条件，可以减少数据缺失、口径差异等方面问题。③算法和算力突破的重要性凸显。由于数据采集的维度扩展，数据处理、分析的复杂度提升，算法和算力的突破成为系统升级的重要推动力量。④系统设计更多体现独立性。随着大型数据库技术、并行计算、网络操作系统等新技术的成熟和应用，监管科技系统逐步成长为具有独立体系和内生动力的模块，从被动地依存于业务流程过渡到主动地构建解决方案模块。

（三）监管科技3.0阶段——满足金融科技创新的监管需求

此阶段是基于对大数据、人工智能、区块链、物联网等新一代创新科技的应用，解决传统监管手段及合规措施无法实现的实时监管等问题、科技创新所带来的新型金融风险问题，这一阶段的时间跨度是从2008年前后至今。监管科技领域对于新一代创新科技的应用滞后于金融科技的发展。2014年监管科技的概念才第一次出现，2015年英国金融行为监管局才率先提出发展监管科技的思路。此阶段，金融业态日益复杂，交易规模和速度都快速增长，金融风险具有更高的隐蔽性、溢出性和复杂性，监管部门及从业机构如需有效防控和化解可能的金融风险，必须使其监管系统具备实时采集和处理全部金融交易数据并做出决策的能力。监管科技的主要研究方向包括通过检测探针、API、智能合约等技术实现监管系统与金融机构的后台系统直连，实时获取数据并在必要时阻断异常交易。因此，新一代创新技术可以提升监管的前瞻性、预见性。

对于监管科技的探索，新型科技企业走在金融监管部门及金融机构的前面，这些科技企业积极应用新技术，创造新产品，成为监管科技3.0阶段的加速器。而随着金融监管部门及从业机构越来越意识到监管科技3.0的重要性，更多的资源被投入其中，在科研、咨询、法律、知识产权等领域做深入探索，监管科技已逐步发展成一个独立产业，并形成了相应产业链。在我国，随着创新金融企业的兴起、经历P2P暴雷潮等金融风险问题后，监管部门及从业机构越发重视监管科技3.0的发展。中国人民银行副行长范一飞在2017年度的人民银行科技工作会上对监管科技做了专门阐述，指出"监管科技有助于监管部门更好地感知行业态势、更准确地识别风险"，而采用"政府+市场"共建模式开发的网联清算平台就是监管科技在金融领域的有益尝试。从金融机构的角度来看，传统商业银行等金融机构在新兴技术和市场需求的双重推动下也加快金融科技的研发及应用进程，通过设立金融科技子公司、与金融科技企业合作、开展金融科技研究及应用等项目的方式大力发展有利于实体经济、服务于民生的金融创新产品和服务。

这一阶段的监管科技特征可以归纳为以下几方面：①监管科技应用实践尚处于探索阶段。无论是从监管部门角度还是金融机构角度来看，人工智能、区块链等新一代创新技术在监管、合规领域应用的成熟性、有效性都还有待进一步证明。②缺乏监管配套体系及制度框架使得风险被放大。新一代创新技术仍在快速发展阶段，对于技术应用的相关风险需提早防范，由于现阶段配套监管体系、制度框架等尚未完善，对风险放大须做好控制和防范准备。③监管科技向"实时监管"进阶。新一代科技有效解决原有监管体系事后监管的制约因素，向实时监管进阶，能够在风险问题发生时主动干预，及时阻断。

第二节 监管科技的应用场景

关于监管科技的应用场景，目前国际上最权威的表述来自于国际金融协会

(IIF)发布的《金融服务中的监管科技:合规及报告的技术解决方案》。报告将监管科技的应用划分为七大范畴:风险数据汇总;建模、分析和预测;交易监测;客户身份识别;机构内部文化和行为监控;金融市场自动交易和自动解释监管规定。此外,风险投资基金 Summer Capital 的创始人也对监管科技的应用范畴进行了分类,认为主要包括以下类别:市场监管、监管报告、压力测试、反欺诈、控制自动化、网络安全、风险管理、客户尽职调查、智能内控、其他金融监管科技领域和非金融监管科技。本章将重点介绍客户尽职调查、数据采集与监管报告、交易监测、风险预测与分析、机构内控及合规管理五大类场景。

一、客户尽职调查

2004 年 10 月巴塞尔委员会出台了《客户身份识别一体化风险管理》(Consolidated KYC Risk Management),客户身份识别(Know Your Customer,KYC)成为金融监管的一大重点。随着国际反恐、反洗钱、反逃税的深入,KYC 成为反洗钱这一业务场景的有效监管手段。在此背景下,监管科技方案有望辅助监管机构和金融机构更好满足其在 KYC 监管、合规等方面的需求,有效降低反洗钱信息获取和分析的工作量,提升效率。监管科技在 KYC 监管场景中综合运用了大数据、人工智能、区块链等技术,具有较强的适应性。具体来看,监管科技助力客户尽职调查的方式如下:

(一)区块链技术有助于提升反洗钱和客户身份识别效率

具体来看,金融机构反洗钱工作具有三项基本内容:一是客户身份识别(KYC)制度,制度要求金融机构对客户身份的确认须依据真实、有效的身份证件或其他证明文件。二是客户身份资料和交易记录保存制度,制度要求金融机构定期更新客户身份资料,并将其与交易记录保存特定期限。三是大额交易和可疑交易报告制度,金融机构办理的单笔交易或者在规定期限内的累计交易超过规定金额或者发现可疑交易的,应当及时向反洗钱信息中心报告。

传统方式下,金融机构在开展反洗钱工作相关活动时需要耗费大量资源,且由于金融机构之间的反洗钱相关的客户数据不共享,每当与一位新客户确立关系时,每一个金融机构都要根据 KYC 对客户开展尽职调查,造成对客户审查方面的大量重复工作。区块链技术的出现则可以帮助金融机构解决反洗钱工作中的痛点,提升反洗钱和 KYC 的效率。

在反洗钱领域,金融机构可运用区块链技术将客户信息数字化并上传,金融机构可为交易方提供与私钥相似的电子身份证明信息,同时将用户地址与之联结,当客户进行交易时必须通过个人私钥和银行公钥的双重检验,并通过用户地址进行。在该交易流程下，金融机构可经由区块链分享、交换信息，交易的各个环节均处于监管覆盖范围内，大大提升了反洗钱的效率。同时，区块链可支持设定特定的操作规则，在指定规则下区块链将自动对用户及业务活动开展监控与检查，不满足监管要求的用户及业务将被及时去除或禁止，金融机构的合规程度有所提升。在KYC领域，金融机构也可通过区块链进行信息共享，这在一定程度上规避了部分重复性劳动，同样使合规成本降低。

对于客户而言，客户也可从中受益。一方面，在银行KYC调查阶段客户仅需向银行提供一次KYC文件；另一方面，即使客户KYC信息的安全性和隐私性仍存在弊端，但只要所有信息都保存在私有而非公共的区块链上，信息泄露的风险就会降低。

（二）人工智能技术有助于提高客户身份识别效率

在识别客户身份方面，以人脸识别、指纹识别技术等为代表的人工智能技术已被广泛运用，主要包括客户身份确认、远程开户、刷脸支付等，并处于快速发展和推广之中。例如，京东金融已建立起依托于KYC流程的反洗钱模型，并在身份验证、风险测试等领域运用语音识别、设备指纹等人工智能技术。

此外，机器学习、自然语言处理（NLP）等人工智能技术还可运用于客户风险评级，此类技术可精准进行客户画像，实现客户风险的识别与分析，同时基于一定的规则引擎和算法模型，金融机构的反洗钱误报率将大大降低，这有助于金融机构全面掌握客户情况并提升监管合规性水平。例如，美国证券交易委员会（SEC）以机器学习的方法分析注册申请人的披露信息，此种方法能在一定程度上预测注册申请人的或有行为，并能准确预估其潜在的欺诈或不当行为引发的市场风险，最终此类信息可映射为相应的风险等级。基于此金融机构对客户风险的评级将更为准确。此外，人工智能技术还可应用于交易状况、风险状况的实时监控，从而促进金融机构提升合规操作的时效性。

二、数据采集与监管报告

现阶段，在金融业信息利用方面普遍存在着三类问题：一是行业间的数据共享不足，存在信息孤岛问题，例如信贷机构、消费金融公司等持牌机构与小贷、网贷以及助贷机构等平台的大量数据，出于商业机密保护和数据隐私保护等考虑，较难协同有效发挥其应有的价值。二是数据采集困难，存在信息失真、信息滞后问题，例如监管机构往往只能依赖金融机构低频率定期报送的数据来做统计分析，数据采集的及时性不强、覆盖面不广、数据的准确性也难有技术手段验证，造成统计分析的结论缺乏较高可信度。三是数据综合利用困难，存在利用成本高、效率低下问题，例如金融机构为了应对多个监管机构提出的相似或关联度较高的监管需求，需要对同一类源数据进行较多重复加工以形成多份监管报告，而对于散落在多个应用系统中的数据，又较难综合利用以最大限度挖掘数据潜力。

大数据、云计算、区块链、人工智能等创新技术在金融业数据采集与监管报告领域的运用，可以在保护数据隐私的同时实现有限、可控的数据共享及验证，数据交易成本、组织写作成本也将大幅下降，具体情况如下：

（一）大数据有助于提升数据的存储及综合利用效率

监管机构可以借助于大数据技术实现对各类金融机构的综合化、全面化数据采集。在数据采集方面，除了可采集传统方式下易获取的各种数据信息外，还包括采集如小额贷款公司、典当公司、地方资产管理公司等小型金融机构的相关数据信息，以及采集从外部引入的工商局、法院、人民银行等信息，从而提升了各个主体之间的信息关联程度，有利于减少信息不对称。在数据处理与传递方面，可将收集到的各类金融市场参与机构的相关信息汇总到一起进行整理，并通过实时共享使得各金融机构或监管机构等能实时查看所需信息。此外，对大量数据进行采集的能力以及分析的能力也是推动其他监管科技发展的重要因素。

监管机构也可以借助于大数据技术来提升数据处理能力。在数据采集阶段，数据表现形式不一、质量参差不齐。针对那些由于数据来源广、关联系统多等原因而产生的低质量数据，可综合运用大数据技术中数据挖掘、模式规则算法、分析统计等手段对各类数据进行多层清洗，使获得的数据具有高精度、低重复、高可用等优势，从而提供更为科学、合理的数据支持。

（二）云计算有助于提升数据的标准化处理能力

首先，云计算可为金融机构或监管部门提供强大的数据分析引擎，具有远超单机的合规数据分析能力。其次，云计算能对不同维度、不同类型和不同形态的数据进行集中处理分析，实现金融机构之间数据的通用性。同时，平台各方基于云计算技术，可以制定统一的金融数据统计口径以及数据交互标准，从而加强数据综合利用，实现监管合规要求的自动化处理。监管机构还可以将合规功能和计算函数转至云计算平台，方便金融机构调用。

（三）人工智能技术有助于提高合规数据的处理能力

在数据处理方面，人工智能技术可运用于将图片、语音、视频等复杂的非线性、非结构化数据转化为标准化、结构化数据进行分析，且当人工智能与大数据技术、云计算等结合起来时,能进一步提高处理合规数据的能力及效率。此外,人工智能技术中的自然语言处理能力能够从语义层面上对数据信息进行分析,而不仅仅是停留在符号处理上,从而能够帮助监管机构从数以亿计的交易信息中筛选出具有较强相关性或者可疑的交易数据,还可以帮助从业人员从中提炼有价值的交易信息,提高监管人员的监管效率。

(四)物联网技术有助于实现合规数据智能化采集

物联网技术通过对客观世界真实数据的感知采集,实现海量数据的互联互通,深入挖掘事物的本质,使智能水平与决策能力产生飞跃。即金融机构通过物联网感知技术将客观数据进行采集,构建监控机制。同时,物联网技术的运用可减少传统金融机构中以人工处理为核心的数据采集与处理方式,通过部署大量传感器,实现数据的智能采集,降低人为因素干扰,进而提高合规风险评估、分析与预警的能力。

具体而言,金融机构可以通过利用射频识别技术(RFID)等感知、捕获、测量技术随时随地对物体进行信息采集和获取,随后通过使用物联网的各种智能计算对海量的感知数据和信息进行分析处理,从而实现对数据信息的智能化采集、决策和控制。

(五)量子技术有助于提高合规数据运输过程的安全性

许多金融机构自身拥有多个数据中心,当其数据在多个数据中心之间传输以及向第三方监管机构进行传输时,如何构建安全的通信渠道是一个非常重要的问题。随着密码破译技术的快速发展,采用传统手段加密的数据在金融信息网络信道中被传输时,存在被第三方破译、监听、篡改、伪造等风险。针对这一问题,具体到合规方面,在合规数据传输过程中,可以利用量子通信技术在保密方面具有的巨大优势来保证合规数据在传输过程中不被窃取、篡改、破坏,从而增强合规数据采集过程以及传输过程的安全性和可靠性。

从应用方向上来看,量子技术可以提供更为安全的信息加密传输技术方案和签名认证技术方案。在加密传输方面,量子密钥分发技术可以有效应对信道窃听、高性能计算攻击等安全威胁,大幅度提高加密通信安全性,确保网络传输安全。在签名认证方面,量子数字签名研究也不断取得进展。通过利用量子不可克隆、量子态坍缩和量子纠缠等特性,量子数字签名不再依赖数学难解问题,具有可证明的信息论安全性。

三、交易监测

对于监管机构而言,由于我国金融机构各类业务往往单独设置风险控制模块,导致风险数据交叉使用效果弱,监管机构检测金融机构的合规情况成本高。同时,对于金融机构而言,脱离客户交易背景等客观因素,不能与客户其他外部信息相匹配,交易监测失误率较高。此外,不管是监管机构还是金融机构,工作人员往往会在可疑资金交易报告的监测上存在保守认识和惰性心理,这也影响了对可疑交易报告的进一步识别。在金融机构依托客户尽职调查手段甄别客户可疑资金交易的背景下,可能存在信息共享机制缺失或存在信息共享壁垒,还有可能出现异常资金交易分析线索掉线等现象。总体上对海量交易数据中报送大额和可疑交易线索,依赖人工逐一研究分析是否为欺诈或洗钱交易,属于高能耗低效益的工作,工作人员往往还会存在劳而无功的消极意识,这也势必影响对可疑交易报告的处理态度。

现阶段,在交易监测场景中,监管科技运用了大数据、人工智能、云计算、区块链等技术,其中大数据及人工智能技术运用范围更为广泛:一方面,大数据有助于提高风控系统处理效率。由于数据库技术本身的限制,无法做到针对异常情况进行实时反馈。而流式大数据处理技术提高了风控系统对海量数据和复杂算法下的处理效率,满足事中风控的要求。另一方面,人工智能有助于提高交易监测效率。随着人工智能的崛起,根据丰富的数据和监控模型,机器学习技术可对数据进行多重处理分析,实现实时反欺诈规则和模型的构建,并结合当前用户特征,达到实时识别交易异常行为、降低人工分析的工作量的目的,进而一定程度上避免了事后分析再干预的效率低下、风险难挽救等不足。同时,也有助于消除人的惰性心理和消极意识,模型具备一定在各类实时交易监测场景中泛化应用的技术可行性,应用前景较为广阔。

四、风险预测与分析

金融机构发生风险所带来负面作用远不止对其自身的影响。一旦发生,小则有可能对某个金融机构的经营构成威胁。大则有可能对局部或区域性金融体系的稳健运行构成威胁,一旦发生更为严重的系统性金融风险,还将造成金融体系整体运转失灵。随着金融产品多元化发展,目前的风险管理体系面临着诸多问题:一是金融混业经营发展趋势下行业务复杂性增加,这要求金融机构具备更强的风险预警能力和风险管理水平;二是创新技术的广泛应用在提高金融服务效率及覆盖面的同时也降低了金融服务门槛,增加了行业风险;三是金融服务扩展到线上,风险暴露时间更久,受黑客等攻击的可能性更高,风险防控难度更大。此外,现有的风险预警系统在功能实现上也有一些不足:一是关键核心数据难以获取,难以达到准确及时预警的效果;二是监测模型的有效性有待提升，需要长期、复杂的研究优化过程；三是数据来源复杂，获取及清洗成本高；四是监测模型需要不断调整才能提升预测效果，维护、迭代工作量大。

目前，监管科技在风险预测与分析方面主要运用的技术有云计算、大数据、机器学习和区块链等。对以上技术的综合运用，可有效提升风险预测的效果，进而降低风险发生的概率，具体运用如下：一是通过运用大数据和机器学习技术，可以准确展现各个主体的相互关联，有助于监管部门或金融机构尽早识别并禁止高风险的业务活动或交易行为，从而完成风险隔离。二是运用人工智能、云计算与大数据等技术，能够持续更新风险模型的各项指标与参数，从而提升模型风险的测算和估计精准度，并能自动开展风险排查，这能在一定程度上应对金融机构风险定价错误的管理难题，达成以数据为手段的高效风险监测。三是通过大数据、云计算与人工智能技术，可以增加现阶段金融风险压力测试的仿真程度，此类技术增加了测算变量的数量，解决了过去以较少代表性指标进行模拟的不足之处，可以更好地模拟真实状况，并将测试由静态转变为动态、由被动转变为主动，从而降低风险。

五、机构内控及合规管理

在经济下行压力依然存在和金融强监管的背景下，金融机构暴露出的风险越来越多。合规是金融机构的生命线，凭借其成本和门槛，合规能够淘汰劣质平台，还将持续推进金融科技创新，为用户提供更加规范安全、高效、便捷的金融服务。目前金融机构内控与合规管理存在一些问题：一是对合规意识的认识不到位；二是公司内控制度存在漏洞，导致出现风险事件；三是对监管制度理解不准确，对制度条款变化跟踪不及时，导致出现违规行为。

在金融监管强化的背景下，监管科技在机构内控及合规管理方面的探索将使金融机构在大浪淘沙中脱颖而出。目前一些金融机构已将大数据、人工智能等技术运用于监管合规平台方面。以分布式大数据计算架构为基础支撑，用业务建模沉淀业务数据，以智能化技术为驱动，形成大数据体系和平台，解决合规问题。

（一）大数据有助于提高监管合规的时效性

当前信息技术广泛应用于金融行业，金融市场的相关数据在科技的影响下大量涌现、快速更新，因而对监管的时效性提出了很高的要求。基于此，金融机构必须在短时间内完成对自身情况的监测和预判，以满足相关规定的要求。受制于现有技术等因素，金融机构在传统的方式下获得的数据存在一定的滞后性，导致相关的合规操作难以及时开展。而借助于大数据，金融机构将实现自身监管渠道电子化，能够随时随地获取自身的数据以及外部环境的数据，及时监测经营活动是否符合相关规定，从而大幅度提高合规操作的时效性。

（二）云计算有助于提高合规管理能力

首先，云计算技术可以提升监管合规系统的承受能力。凭借可扩展的弹性特性，云计算可以根据金融机构和监管部门的需求动态配备IT资源，从而有效提升监管合规系统的承受能力。当出现不可预知的爆发式检索需求增长时，云计算仍有足够的IT资源应对突发情况，从而可以有效避免使用需求达到阈值时可能出现的损失，进而提升监管合规系统在特殊情况发生时的承受能力。其次，云计算技术可降低合规工作的实施成本。对于中小型金融机构而言，当金融监管机构定义了一系列数据报送要求，并通过技术接口的形式要求金融机构自行开发软件对接系统时，其很有可能会因为开发成本过高而导致相关合规操作难以落实。云计算则提供了有效解决这一问题的思路，即相关机构可以建立一个大型的综合性较强的"云应用市场"，中小型金融机构可以根据自身的需求在该应用市场上开发软件系统或购买相关服务。这一途径可以很好地利用规模经济优势来降低金融机构合规工作的实施成本。最后，云计算是基于人工智能算法的监管合规应用的底层技术保障。2006年以来，在云计算和大数据日趋成熟的背景下，人工智能的关键技术——深度学习技术取得了较快发展。与以往的算法相比，深度学习算法用于训练的运算量显著增加，因此，云计算技术的广泛应用为底层技术提供了有力保障。

（三）人工智能技术有助于进行法律法规跟踪，提高金融机构合规管理能力

随着国家监管的力度加大，金融机构面对的金融监管法律法规日益复杂，而金融机构合规方式仍以人工核查、配备专业合规人员为主要合规操作手段。这种手段与更新速度不断加快的监管政策难以适应，以监管科技进行法律法规的跟踪成为必然趋势。

目前，人工智能应用较为广泛的技术都能在法律法规跟踪中发挥自己的作用：①通过自然语言处理和机器学习技术，根据语境对金融相关法律法规条文进行机器翻译、语义理解等操作，快速处理和学习最新的法律法规和监管规则，并进行案例分析推理，比较不同案例差异，进行全局化计算，评估金融风险，及时提醒金融机构调整合规操作；②从观测样本的法律法规出发，通过机器学习技术，寻找样本数据内在规律，并利用这些规律对未来数据或无法观测的数据进行记录；③人工智能可利用人机交互技术加强人与计算机之间的信息交换，及时反馈对法律法规的跟踪信息；④通过知识图谱的建构，人工智能可以整合

不同种类的信息,搭建内部结构,使相关信息更加全面及精准。

第三节 全球监管科技的应用实践

当前,全球监管科技领域的创新机会,已引起了全球范围内的广泛关注,相关的投资、融资次数及规模也逐步提高。风险投资数据公司 CB Insights 报告显示,从 2013 年至 2017 年二季度,全球监管科技领域股权融资累计总额达到 49.6 亿美元,共涉及 585 次融资,其中 2017 年上半年,监管科技融资金额较 2016 年上半年增加 54%。虽然对比全球金融科技投融资情况看,监管科技投融资总额还略显不足,但考虑到监管合规需求总是滞后于业务创新需求的实际情况,监管科技的应用潜力仍不容小觑。由于各国金融监管部门应用技术手段实施监管的历史较长,其中对于监管科技 1.0 和监管科技 2.0 阶段已有诸多论述,基于本书所关注的金融科技发展阶段,本章节内容聚焦在监管科技 3.0 阶段各国监管科技的应用实践。

一、美国监管科技应用实践

美国作为监管科技 3.0 阶段的先行者,对于监管领域的科技创新始终保持开放态度,希望基于监管科技创新打造更加高效、灵活的监管模式,实现更加精准的数据交互,以促进机构合规、安全运营,保障金融体系平稳运行。下面从监管科技赋能监管机构及合规科技赋能金融机构的角度来介绍美国监管科技应用实践。

(一)美国监管机构监管科技应用实践

基于对美国监管机构监管科技应用情况的综合梳理,分别从监管科技创新环境打造、数字金融基础设施建设、监管规则及流程变革三个层次立体介绍美国监管科技应用实践。

1. 监管科技创新环境打造

美国长期以来实行"双轨多头"的金融监管体制。"双轨"指联邦和州两个层级都有金融监管部门,"多头"指多个金融监管部门实行混业监管体系。其中在监管科技创新环境方面探索较为领先的部门包括美国货币监理署(Office of the Comptroller of the Currency,OCC)、美国商品期货交易委员会(Commodity Futures Trading Commission,CFTC)、消费者金融保护局(Consumer Financial Protection Bureau,CFPB)以及金融业监管局(Financial Industry Regulatory Authority,FINRA)。

(1) 美国货币监理署（OCC）创新办公室。2016年10月，美国货币监理署公布"责任创新"计划，计划要求设立创新办公室作为对接金融科技、监管科技企业的信息交流中心，旨在追踪最新金融科技及监管科技创新动态、促进科创企业在符合监管合规要求、风控安全要求的前提下进行"有责任地创新"，同时还负责对金融机构进行监管预期及原则的宣传推广，并在监管合规技术及其他资源上提供创新支持。

(2) 美国商品期货交易委员会（CFTC）科技实验室。CFTC持续追踪监管科技动态，其将比特币指定为一项商品，并据此在区块链及虚拟货币领域积累了一定技术基础，使其在监管科技的发展方面领先其他部门。CFTC设立科技实验室的初衷与货币监理署相似，都是希望促进监管部门与金融科技及监管科技企业之间的交流合作，实现合作共赢。CFTC希望通过设立科技实验室加速其在金融科技及监管科技领域的创新实践，使CFTC能够更高效地开展监管工作。CFTC认为现阶段包括分布式账本等在内的创新技术虽然距大规模应用仍有距离但前景向好，且科技实验室的创设将为监管部门在金融技术革新方面抢占先机，以确保在科技变革金融传统业态的过程中，监管部门始终能够有效控制风险。

(3) 消费者金融保护局（CFPB）催化计划。CFPB是美国联邦金融监管部门中最为数据驱动的部门之一，在线上金融活动监管方面表现突出，对于金融科技和监管科技的接受度也更高。CFPB的监管范围较广，涉及与消费者有关的系列金融产品与服务，与金融科技的联系更为紧密。因此，CFPB推出了催化计划，旨在了解跟踪金融科技、监管科技领域的最新发展，探索制定更加符合行业发展与市场需求的创新激励政策，鼓励金融创新主体在切实维护金融消费者利益的前提下推行能更好满足消费者实际与潜在需求的合规技术创新及金融产品创新。基于该计划，CFPB与金融创新主体开展各类金融科技及监管科技的试点和研究合作，如与金融科技公司Bill Guard一起开展的关于金融消费纠纷投诉形势分析和解决机制的研究，与信用卡公司Barclaycard、消费金融公司Clarifi共同开展的为信用卡借贷信用不良者提供早期咨询与缓解措施并验证其效果的研究等。

(4) 金融业监管局（FINRA）"创新推广行动"。FINRA是非政府性质的证券业自律监管组织，与政府监管部门相比，其在监管科技的探索方面拥有更高的自由度。2017年6月，FINRA推出"创新推广行动"，由新兴监管事务办公室牵头，任务包括推动FINRA与金融科技与监管科技领域会员及非会员单位间的交流、讨论FINRA监管创新以促进金融科技发展、对FINRA工作人员进行金融科技及监管科技相关培训等。与 OCC、CFTC、CFPB 等监管部门相似，FINRA 以建立良好生态环境的方法促进监管科技及金融科技领域的创新。

2. 数字金融基础设施建设

数字金融基础设施是保障监管科技落地应用的基础平台。美国监管部门在数字金融基础设施建设及改造领域也投入了大量的时间及资源，以期将监管科技顺畅引入现有监管体系之中，其中具有代表性的数字基础设施包括全国抵押贷款牌照申请系统（National Mortage Licensing System and Registry，NMLS）、美联储支付系统提速工作（Faster Payments Task Force，FPTF）、商品期货交易委员会 2.0 计划（CFTC 2.0）、证券交易委员会电子数据收集分析和检索系统（Electronic Data Gathering, Analysis, and Retrieval System，EDGAR），以及美国创新办公室（Office of American Innovation，OAI）。

（1）全国抵押贷款牌照申请系统（NMLS）。2008 年，美国签署了《抵押许可法的安全和公平执法法案》，要求在全国范围内使用 NMLS 系统。该系统是联邦及州级监管部门系统整合的典型标杆，全美 50 个州以及华盛顿特区、波多黎各自治邦、美属维尔京群岛以及关岛均不同程度参与到系统之中。NMLS 的设计初衷是将全美的抵押贷款牌照申请程序进行线上化集中，各州的抵押贷款机构成立后均需通过该系统申请牌照，目的是加速牌照申请及报告流程，同时为监管部门及金融服务客户提供更简便的牌照合规管理及责任追溯平台。随后几年间，NMLS 系统使得各州的抵押贷款牌照监管效率大幅提升，各州逐渐在 NMLS 系统上添加其他审批工具及模块。发展到目前，大部分州级监管部门允许企业在 NMLS 系统上申请货币转账牌照、账款追收牌照、非抵押贷款牌照等金融服务牌照。2018 年美国银行监管会议发布了 2020 发展愿景，其中概述了重新设计升级 NMLS 的具体目标，包括协调多州监管，允许非银行机构提供金融服务以及加强美国监管部门对金融创新产品和服务的监督。

（2）美联储支付系统提速工作（FPTF）。美国支付、清算和结算系统（PCS）每天需要处理约 6 亿笔交易，交易金额在 12.6 万亿美元左右。2015 年美联储发布《改善美国支付系统战略报告》（Strategies for Improving the U. S. Payment System），报告提出技术的快速发展使付款流程的基本构成发生变化，高速数据网络的普及度大大增加，计算机能够迅速处理信息，这将使商业模式和支付用户的使用需求发生变化。与此同时，支付的安全性和对敏感数据的保护正处于不断增强的威胁和挑战之中。美国公民和企业对跨境资产转移的需求水平提升，这对支付方式的效率提出更高要求。随后在 2016 年，美联储发布了《分布式账簿技术在支付、清算及结算中的作用》（Distributed Ledger Technology in Payments, clearing, and settlement），认为集成分布式账簿技术在减少甚至消除支付体系中的运营无效情况方面具有较大潜力。2017 年进一步在《美联储改善支付系统的下一步计划》（Federal Reserve Next Steps in the Payments Improvement Journey）中明确提出考虑利用分布式账本技术和数字货币技术来实现支付系统升级。但是由于支付系统涉及面广，整体升级需要投入大量资源，在批准分布式账本技术或其他升级版支付系统上线之前，还需要评估这些系统的成本及使用情况，包括分析系统安全性、成本、效率及可行性等问题，因此美联储并未给出明确的时间计划表。

（3）商品期货交易委员会 2.0 计划（CFTC 2.0）。CFTC 在 2017 年 5 月发布了 CFTC 2.0 计划，目的是探索包括人工智能、机器学习和区块链等在内的创新金融科技、监管科技，加强新兴金融科技、监管科技领域的创新者与监管机构之间的联系和交流，以加强 CFTC 评估新技术的步伐，促进并协助 CFTC 及其他监管机构对监管创新技术的应用。前文所述的 CFTC 科技实验室也是该计划中的一项内容。CFTC 认为新技术将彻底变革 CFTC 的监管模式，如金融市场数据的收集与传播方式等，通过应用智能合约、分布式账簿技术等创新科技，CFTC 可以与其他监管部门进行合作，在分布式账本上开发"监管节点"，或者以区块链技术对 CFTC 现有的技术研究报告进行集中或分散化处理。

（4）证券交易委员会电子数据收集分析和检索系统（EDGAR）。EDGAR 系统是美国证券交易委员会管辖的上市公司数据库，从 1984 年起按法律规定集中、确认、归类、接收和传播上市公司和其他单位的文档和表格。近年来可拓展商业报告语言（eXtensible Business Reporting Language，XBRL）技术实现了迅猛发展。为给投资者和监管机构提供更为有效、透明的信息收集判断工具，SEC 正式建立基于 XBRL 的系统，并在 2008 年提出要将所有证券信息的录入过渡到这一系统。这一系统能够支持 SEC、行业机构、投资人以更简便的方式查询上市公司公开信息。此外，XBRL 还具有良好属性的开放技术架构，可以使财务信息供应链上的所有参与者免费、自由地在不同软件平台上获取、交流和分析财务信息。

（5）美国创新办公室（OAI）。美国创新办公室被定位为"收集来自政府、私人部门、意见领袖等领域的优秀创新想法，来帮助美国解决目前最困难的问题，并为日后将遇到的机会和挑战做好准备"。因此该办公室聚焦于包括金融科技、监管科技在内的创新激励政策及行动。办公室虽然不直接参与金融基础设施数字化升级，但承担了将最新科技引入美国政府部门、监管机构的职责，包括更快的支付平台、自动化信号系统、政府网络安全防护系统等。

3. 监管规则及流程变革

监管规则及流程的变化对于将新技术引入美国监管部门是至关重要的一环，但在现实推进中往往会受到原有政策、规程等方面的阻碍。前文提到的美国货币监理署（OCC）、美国商品期货交易委员会（CFTC）等部门的推进行动也都伴随着争议和讨论。如 OCC 面临全国银行业监督会议（Conference of State Bank Supervisors，CSBS）的起诉，要求 OCC 停止向金融科技企业发放特殊目的银行牌照，CSBS 认为该类牌照已经超出 OCC 的监管范围。此外，面对金融科技快速发展所带来的金融业务模式变革，消费者金融权益保护局（CFPB）等新型监管部门成立，其自成立之初便伴随着监管对象不清、监管目标偏离等诸多疑问。但即便面临种种阻碍，监管部门在金融科技及监管科技领域的探索仍在不断增多，国会也出台法案，同时通过将监管规则的审视、修改权限下放到各个监管部门来为监管部门实施监管科技创新以及相应的监管规则修订提供更加便利的条件、更加快速的方式。

(1)《金融透明法案》（Financial Transparency Act，FTA）。FTA 法案有助于推动对全美金融监管报送程序的梳理，使监管报送由散乱的文件变为完全可搜寻、标准化、机器可读的数据库。基于该法案，美国八大主要监管部门将统一采取一致性的数据格式及内容报送要求，所有报送文件均采取结构化数据格式，文档形式将被消除。美国财政部在报告中指出政府监管部门采取统一数据格式，其公布的监管数据也可以被第三方平台等更加便捷地获取及处理分析。

(2)《金融业监管局征求意见报告》（FINRA Request for Comment）。FINRA 曾发布一份有关分布式账簿技术在美国资本市场应用潜力的报告，并向行业参与者广泛征求意见，并计划将意见反馈整合调研结果发布二期报告。这类征求意见报告成为金融科技、监管科技领域企业参与监管政策讨论及制定、向监管部门反馈创新科技重要作用的有效渠道。

(3) 州级监管科技行动计划。州级监管部门承担了非银行贷款机构、贷款服务机构、贷后管理机构、转账机构等众多金融机构的管理职责，而金融科技在这些领域的发展更为活跃，因此州级监管部门对于金融科技、监管科技的接触尤为深入。而州级监管部门在监管科技领域的创新也更具有创新实验性。州级监管部门积极推行监管及法规变革来为金融科技发展提供良好环境，如纽约金融服务监管机构颁发从事虚拟货币商业活动的营业牌照，并利用创新科技实现对这类机构的监管。

（二）美国合规科技公司应用实践

下文将视角聚焦在助力金融机构满足金融监管的合规科技公司方面，以美国合规科技公司——DataVisor⊖为例，主要介绍其核心技术及如何赋能金融监管。

DataVisor 于 2013 年创立于美国硅谷，是一家全球领先的一站式 AI 反欺诈平台，专门为线上企业和金融公司提供一站式智能反欺诈检测服务。具体而言，DataVisor 通过将其独创的无监督反欺诈机器学习技术与现有监督机器学习和全球智能信誉库融合，在无须历史标签和训练数据的情况下，可以直接有效检测未知欺诈，从而减少欺诈损失和人力成本，助力智能化反欺诈风控体系搭建，提高金融机构合规管理能力。

DataVisor 通过将人工智能与大数据技术相结合而提出了具体的解决方案。方案包含四个重要组成部分：无监督机器学习引擎、有监督机器学习引擎、自动规则引擎和全球智能信誉库。其具体核心内容如表 6-1 所示。

表 6-1　DataVisor 解决方案的重要组成部分的核心内容

解决方案的组成部分	核 心 内 容
无监督机器学习引擎	不需要标签和训练数据，可以自动发掘恶意账户间的可疑关联和相似度并立即检测捕获整个欺诈团伙，并且可以同时分析数十亿账户与事件
有监督机器学习引擎	通过利用无监督学习引擎生成的数据做训练集，不断训练出有效的学习模型来弥补并增强规则引擎无法覆盖的复杂欺诈行为
自动规则引擎	将机器学习模型的能力与规则引擎的可解释性进行结合，并及时更新与淘汰现有规则
全球智能信誉库	通过深度学习实时计算，为客户提供行业各类智能信誉和数字指纹，如 IP 地址、地址位置、电子邮件网络域名等

资料来源：https://www.csdn.net/article/a/2018-11-07/15964908。

1. 核心技术——无监督机器学习（Unsupervised Machine Learning，UML）引擎。

（1）工作原理。DataVisor 的无监督机器学习技术在没有数据输入标签的情况下，可以通过计算相应函数来描述"无标签"输入数据间的隐藏关联。这种技术超越了规则引擎和有监督学习的反欺诈分析方法，核心在于无监督欺诈行

⊖ 根据 DataVisor 官方网站等公开资料整理。

为的检测，主要通过关联分析和相似性分析发现欺诈用户行为的联系，然后创建群组，并可以从中发掘新型欺诈行为和案例。

其中，常见的无监督机器学习方法主要包括试图识别离群值（outlier）的异常检测技术和专注于研究输入数据之间关系和连接的聚类/图形分析技术。而DataVisor所采用的无监督机器学习引擎是基于聚类和图形分析技术，结合聚类技术和图形分析算法，从无标签数据中发现相关的欺诈或可疑模式。

（2）特点。无监督机器学习引擎主要有三个特点：①主动检测新型攻击，即无监督机器学习引擎不需要标签和有监督学习中过时的训练数据，而可以实现提前防范，通过查找欺诈模式和相关性的检测，自动灵活地应对变化的欺诈模式，尤其是新型欺诈模式，从而提高检测效率。②实时关联账户。无监督机器学习引擎直接实时关联所有账户，实现所有事件的一次性处理，同时分析所有账户的关联性和相似性，从而从众多欺诈账户中发现可能存在的欺诈模式。③有效地利用新型数字信息。无监督机器学习引擎直接在 DataVisor 全球智能信誉库（GIN）中读入或输出信息。其中全球智能信誉库主要实现多个数字指纹的汇总和计算，并整合现有攻击模式，从传统的粗粒度规则转向细粒度规则，从而进一步改进无监督机器学习引擎的检测效果。

2. 赋能金融监管

（1）无监督机器学习技术助力反欺诈防控。随着金融创新的不断推进，金融欺诈行为也日趋复杂，不再局限于盗窃信用卡和银行信息进行欺诈活动，而是产生了不少的新型金融欺诈方式。一方面，随着金融机构线上服务的剧增，欺诈行为也从传统欺诈模式向线上转移，欺诈者会通过使用大量欺诈账户来获得非法收益，整个欺诈行为趋于匿名化与工具的多样化。另一方面，欺诈方式也从个体欺诈行为向组织欺诈行为转变，使得欺诈行为趋于复杂化。

为应对新型欺诈行为，金融机构在传统欺诈模式的基础上增加了有监督机器学习模型，在学习和概括先前欺诈经验的基础上，从训练数据中学习欺诈模型，在现有欺诈模式的基础上进行反欺诈模式的改进，从而增强反欺诈效果。然而，有经验的欺诈者仍然能够避开有监督机器学习的检测。即有监督机器学习模型在对欺诈模式的改进中仍然存在以下不足：一是有监督机器学习模型基于大量欺诈标签。有监督机器学习需要获取以往的欺诈经验，通过数据的有效训练才能提升反欺诈效果，意味着有监督机器学习行为可以对发生过的欺诈进行有效检测而对新型欺诈行为无法实现有效检测。二是有监督机器学习模型检测存在时滞性。因为有监督机器学习模型主要依靠以往欺诈的标签，难以保证欺诈标签的随时更新，即有监督机器学习模型的有效性将有所缺失。三是数据的非结构化增加了有监督机器学习模型进行欺诈行为检测的难度。四是大量线上欺诈活动不利于有监督机器学习模型进行检测。因为有监督机器学习模型需要查看单个交易或者单个账户，而大规模的欺诈行为增加了检测难度。

DataVisor 运用的无监督机器学习技术是在有监督机器学习技术的基础上，克服现有检测技术限制，通过梳理不同数据实现新型欺诈行为的提前识别和阻止，从而促进检测组织突破现有检测瓶颈，助力预防欺诈行为。具体来看，无监督机器学习技术可从以下几个方面助力防范金融欺诈行为：①助力发现新型欺诈模式。无监督机器学习技术不是对数据标签进行训练，而是在提供的特征空间中，实现数据标签的自动查找和相关性分析，即无监督机器学习模型可以直接在现有数据的基础上检测新型欺诈行为。②助力检测数据的处理。无监督机器学习模型不仅可以处理结构化数据，也能处理非结构化数据，即不需要转换数据结构，便可提高检测数据质量，进而提高金融欺诈行为的检测有效性。③助力大规模欺诈行为的检测。无监督机器学习技术可以快速处理大量数据，通过查看所有账户和活动，从个体到整体进行把控，检测其中可能存在的相关欺诈行为，实现整个欺诈团伙的实时检测和捕捉，有利于阻止欺诈团队的欺诈行为。

（2）无监督机器学习技术助力提升反洗钱效率。DataVisor 提供的无监督机器学习技术有利于降低反洗钱检测的误报。目前，金融机构在实现反洗钱检测的过程中，存在因大量的误报而导致人力、财力浪费的现象。同时，传统的反洗钱交易监测系统（Transation Monitoring System，TMS）产生的漏报、误报会导致金融机构面临巨大罚款压力。传统的交易监测系统存在大量误报的原因主要在于粗粒度规则、数据检测范围小和数据格式要求高，而 DataVisor 提供的无监督机器学习技术作为基于人工智能检测的新方法，区别于传统的反洗钱交易监控系统，可有效弥补现有交易监测系统（TMS）可能存在的问题。

首先，金融机构在进行反洗钱监管时，为实现检测的有效性、避免存在监管漏洞，通常采取粗放型的监管规则，而这种监管规则会导致大量的误报。比如，洗钱者在掌握现有监管规则后会主动寻找监管漏洞进行洗钱活动，同时现有规则的粗放性会对正常经营的企业或个人的正常交易产生影响，从而造成误报。而无监督学习技术则可以对数据进行网络检测，即无监督学习技术可实现在长时间内对大量账户数据进行检测，将存在关联性的活动联系起来，从而探测隐藏在全球的网络洗钱活动。无监督学习技术既区别于交易监测系统也无须人工检测，可以更加全面地检测全球的洗钱模式，减少误报的发生率，从而降低金融机构的合规成本、提高其合规性。

其次，金融机构通常只使用有限数据集进行反洗钱的检测，即交易监测系统只能够监测或利用少量数据，未能使用整个数据集，从而导致反洗钱系统不能实现对可疑交易的有效监控。而通过使用分布式计算框架，可以将无监督机器学习技术应用到大量的数据字段中，查看所有账户，即实现所有账户的全局观察，进而实现对反洗钱活动的有效监测。

最后，现有的大多数交易检测系统均有复杂的模型系统，很难做出快速的调整，这意味着现有金融机构要根据交易检测系统（TMS）的模型进行数据调整，即需要改变数据格式，而这一举动又会影响数据质量，进而造成误报或漏报，甚至导致错过真正反洗钱活动信号，从而影响检测效率。无监督机器学习技术则不要求输入数据严格匹配数据模型，而是通过灵活的数据模型主动适应输入数据的形式。这不仅可以保证数据质量，还可以节约大量数据转换时间，从而减少误报、提高金融机构反洗钱效率，提高合规性。

二、英国监管科技应用实践

从监管科技投融资交易数量的国家分布来看，CB Insights 数据统计结果显示，从 2013 年到 2017 年第三季度，美国监管科技企业完成的投融资交易总数占全球交易总数的 74%，处于绝对领先地位，而英国则紧随其后，并且监管机构和金融机构都非常重视对监管科技的应用。因此，下面从监管科技赋能监管机构及合规科技赋能金融机构角度来介绍英国监管科技应用实践。

（一）英国监管机构监管科技应用实践

英国监管部门一直是监管科技探索领域的先行者，并已在监管科技方面尝试了系列创新举措，以更高效地进行行业监管，促进金融科技创新。具体而言，本书分别从监管科技创新环境打造、数字金融基础设施建设以及监管规则及流程变革三个层次立体展开。

1. 监管科技创新环境打造

英国监管部门通过创建良好的监管科技创新环境，与金融科技企业、监管科技企业加强沟通；通过实施更加有针对性、有目的性的监管创新试点项目，推进监管科技落地应用。

（1）英格兰银行（Bank of England）。英格兰银行历史悠久，在国际金融、监管体系中起到重要作用。尽管如此，英格兰银行对于科技创新始终保持关注与开放姿态，通过测试、试点等方式推进创新科技在金融监管体系内的部署。2014 年，英格兰银行首席经济学家 Andy Haldane 提出以技术来驱动监管的新型监管机制，即通过一系列监控器进行实时监控，依次掌握全球资金动向。这是对监管科技的最初设想,且正在通过英格兰银行的金融科技加速计划(FinTech Accelerator)逐步实现。基于该计划,英格兰银行与创新金融科技、监管科技企业不断加强协作,探索央行如何运用新一代技术实现监管创新。此外,英格兰银行还创设了金融科技相关的沟通交流社群,旨在促进业内企业分享金融科技、监管科技领域的最新进展、趋势及观点。通过建设这些有利于金融科技、监管科技发展的环境,英格兰银行不仅提高了自身在科技创新领域的能力,还通过概念验证实验(Proof of Concept,POC)等工具与行业共同验证金融科技、监管科技应用的效果及风险,推进重要领域科技创新。

这些 POC 涉及众多监管科技创新领域,其中有代表性的试点项目包括:英格兰银行与区块链初创公司 Ripple 合作的实时总结算支付试点项目(Real Time Gross Settlement Payments,RTGS)。该项目旨在解决跨境支付过程中产生的两种不同货币在两家央行的实时总结算系统中的流转问题。项目关注在跨境支付领域运用区块链结算,并以云计算技术模拟了两大实时结算系统,这一系统可实现不同中央银行系统的同步。基于模拟平台,英格兰银行实现对区块链技术在同步交易清算业务中潜力的验证。此外英格兰银行还与人工智能初创公司 Mingbridge 合作,推出监管数据输入提升实验项目,利用数据科学、机器学习和人工智能来检测监管数据输入质量,以及金融交易事务和报告中的异常情况。

(2)英国金融行为监管局(FCA)。作为英国的中央监管机构,FCA 十分关注金融领域的科技创新,并于 2014 年发布创新项目(Project Innovate)。项目主要内容包括:以交流为主要手段明确市场需求;自动对监管对象提出满足监管要求的相关建议;综合众多产学研机构的观点,开展技术交流与共享;实施"监管沙盒",在优化发展环境的同时检测新兴技术;开展国际合作,一同研究行业标准;开发全球金融创新网络(GFIN),与多国监管部门协作鼓励金融创新,并在金融科技领域开设司法辖区试点,有序引导英国公司的境外发展,支持境外公司进入英国本土。

为了营造良好的发展环境并减少金融机构的合规成本,2015 年,英国政府的预算报告明确了 FCA 与审慎监管局(PRA)的协作机制,该机制提出要以各类新技术完善监管效能。由此,FCA 与诸多学术机构和科技企业针对监管科技的发展现状、不足之处与发展趋势进行交流。2015 年 11 月,FCA 发起倡议,一方面,正式提出"RegTech"概念,鼓励相关方对监管科技的应用进行支持,另一方面,规定了 FCA 的职责,主要包括:为金融科技公司满足监管要求提供指引,在监管专业方面予以帮助;明确鼓励发展的新兴领域,促进加速期项目、学术机构、金融科技公司等与 FCA 进行交流,为其创造良好的创新环境;制定发展标准和指南，明确金融机构运用监管科技的目标；分析监管科技在准入、研究与应用上存在的挑战，并解决这些困难。

FCA基于与金融科技、监管科技行业的充分交流，发布监管科技年度工作计划，2017—2018年度的主要工作为：将科技运用于监管报告的制定和金融服务面的扩大，运用技术进行实时监控，在促进合规的同时降低监管成本。2018—2019年度的主要工作为：鼓励企业在ICO、分布式账本技术等领域开展创新；总结沙盒项目的经验，放松创新企业的市场准入；打造全球沙盒；开展监管科技的高级分析实验，包括运用技术手段监测未经认可的互联网商业活动、测试高级自然语言处理（NLP）技术和语义语言模型以实现自动化等。2019—2020年度的主要工作为：完善监管机构与金融业的数据交流模式，促进以机器可读和可执行的方式交换信息；加强反洗钱和金融犯罪合规领域的监管成效，制订新技术解决方案；加强弱势消费者保护，运用技术手段帮助企业和消费者实现更好的财务成果。

2. 数字金融基础设施建设

英国金融监管部门在金融科技改造金融监管基础设施的探索方面走在世界前沿，目前已实施了许多监管科技项目。

（1）支付系统。支付系统是促进货币价值在个人、企业、政府等不同终端使用者间流通的重要基础。英国支付系统架构及基础设施一直被视为全球金融市场引领者，随着经济金融活动的复杂化发展，英国支付结算系统涉及的参与者也逐步增多，包括支付系统运营方、支付系统基础设施提供方、支付结算服务提供方等。不断复杂的架构与当前崛起的金融科技所带来的系统升级、流程优化、实时消费交易的需求相悖。基于此，英国央行及英国支付系统监管局（UK Payment Systems Regulator，PSR）积极推进其实时结算系统（Real-Time Gross Settlement，RTGS）现代化升级。升级后的系统预计将于2020年推出，可以抵抗网络攻击，同时也能支持企业绕开大型银行代理直接使用，从而可以应用到更多的小型企业。同时，英国金融监管部门与Baton Systems and Token、R3以及Clearmatics等金融科技企业合作，共同推进系统升级，如推进基于分布式账本技术的"创新结算系统"与基于云计算的RTGS服务进行交互等项目。

此外，英国支付系统监管局还举办了支付战略论坛，寻求升级支付结算系统的协同性解决方案，包括重新设计英国支付系统基础架构等。战略核心是为英国的零售银行支付系统创造一个全新的支付系统架构，架构包括一系列规则及标准、简化的中央系统基础设施（支持端到端互联互通及常规通信标准）、处理与结算功能的简化框架。这一行动计划有助于英国提升支付结算系统的适应性、灵活性，并能极大简化过去逐步累积而成的复杂基础设施系统。

（2）数字监管报告系统（Digital Regulatory Reporting，DRR）。2018年2月，FCA发布了《关于利用技术实现更加智能的监管报送的意见征询报告》（Call for Input：Using technology to achieve smarter regulatory reporting）。报告表明FCA每年将收到金融机构提交的50万份文件，而金融机构按照监管要求提供此类文件需投入大量资源，甚至雇佣外部机构进行文件编写。部分金融机构独立对监管要求进行解读并编写程序，形成系统内部的报告系统，此种做法的成本较高、耗时较长，且容易因理解不同而产生偏差。针对这一突出问题，FCA提出设立了"创建机器可理解和机器可执行的监管报送系统"。该设想的主要内容是将监管报告要求转化为机器可读语言，并利用技术手段自动采集金融机构数据，从而编制出相关文件。此种模式下合规成本大幅降低、数据质量大幅提升。此后FCA发布了征求意见报告，获得了58份反馈意见，同时组织了8次与业界交流，并决定将系统的名称改为"数字监管报告系统"（DRR）。FCA还与英格兰银行开展合作，在"TechSprint"检验技术对监管报告质量的提升作用。

3. 监管规则及流程变革

2008年金融危机后，英国调整金融监管体系，将混业监管的大监管机构金融服务管理局（Financial Service Authority，FSA）拆分为金融行为监管局（FCA）与审慎监管局（Prudential Regulation Authority，PRA）。其中FCA也负责金融科技企业的监管，其在监管科技方面不断进行规则及流程创新，并不断开展探索，有力地助推英国成为全球监管科技创新的源头。

除FCA外，英国其他金融监管部门也积极推进监管科技相关规则变革。2016年8月，英国反垄断监管机构竞争与市场管理局（Competition and Markets Authority，CMA）发布一揽子措施旨在增强监管创新性、增进市场竞争，其中包括要求9家最大的经常收支账户提供方利用最新技术提供可供授权第三方基于开放性AP（Access Point）架构查询的客户数据库。

（二）英国金融机构合规科技应用实践

汇丰集团⊖总部位于英国伦敦，是全球规模最大的银行及金融机构之一。汇丰银行积极利用金融科技来探索自身的业务发展模式，其在区块链方面已取得了一定的成果。接下来本文基于合规角度，选取代表性事例来介绍汇丰银行如

⊖ 根据国务院发展研究中心金融研究所和中国建设银行研究院合作完成的《金融科技研究与评估2018——全球系统重要性银行金融科技指数》、techweb.com.cn、http://www.sohu.com/a/232514421_391478 相关内容整理。

何借助科技的力量来降低合规风险。汇丰银行主要利用区块链技术以及人工智能技术来提升反欺诈、反洗钱和 KYC 效率。

1. 区块链技术助力防范贸易欺诈

汇丰银行作为具有多个国家持牌金融机构构成的庞大系统,传统的资金调拨需通过国际外汇市场开展,存在交易量大、风险高等特点。在国际市场上,若各家银行、各国均各自建立系统,则会出现效率低的问题,而区块链技术的运用可以构建一个系统,有利于提升效率、降低成本。具体来看,区块链技术的运用有利于实现传统人工手动流程的自动化,并减轻对外部技术的依赖,进而降低错误与延迟等风险。以国际汇兑为例,传统方式下,国际汇兑需要专门的国际组织进行清算工作,且结算过程烦琐、耗时长、费率高,而区块链基于其去中心化的特点,能够利用节点确认控制欺诈或是对账错误等风险。

2019 年 5 月,汇丰银行通过利用区块链技术完成了全球首笔贸易融资交易,成功完成了食品和农业集团嘉吉(Cargill)的汇款交易,是金融机构利用区块链技术提高效率、减少国际贸易融资失误的重大实践。汇丰银行使用区块链技术,可以降低信用证和其他交易中出现的欺诈风险,同时简化操作步骤。信用证作为降低进出口商风险、保证交易价值的方法,需要较长时间进行文件交换,而通过使用区块链技术可缩短交换文件时间,使贸易融资交易更简单、透明、安全。

2. 人工智能技术助力反洗钱及反欺诈

汇丰银行正在引入机器人以帮助其发现洗钱、欺诈以及恐怖主义式融资的行为。人工智能作为解决金融犯罪问题的新技术,其速度和成本显著低于人工操作。

为提高其合规管理能力,汇丰银行投资了 Quantexa,并与其展开深度合作,以期通过运用该公司的人工智能技术(例如引入机器人)来更精确地检测洗钱、欺诈以及恐怖主义融资行为。通过采用人工智能技术,以技术代替人工,汇丰银行可以分析数十亿内外部数据记录来识别可能存在的洗钱活动,从而有效解决了金融犯罪问题,实现了从被动遵从监管法规到主动降低合规风险的转变。

在反欺诈方面 Quantexa 提出了三点建设目标:①减少欺诈损失,即在任何资金丢失之前举报非法活动并避免声誉受损。②加快业务发展,即在最大化贷款业务规模的同时,以可接受的风险承受能力保护银行的声誉。③提高调查员效率,即提高警报质量,以便调查人员可以花时间处理重要事项。在建设目标的引导下,Quantexa 通过使用创建上下文的方式来阻止欺诈行为,其基于网络的分析使组织能够检测多种风险,包括借贷欺诈和识别欺诈。Quantexa 还可连接银行的内部和外部数据,以提供客户的实时视图,使银行能够识别高风险客户,以防止欺诈损失。

从整体上看，Quantexa 中的人工智能驱动技术创建了一种基于优先级的策略，可概括为三点：①通过加入内部和外部数据来了解整个企业的 360°客户视图，以了解风险所在。②在上下文中分析银行的客户及其交易对手方，以便在风险发生时做出更明智的决策。③为银行的忠诚客户提供更多贷款，同时在任何资金损失之前停止高风险活动。这些策略有助于银行在防范欺诈的同时与忠诚客户建立更多的联系，从而提高自身的盈利水平。

3. 人工智能技术助力提升 KYC 效率

2018 年 3 月，汇丰银行推出了全球社交网络分析平台，以应对洗钱、人口贩运和恐怖主义融资等金融犯罪。该平台通过实体解析和网络分析提供银行客户的全面视图，以动态利用数据，使调查人员能够识别财务活动。

Quantexa 通过其专有软件创建客户的整体视图。Quantexa 的平台为汇丰银行提供了以创新、动态的方式分析数据的能力，因此，调查人员可以检测获取以前未识别的风险和可疑的客户活动和关系。通过利用外部资源丰富客户数据，汇丰银行已经能够识别传统系统可能无法识别的更广泛网络中的潜在犯罪活动、识别对银行和更广泛的金融系统产生威胁的金融犯罪、构建网络以形成其客户的整体视图、建立网络以识别客户及其对手方的潜在非法活动。

（三）英国合规科技公司应用实践

下面以 Onfido[⊖] 为例介绍英国的科技公司如何赋能金融监管。Onfido 是英国的一家身份识别与认证公司，创立于 2012 年。该公司主要运用人工智能技术来为其他机构提供更为高效的员工及客户背景调查。表 6-2 中梳理了 Onfido 平台主要的产品与服务。针对全球客户，其所提供的服务以身份调查和文件甄别为主。

表 6-2 Onfido 主要产品及服务

产品及服务名称	主 要 内 容
身份调查	验证被调查者的身份，防止复制简历或身份欺诈现象的发生
文件甄别	分析被调查者的身份文件是否真实或有被盗用的记录等
工作权限调查	核查被调查者是否在英国拥有工作权限
犯罪记录核查	核查被调查者所有有效或已过期的犯罪记录、警告、申诉等
信用核查	核查被调查者是否存在不当的财务记录
监控名单查询	核查被调查者是否存在于国际监控名单之上
负面报道查询	查询被调查者是否出现于任何公共平台的负面报道中

资料来源：根据 Onfido 官方网站及相关资料整理。

⊖ 根据 Onfido 官方网站等公开资料整理。

Onfido 运用人工智能中的机器学习，开发了图像识别、面部识别等技术，并与其他个人信息数据库合作，帮助企业在线验证雇员或客户的身份。

Onfido 目前提供的三种主要的核验服务都能够帮助金融机构提升反洗钱和 KYC 效率，包括个人记录检查、身份证件检查和面部识别。

在个人记录检查方面，Onfido 通过与相关可信信息数据来源合作获取个人的详细信息，并通过交叉验证的方式核实用户的姓名、地址和出生日期等信息的准确性。当与身份证件检查结合使用时，Onfido 通过同时分析用户的身份证明文件来验证身份证明文件受损或出现欺诈的可能性。表 6-3 中梳理了其进行个人记录检查时主要运用的几类交叉验证数据库。

表 6-3 个人记录检查的交叉验证数据库

来源名称	定义
信用机构	消费者信贷申请
投票登记机构	国家的选民登记
电话数据库	固定电话和移动提供商提供的数据
政府部门	政府部门收集的标准公开数据：包括驾照、机动车登记、法院备案、财产所有权登记、永久居住地登记和其他类似数据
商业登记	包括公司注册登记、公司董事备案和公司管理架构资料
消费数据库	加入营销数据库的消费者数据库等
公共注册	公用事业注册，如电力、燃气、水务账户
邮政局	邮政局提供的数据
商业数据库	公司/私人数据库，用户选择加入并允许其信息用于验证其身份
其他	数据提供商出于各种原因未透露数据来源，包括社交媒体数据
死亡登记	已知死亡的负面消息来源（仅限英国）

资料来源：Onfido 官方网站。

在身份证件检查方面，Onfido 通过运用图像识别技术，以可视图像扫描的方式验证客户身份证件（如护照）的有效性和受损记录。其中，Onfido 通过使用 MRZ 阅读器对身份证件进行评估，从而验证个人身份证件的真实性。具体来看，MRZ 是计算机生成的"校验和"数字，与持有者的独特信息相对应，可以通过识别护照或国民身份证文件中机器可读区域的内容的方式来识别证件的有效性并检测篡改情况。一旦文档已被篡改或 MRZ 被重制，MRZ "校验和"将显示为"错误"并被 Onfido 引擎检测到。同时，也可以通过将 MRZ 中的信息与证件其余部分的信息进行比较的方式来检测身份证件欺诈行为。证件相应区域之间的信息应完全相同，若存在不相同的情况，就意味着可能存在欺诈。另外，通过比较身份证件的字体、背景等图像特点也可以实现证件欺诈的识别。

在面部识别检查方面，Onfido 通过运用面部识别技术，实现申请人提供的自拍、实时视频与身份证件中的照片进行比较，进而识别是否为本人。具体的，Onfido 提供两种面部识别检查产品：对于低风险的用户或交易可采用面部照片，即通过使用机器学习技术从身份证件中提取图像和数据，然后将其与用户拍摄的自拍照进行对比，该检查通过 SDK 或 IDV 格式提供；对于高风险的用户或交易可采用面部视频，面部视频除了从身份证件中提取图像和数据外，还要求用户拍摄自己朗读数字并执行随机动作的视频，该检查通过 SDK 格式提供。

除了主要的三项检查外，Onfido 还通过"全球观察名单"进一步识别申请人的身份。一旦申请人被列入"全球观察名单"，Onfido 就会向客户提供警报。其中，名单主要包括政府制裁名单、政治敏感人员名单、反恐怖主义观察名单、反洗钱观察名单、中央情报局（Central Intelligence Agency，CIA）及其他政府部门候选名单、不合格董事名单。

Onfido 已与英国的数字银行 Revolut 在 KYC 身份认证方面开展了合作。Onfido 的工程与设计团队通过将 Onfido 的 SDK 嵌入 Revolut 的应用程序当中，实现了文件甄别与身份认证的双重功能。申请人在开户时，需要拍摄自身的身份证明文件，如护照等，同时进行自拍，Onfido 则能够根据申请人的操作来鉴别该文件是否为真，以及申请人与该身份文件是否相匹配。在合作的前 7 个月内，Onfido 已经帮助 Revolut 银行甄别了来自 168 个国家的客户的身份，由于在大幅提高审查数量的同时能够保证快速提供甄别结果，Revolut 的用户上线量也得到了一定的增长。另外，Onfido 与个人和企业账户提供商 Arro Money 也进行了合作，通过提供实时身份验证和 KYC 检查使 Arro Money 为曾经难以开设传统银行账户的人提供金融服务。

三、中国监管科技应用实践

与互联网金融行业如火如荼的发展态势相比，目前国内的监管科技行业尚处萌芽阶段，在监管科技企业数量、融资规模、创新成果等方面与欧美国家尚存差距。随着金融科技对金融产业的升级改造日益加深，无论是监管部门还是金融机构都越发认识到监管科技的重要性。在监管科技应用方面，由于国内监管部门更多秉持审慎原则，鲜有实际落地，因而更多的是领先金融机构及科技企业的率先探索。下面主要介绍中国金融机构运用合规科技及合规科技公司的应用实践。

（一）中国金融机构合规科技应用实践

1. 招商银行[一]

招商银行是中国境内第一家完全由企业法人持股的股份制商业银行，2019上半年市值位列中国银行业上市公司第五名。招商银行积极利用各类新兴技术来助力银行的合规管理，其不仅通过成立金融科技子公司来进一步实现金融科技在银行各方面的助力，还将一些业务外包给专业的科技公司来实现相应的目标。接下来本书基于合规的角度，选取部分代表性事例来探讨招商银行如何运用科技降低自身的合规风险。其中，招商银行主要通过大数据及人工智能技术来帮助自身进行合规管理。

具体来看，招商银行在反欺诈平台的建设、合规文档的处理以及风控平台的建设等方面运用了相关合规科技来助力发展。

（1）助力反欺诈平台的建设。自2015年以来，招商银行投入了大量成本来运用大数据、人工智能等技术建设新一代实时智能反欺诈平台。该智能反欺诈平台在以下四个方面具有一定的创新：

1）高维建模。在区分欺诈交易和正常交易时，往往需要运用到大量的客户行为数据。传统分析方式下，相关系统在对客户行为数据特征值的选择过程中通常仅提取了最具区分度的统计信息，使得大量弱相关信息被忽略，不利于识别新型欺诈方式和长尾欺诈方式。该智能反欺诈平台通过放大数据的维度来很好地解决这一问题。平台通过计算高阶变量、组合业务变量和细分结果分类等各种方法，使得反欺诈系统的输入向量维度达到了2000个左右，提高了其风险特征的发现能力。

2）社区发现。在借鉴聚类算法思想的基础上，该平台通过计算客户在高维空间中的距离，得到客户的聚集区，并进一步使得合法客户和非法客户在高维空间中明显可分，当异常行为出现时，其在高维空间上会表现为离群点，金融机构人员便可通过观察高维空间中的离群点来辅助判断异常行为的发生。

3）迁移学习。为了解决机器学习的风险事件数量不足问题，该平台补充了

[一] 根据《招商银行夏雷：新一代实时智能反欺诈平台创新思路及成效》（https://www.cebnet.com.cn/20190619/102581632.html）、《腾讯与招商银行在金融反欺诈领域达成合作》（https://bank.cngold.org/c/2017-11-07/c5450570.html）、《和合信诺牵手招私人银行，构建智能合规知识引擎》（https://www.jianshu.com/p/288af97d0c70）、《招商银行总行知识图谱项目落地上线，合合信息赋能银行风控》（http://www.chinaz.com/news/mt/2018/1107/955555.shtml）等相关新闻内容整理。

线下POS刷卡数据，同时采用基于样本的迁移学习和基于特征的迁移学习方法，捕获了线下线上的一些共性风险特征，来进一步提高风控能力。

4）生物探针。在客户的身份鉴定方面，平台从客户行为的微观表达方面着手，以更细的粒度去刻画客户。具体操作思路为通过记录客户在手机银行上的操作信息（如按压力度、移动速度、倾斜角度等），对每一个客户操作的细微特征建模，建模完成后便可利用模型来对客户未来操作行为的真实性进行判断，即区分是本人还是非本人操作。实践结果表明，客户的微观操作行为差异很大，因而这种类型的生物识别区分度较为明显，且与人脸识别、指纹识别等常规生物识别手段相比，生物探针技术并不需要指定客户完成某项动作来识别其身份，而是做到了客户无感知的身份鉴定，优化了客户体验。

招商银行除了在内部加强建设新一代反欺诈平台以外，还与腾讯公司在反欺诈领域达成合作。为了帮助招商银行更好地识别金融业务中的欺诈行为，腾讯相关机构建立了全面的金融安全体系，在一系列底层数据（如交易数据、社交数据、工商数据、外部爬虫数据）等的基础上，搭建起集识别、审核、决策、监控和处置功能为一体的平台。通过该平台，腾讯能够输出知识图谱、黑库、风险标签、用户标签、商户标签等数据能力，为招商银行管理内部风险提供了更多的方法途径。

（2）助力智能合规知识引擎的构建。招行私人银行通过与和合信诺公司合作的方式，共同构建智能合规知识引擎来助力其合规管理。该智能引擎能够通过以下几个方面降低招行私人银行的合规成本：①通过提供统一的合规知识入口，梳理现存的大量合规相关文件以减少文档处理时间，并更好地将合规知识串联到一起。②通过建立合规知识图谱并结合业务梳理相关合规知识。③通过建立合规知识图谱来帮助实现合规政策咨询的智能化，并进一步利用交互介入层、业务流程层、核心服务层、基础服务层以及底层中间层结合业务流程和交互层实现更加智能的FAQ智能问答、文档搜索以及管理端UI。在知识引擎的构建方面，该产品运用了自然语言处理技术以及机器学习技术来提高知识呈现的准确度，从而有效降低银行的人工查询及沟通成本。

（3）助力银行风控。招商银行总行通过与上海合合信息科技发展有限公司合作的方式来提高自身的风险控制能力。一方面，合合信息科技发展有限公司自身建立了一个实时、动态、多维、全量运营数据资源库。该数据库中不仅包含工商数据、诉讼数据、核心管理层数据、知识产权数据、招投标数据、舆情事件分析数据等外部数据，也包含了人行征信、担保等内部数据。丰富的数据资源库结合大数据分析、深度学习算法等各类新型科技能够形成对银行的客户信息进行分析与挖掘的有效机制，从而降低银行在信贷过程中基于信息不对称而面临的各种风险。另一方面，合合信息通过知识图谱关联关系分析技术，在运用招商银行内部的黑名单客户数据的基础上，实现与黑名单客户具有特定关联关系的企业实体的识别，招商银行便可更有针对性地对系统所识别出的企业进行风险管控，助于提升银行的风控效率。

2. 中国工商银行

在全球化、信息化、网络化的环境下，金融交易欺诈手段具有复杂和隐蔽的特点。面对严峻的欺诈环境，有三大问题亟待解决：一是欺诈风险监控需要更丰富的基础数据；二是欺诈风险监控需要更精准的模型方法；三是欺诈风险监控需要更及时的干预措施。

为提升对欺诈交易识别率，中国工商银行从2012年开始在金融交易反欺诈体系中引入大数据技术，以分布式集群为基础，接入行内外各类丰富信息，部署了数百个智能模型，并综合实时、准实时和批量的监控手段，有效堵截了各类欺诈风险事件。

（1）助力于反欺诈。在中国工商银行的金融交易反欺诈体系中，各类产品和业务的基本数据均被完整收集，具体包括客户个人信息、电子银行账户信息、线下交易信息、个人征信情况及其他信息（如地理位置信息、IP地址信息和电子设备信息等）。该体系还可针对不同业务场景选用不同的分析维度，总共包括1000余个统计指标和3000余个特征变量，完整、系统、科学地反映了金融交易的总体状况，这有助于提升模型的有效性和打击欺诈分子的精准度。同时，该体系以分布式集群架构提升对数据的处理效率，并采用服务器组合方式提高处理速度、降低处理成本。

（2）助力于银行风控。中国工商银行围绕风险大数据重构银行风控体系，实现了对海量客户信息的全方位数据挖掘，同时融合可视化技术研发投产了风险客户"三维立体"全景视图，可精准呈现风险客户基本信息、风险信息，和银行业务与往期风险处置信息。同时，中国工商银行建立起外部欺诈风险信息系统的用户角色分级授权机制，该机制下中国工商银行能快速进行全业务条线的调用与监测，实现了大数据与业务风险管理的结合。

（二）中国合规科技公司应用实践

金融壹账通（ONE CONNECT）[一]注册于2015年，是平安集团旗下的金融科

[一] 根据金融壹账通官方网站相关内容整理。

技服务公司,于 2018 年完成了 A 轮融资,投后估值 75 亿美元。金融壹账通通过运用其拥有的全球领先的金融科技,在人工智能、区块链、生物识别等方面拥有大量应用场景,并积累了大量的交易经验。金融壹账通通过对大量应用场景的运用,助力金融机构实现提升效率、降低成本、优化服务及降低风险等目标,并促进金融机构向智能金融转型。

1. 核心技术

(1) 区块链技术——壹账链 FiMAX。壹账链 FiMAX 是金融壹账通自主创新、拥有多项知识产权、性能优越的区块链产品,能够为金融机构提供标准化、可快速接入的区块链应用搭建服务。具体而言,壹账链 BaaS 平台和 FiMAX 底层框架具有三大优势:一是具有领先的隐私保护系统和完善的信息安全保护方案,通过独创的密码匿踪技术能有效保护链上信息不被泄露,有利于解决金融机构关心的数据安全问题;二是具备高性能的底层框架,助力解决金融机构业务效率问题;三是系统具有更强的完整性和稳定性,助力满足项目落地的系统需求,通过利用在丰富的产品基础上总结的经验,助力提升金融机构系统完整性和稳定性。

(2) 人工智能技术。目前,金融壹账通已推出智能营销、智能投顾、智能贷款、风控模型在内的诸多行业解决方案。人工智能技术的应用场景主要包括开户/申请、智能定损、智能调度和智能客服。

2. 赋能金融监管

(1) 区块链技术赋能金融监管。金融壹账通在区块链技术领域深耕多年,已取得了一定的进展,并在贸易融资、资产证券化等多个场景实现生产落地。下面将从合规的角度出发,探讨金融壹账通中的区块链技术如何赋能金融监管。

1) 助力于合规数据隐私保护。隐私保护是区块链技术在实践过程中的重点,相关机构对此十分重视。由于担心合规数据泄露,相关机构一般不愿意将机构内部的核心数据通过一个平台与其他多方共享,而区块链的许多价值和特性又建立在多参与方间数据共享这一基础之上。面对这一问题,壹账链独有的全加密区块链框架可以提供一个很好的解决范例,从而助力于合规数据隐私保护。通过运用该框架,数据拥有方掌握所有合规数据并自行加密上传,他人在未经授权的情况下无法获得数据,从而有利于数据拥有方对合规数据有效控制。同时,由于该框架对所有操作记录进行加密和混淆,进而使得合规数据的安全性得以保障。

另外,金融壹账通在保障合规数据安全性的同时也保证了合规数据的可用性。即通过配套字段级可授权加解密和 3D 零知识证明技术的使用,在实现精准的字段级解密授权或在无须解密密文的情况下，实现密文间的运算和判断，进而达到在充分保障合规数据隐私的前提下，实现合规数据的共享和可用。具体来讲，字段级可授权加解密首创区块链加密信息字段级可授权式解密方案，数据由参与方自行加密并精准管理共享权限；而3D零知识证明对加密数据进行零知识下的全同态关系认证，包括加、减、乘、除，及大小关系认证等，验证耗时非常短。

2）助力于合规数据处理性能的优化。对于金融机构而言，如何在短时间内处理大量的交易数是一个亟须解决的难题。由于区块链数据结构特性，传统方式下通常采取提高区块大小的方式来提升吞吐量，但当系统交易频率较低时，大区块的设计往往会造成高延时，不利于交易活动。而金融壹账通通过其自主研发的智能区块技术可以实现吞吐量和延时性两者的平衡，进而实现在高频交易时保证高吞吐量，在低频交易时保证低延时。另外，通过使用智能区块技术，即使在低配环境下，吞吐量也可以轻松超越传统数据库，有助于提高合规数据的处理效率。

3）助力于防范贸易欺诈。在相关技术的支持下，金融壹账通能够帮助金融机构有效防范贸易欺诈，显著降低贸易融资业务风险，大幅提升贸易金融行业的风控水平、效率、透明度和安全性。

银行开展跨境贸易融资业务时，往往面临着相对更为复杂的风险。一是由于订单发票人工匹配效率低，尤其在分批装运情况下，人工匹配发票订单难度大，导致单证真实性难以准确验证，存在虚假贸易单据导致的贸易欺诈。二是由于国际贸易业务缺乏标准化的合同和数据，线下化纸质文件处理烦琐、传递周期长，且合同手工错误率高，合同条款的更改和修订痕迹难查，从而导致银行鉴真难度较大。

金融壹账通中的区块链技术能辅助解决以上问题。具体来看，金融壹账通可通过智能合约平台，由智能合约自动监测加速贸易流程。即通过将合约模板调用、编辑、生成、签约、履约全过程在区块链登记，实现线上数据标准化，并且合同关键数据需要买卖双方线上确认，修改痕迹全程记录可查。同时，所有的上链数据均具有不可篡改、可溯源的特点。基于此，金融机构可以利用智能合约自动匹配并找出订单、发票等单据信息的不符点，并允许同一订单下的分批装运及自动匹配，来降低贸易欺诈风险，同时也解决了合同真实性验证难题。

（2）人工智能赋能金融监管。运用人工智能技术推出众多人工智能场景化应用，可助力实现金融机构风险防控及金融反欺诈。

1）助力金融机构风险防控。金融壹账通通过利用图片识别、生物识别、情绪识别等人工智能技术，使金融机构尤其是保险公司实现对风险的智能化、自动化、立体化管控。

① 助力风险"智能化"管控。金融壹账通主要从以下三个方面助力风险管控智能化：一是机器学习技术的运用。金融壹账通通过机器学习和深度学习的深入应用，风险预警与风险管理的方法逐步由"纯人工"向"智能化"转变，使风险识别更加精准与高效。二是图像识别技术的运用。金融壹账通经过训练，利用图像识别技术替代人工进行图像阅读。图像识别可以辨别图像的真实性、找出关键点并进行自动比对，代替传统的现场查勘与人工审核，降低人工风控成本，提高合规效率。三是生物识别技术运用，尤其是人脸识别技术的运用。金融壹账通通过人脸识别技术可以实现保险公司线上线下的投保、理赔和保全等业务场景的身份核验，辨别操作人身份真伪，提升处理效率，降低"非本人操作"的风险。以金融壹账通推出的基于生物识别的智能双录为例，它可从两个方面助力风险防控：一是在对投保人进行录音录像过程中，通过采集音视频信息，并在抽取的视频帧中提取人脸信息、声纹信息等，与代理人、投保人进行身份对比匹配，可实现实人认证。二是运用语音语义理解技术，对音频文件进行标准话术检测、禁止用语检测等，实现对投保双录过程的全智能化质检，节约大量的人力成本，实现风险管控的100%覆盖。

② 助力风险"自动化"管控。金融壹账通通过利用机器学习、深度学习及大数据等技术，建立风险管控与预警模型，推动风险管理的自动化。金融壹账通通过以"人工经验输入＋统计学算法解析"相结合的方式，从数据中挖掘出风险因子，同时通过搭建风险评估与预警模型，最终推动模型的自我迭代与优化。

③ 助力风险"立体化"管控。人工智能助力合规风险管控立体化主要包括两个方面：一是立体多维风险识别。传统的保险反欺诈主要是针对已知的欺诈模式设置相应的规则与策略，据此对客户或案件信息进行筛选，并形成预警。该方式在管理的初期有一定的效果，但是随着欺诈手段的多样化和风险因子的隐蔽化，这种方式的有效性和效率受到极大挑战。而立体多维风险识别可在一定程度上解决该类问题，例如在车险领域，通过引入和应用多维度数据、专家经验、机器学习等构建基于多维风险因子的酒驾调包反欺诈模型，智能化地得到其欺诈风险评分，预计风险识别准确度可至少提升5倍以上。二是多方共同建立风控机制。信息不对称是过去发生的许多金融欺诈案件的主要原因，欺诈犯罪者在各金融机构均存在欺诈行为。若实现欺诈数据共享，欺诈犯罪者则难

以在不同金融机构使用相同欺诈方式进行欺诈。因此，利用多来源数据，与多方共建智能风控平台，有利于实现智能风险控制。例如，金融壹账通搭建的保险智能风控平台，包括政府、金融机构、商业机构、互联网金融及互联网五大数据来源，搭建涵盖法院、税务、工商、零售、社交、投资、房产、保险、诈骗等多维度数据的风控体系，可应用于代理人核验、保险核保核赔等业务场景的风险管理中。

2）助力金融反欺诈。当前，金融欺诈形势日益严峻，虚假注册、账户盗用、身份冒用、交易欺诈行为日益增多，黑产大军的自动化欺诈流程可以在短时间内给企业造成巨大的经济损失。面对不断升级的新型欺诈行为，依靠传统反欺诈措施已经无法应对。

针对这一问题，平安银行加马人工智能研究院发布了加马（Gamma）智能贷款解决方案，通过整合人工智能与大数据等技术，全面实现智能审批。同时，平安银行将其自主研发的微表情识别技术运用于信贷面审环节，既提高了欺诈识别的准确率，也可通过逐步替代人工面审环节来降低合规成本与风险。

Gamma 反欺诈与智能风控引擎通过利用大数据、人工智能等技术，在分析海量数据的基础上，建立了精准的反欺诈基础模型，并充分利用平安集团丰富的反欺诈实践经验助力提升金融机构反欺诈水平。另外，智能风控引擎区别于传统贷款风控。传统贷款风控主要是依靠客户经理个人的经验判断以及报表数据，存在审批环节多、流程慢、信息维度少、风险高等问题，而通过高效决策引擎，金融机构可实现实时防控欺诈风险。

金融机构可以通过 Gamma 反欺诈，突破原有的反欺诈天花板，降低反欺诈成本，快速、有效地做到业务潜在威胁全程实时监测、业务欺诈风险的动态预警，并可以根据风险程度及时阻断欺诈行为。

【关键词】

监管科技　合规科技　监管科技输出机构　数据采集与监管报告
交易监测　机构内控与合规管理

【思考题】

1. 简述监管科技三类参与主体在监管科技发展中的定位及作用。
2. 简述监管科技的发展历程及各发展历程的特征。
3. 监管科技在五大应用场景中都有哪些？

【案例分析】

加密数字货币被盗风险

基于区块链技术的加密数字货币是金融科技领域的一项重大创新，吸引众多企业参与并引发各国政府关注。欧盟、美国、英国、日本等国均在数字货币领域做出探索，中国人民银行也正在开展央行数字货币研发试验。但现阶段基于数字货币被盗等风险问题时有发生，如2014年当时世界最大的比特币交易平台东京Mt. Gox交易所被盗了85万枚比特币，其中75万枚是用户资产，Mt. Gox也因此破产；2018年1月26日，日本第二大交易所Coincheck系统遭遇黑客攻击，导致热钱包中价值5.3亿美元的新经币（New Economy Movement，NEM）被盗；2018年9月14日，日本加密货币交易所Zaif在黑客攻击中损失了价值6000万美元的加密货币，其中2/3是用户的资产；2019年1月15日新西兰加密货币交易所遭受黑客攻击，损失约1600万美元；2019年2月，数字货币交易所Coinmama遭黑客攻击，45万用户信息泄露；2019年3月DragonEX龙网交易所被盗损失超500万美元，涉及币种20余种；韩国Bithumb交易所被盗损失近1900万美元；2019年5月币安交易所被盗7000枚比特币，损失约4100万美元；2019年7月，日本持牌加密货币交易所BITPoint Japan发生加密货币热钱包不法侵害事件，损失金额换算约35亿日元（约人民币2.23亿元）。

分析与讨论：
请思考针对这些风险问题，监管科技应重点作用于哪些环节、领域？

【选择题】

1. 下列哪项不属于监管科技的主要应用领域？（　　）
A. 客户尽职调查　　　　　　　　B. 数据采集与监管报告
C. 机构业务流程管理　　　　　　D. 风险预测与分析

2. 下列哪项不属于监管科技狭义与广义划分范畴？（　　）
A. 按监管对象划分　　　　　　　B. 按监管目标划分
C. 按聚焦行业划分　　　　　　　D. 按应用主体划分

【选择题答案】

1. C；
2. A。

参考文献

[1] AGHION P, BOLTON P. An Incomplete Contracts Approach to Financial Contracting [J]. The Review of Economic Studies, 1992, 59 (3): 473.

[2] Australian Securities and Investment Commission. ASIC's Innovation Hub and Our Approach to Regulatory Technology [R]. 2017.

[3] Basel Committee on Banking Supervision. Sixteenth progress report on adoption of the Basel regulatory framework [R]. Bank for International Settlements, 2019.

[4] BUYYA R, RANJAN R, CALHEIROS R N. InterCloud: Utility-Oriented Federation of Cloud Computing Environments for Scaling of Application Services [J]. 2010.

[5] CB Insights. Regtech Market Map: The Startups Helping Businesses Mitigate Risk and Monitor Compliance across Industries [EB/OL]. Https://www.cbinsights.com/, February, 2017.

[6] COHEN P R. Empirical methods for artificial intelligence [J]. IEEE Intelligent Systems, 1996, 11 (6): 88.

[7] Commission of the European communities, COM (2009) 278 final. Internet of things——an action plan for Europe, Brussels [EB/OL]. Http://ec.europa.eu/information_society/policy/rfid/documents/commiot2009.pdf/, June 2009.

[8] Commission of the European communities. Internet of Things in 2020, EPoSS, Brussels [EB/OL]. Http://www.umic.pt/images/stories/publicacoes2/Internet-of-Things_in_2020_EC-EPoSS_Workshop_Report_2008_v3.pdf/, May 2010.

[9] European Research Projects on the Internet of Things (CERR-IoT) Strategic research roadmap [EB]. Http://ec.europa.eu/information_sociery/policy/rfid/documents/in_cerp.pdf/, September 2009.

[10] Financial Industry Regulatory Authority. Technology Based Innovations for Regulatory Compliance ("RegTech") in the Securities Industry [R/OL]. (2018) [2019-7]. https://ncfacanada.org/fintech-industry-reports/.

[11] FRANKEL F, REID R. Big data: Distilling meaning from data [J]. NATURE, 2008, 455 (7209): 30.

[12] ITU. Internet Reports 2005: The Internet of Things [R]. Geneva: ITU, 2005.

[13] ITU-T. Recommendation Y. 2002, Overview of ubiquitous networking and of its support in NGN [S]. Geneva: ITU, 2010.

[14] ITU-T. Recommendation Y. 2221, Requirements for support of ubiquitous sensor network

(USN) applications and services in NGN environment [S]. Geneva: ITU, 2010.

[15] JOBST A A. The treatment of operational risk under the New Basel framework: Critical issues [J]. Journal of Banking Regulation, 2007, 8 (4): 316-352.

[16] LASTRA R M. Risk-based capital requirements and their impact upon the banking industry: Basel II and CAD III [J]. Journal of Financial Regulation and Compliance, 2004, 12 (3): 225-239.

[17] LI C Z. Real applications of quantum communications in China [J]. Chinese Science Bulletin, 2009, 54 (17): 2976-2977.

[18] LIGEZA A. Artificial Intelligence: A Modern Approach [J]. Neurocomputing, 1995, 9 (2): 215-218.

[19] MEISSNER M H. Accountability of senior compliance management for compliance failures in a credit institution [J]. Journal of Financial Crime, 2018, 25 (1): 131-139.

[20] Milken Institute. RegTech: Opportunities for More Efficient and Effective Regulatory Supervision and Compliance [R/OL]. (2018) [2019-7]. https://www.milkeninstitute.org/sites/default/files/reports-pdf/RegTech-Opportunities-White-Paper-FINAL-.pdf.

[21] STIGLITZ J E, WEISS A. Credit Rationing in Markets with Imperfect Information [J]. American Economic Review, 1981, 71 (3): 393-410.

[22] WOLF W. Cyber-physical systems [J]. IEEE Computer, 2009, 42 (3): 88-89.

[23] WOLOCH B. New dynamic threats requires new thinking-"Moving beyond compliance" [J]. Computer Law and Security Report, 2006, 22 (2): 150-156.

[24] YEH A, TWADDLE J, FRITH M. Basel II: A new capital framework [J]. Reserve Bank of New Zealand Bulletin, 2005, 68 (3): 4-15.

[25] 巴曙松,白海峰. 金融科技的发展历程与核心技术应用场景探索 [J]. 清华金融评论, 2016 (11): 99-103.

[26] 巴曙松,曾智,朱元倩. 资产证券化与银行风险控制——巴塞尔协议Ⅲ下资产证券化的度量框架及其对我国的启示 [J]. 价格理论与实践, 2013 (11): 15-17.

[27] 巴曙松,高江健. 基于指标法评估中国系统重要性银行 [J]. 财经问题研究, 2012 (9): 48-56.

[28] 巴曙松,高英,朱元倩. 巴塞尔协议Ⅲ的实施进展及其挑战 [J]. 武汉金融, 2013 (7): 4-7.

[29] 巴曙松,高英. 巴塞尔Ⅲ信用风险标准法改革对银行业的影响 [J]. 武汉金融, 2019 (1): 10-18.

[30] 巴曙松,金玲玲,朱元倩. 巴塞尔Ⅲ下的资本监管对中国银行业的影响 [J]. 农村金融研究, 2011 (6): 12-17.

[31] 巴曙松,金玲玲,朱元倩. 巴塞尔Ⅲ下市场风险资本框架的改革及中国商业银行的应用 [J]. 金融发展研究, 2013 (1): 3-8.

[32] 巴曙松，金玲玲等. 巴塞尔资本协议Ⅲ的实施：基于金融结构的视角［M］. 北京：中国人民大学出版社，2014.

[33] 巴曙松，刘睿，陈桂敏. 利率市场化、所有制结构与银行风险水平［J］. 国际金融，2018（4）：11-17.

[34] 巴曙松，刘晓依，朱元倩，等. 巴塞尔Ⅲ：金融监管的十年重构［M］. 北京：中国金融出版社，2019.

[35] 巴曙松，刘晓依. 新巴塞尔Ⅲ的核心内容［J］. 中国外汇，2018（11）：16-18.

[36] 巴曙松，尚航飞，朱元倩. 巴塞尔协议Ⅲ流动性监管新规及其影响［J］. 南方金融，2013（5）：35-39.

[37] 巴曙松，尚航飞，朱元倩. 巴塞尔协议Ⅲ在新加坡的实施及其对中国的启示［J］. 新金融，2013（12）：28-32.

[38] 巴曙松，尚航飞. 商业银行信用估值调整风险的监管及启示［J］. 江淮论坛，2018（4）：5-11.

[39] 巴曙松，邢毓静，朱元倩，等. 金融危机中的巴塞尔新资本协议：挑战与改进［M］. 北京：中国金融出版社，2010.

[40] 巴曙松，朱元倩，金玲玲，等. 巴塞尔Ⅲ与金融监管大变革［M］. 北京：中国金融出版社，2015.

[41] 巴曙松. 巴塞尔新资本协议研究［M］. 北京：中国金融出版社，2003.

[42] 巴曙松. 穿越全球金融业十年之《巴塞尔新资本协议》［J］. 中国金融电脑，2010（7）：77.

[43] 巴曙松. 从巴塞尔协议Ⅲ的实施进展看全球金融监管的挑战［J］. 理论学刊，2013（8）：39-42，128.

[44] 蔡宁伟. 商业银行合规风险管理内涵解析与改进路径［J］. 金融监管研究，2017（12）：93-106.

[45] 曾刚. 积极关注互联网金融的特点及发展——基于货币金融理论视角［J］. 银行家，2012（11）：102-104.

[46] 陈建华. 金融监管有效性研究［M］. 北京：中国金融出版社，2002.

[47] 陈娟，熊伟. 智能投顾的业务属性和准入监管研究［J］. 金融监管研究，2019（4）：46-61.

[48] 董小君. 国际金融监管规则演变呈现新特征［N］. 中国经济时报，2017-09-21（004）.

[49] 杜宁，孟庆顺，沈筱彦. 监管科技发展现状及实施［J］. 中国金融. 2017，68（19）：71-73.

[50] 杜宁，王志峰，沈筱彦，等. 监管科技——人工智能与区块链应用之大道［M］. 北京：中国金融出版社，2018.

[51] 冯文芳，申风平. 区块链：对传统金融的颠覆［J］. 甘肃社会科学，2017（5）：

244-249.

[52] 冯元, 应明生. 量子程序验证 [J]. 软件学报, 2018, 29 (4): 193-201.

[53] 傅强. 监管科技理论与实践发展研究 [J]. 金融监管研究. 2018 (11): 32-49. http://www.cqvip.com/QK/71702X/201811/676845318.html.

[54] 高常水, 许正中, 王忠. 我国物联网技术与产业发展研究 [J]. 中国科学基金, 2012 (4): 205-209.

[55] 国务院发展研究中心课题组, 巴曙松, 雷薇. 中国资本监管制度及监管指标的现状与问题 [J]. 发展研究, 2011 (8): 4-8.

[56] 明斯基. 稳定不稳定的经济———一种金融不稳定视角 [M]. 北京: 清华大学出版社, 2010.

[57] 胡祥培, 许智超, 杨德礼. 智能运筹学与动态系统实时优化控制 [J]. 管理科学学报, 2002 (4): 13-21.

[58] 胡晓翔, 赵联宁. Internet 网络银行服务与洗钱犯罪 [J]. 金融研究, 2001 (11): 110-115.

[59] 曾繁荣. 央行发行法定数字货币的动机及影响研究 [J]. 金融发展评论, 2018 (5): 26-39.

[60] 黄林, 李长银. 智能化对银行业的影响及应对策略 [J]. 经济纵横, 2017 (10): 114-119.

[61] 惠平, 周玮, 童频. 商业银行合规管理 [M]. 北京: 中国金融出版社, 2018.

[62] 蒋美玲, 王芹. 大数据时代公共信用信息数据归集的原则与策略——基于苏州市的分析 [J]. 电子政务, 2018 (6): 99-104.

[63] 李敏. 监管沙箱制度及其实践探析 [J]. 私法, 2018 (1).

[64] 李敏. 金融科技的监管模式选择与优化路径研究——兼对监管沙箱模式的反思 [J]. 金融监管研究, 2017 (11): 25-41.

[65] 邵平. 商业银行合规风险管理 [M]. 北京: 中国金融出版社, 2010.

[66] 宋晓燕. 国际金融危机后十年监管变革考 [J]. 东方法学, 2018 (1): 190-197.

[67] 田丰, 张骣. 互联网3.0: "云脑" 物联网创造 DT 新世界 [J]. 经济学动态, 2016 (2).

[68] 涂红, 刘程. 区块链在全球贸易与金融领域中的应用 [J]. 国际贸易, 2018, 442 (10): 65-69.

[69] 汪鸿昌, 肖静华, 谢永勤. 基于企业视角的云计算研究述评与未来展望 [J]. 外国经济与管理, 2013, 35 (6): 13-22.

[70] 王胜邦, 朱元倩. 资产证券化资本监管框架的演进及评述 [J]. 债券, 2015 (5): 15-23.

[71] 王胜邦. 巴塞尔Ⅲ审慎监管框架: 从单一约束转向多重约束 [J]. 国际金融研究, 2018 (6): 44-52.

[72] 王胜邦. 巴塞尔Ⅲ最终方案：背景、内容和启示［J］. 银行家，2018（1）：32-37.

[73] 王胜邦. 巴塞尔Ⅲ最终方案的总体思路与国际影响［J］. 中国金融，2018（2）：81-84.

[74] 姚前. 数字货币的前世与今生［J］. 中国法律评论，2018（6）：169-176.

[75] 叶文辉. 英国"监管沙箱"及对我国金融监管的启示［J］. 金融理论探索，2017（1）：31-35.

[76] 展凯莉. 基于"监管沙盒"机制对我国比特币监管的思考［J］. 武汉金融，2018，223（7）：51-55，79.

[77] 张斌. 互联网金融规制的反思与改进［J］. 南方金融，2017（3）：37-45.

[78] 张景智. "监管沙盒"的国际模式和中国内地的发展路径［J］. 金融监管研究，2017（5）：22-35.

[79] 庄雷. 金融科技创新下数字信用共治模式研究［J］. 社会科学，2019，462（2）：50-59.